Research on Carbon Emissions Embodied in International Trade:
Case from BRICS （Brazil, Russia, India, China, South Africa） Economies

国际贸易碳排放研究

——以金砖国家为例

张中华 著

人民出版社

策划编辑:郑海燕

封面设计:汪　阳

责任校对:白　玥

图书在版编目(CIP)数据

国际贸易碳排放研究:以金砖国家为例/张中华 著. —北京:人民出版社,
　2019.8
ISBN 978－7－01－020986－9

Ⅰ.①国…　Ⅱ.①张…　Ⅲ.①国际贸易-二氧化碳-排污交易-研究
　Ⅳ.①F74②X511

中国版本图书馆 CIP 数据核字(2019)第 122246 号

国际贸易碳排放研究——以金砖国家为例
GUOJI MAOYI TAN PAIFANG YANJIU——YI JINZHUAN GUOJIA WEI LI

张中华　著

人民出版社 出版发行
(100706　北京市东城区隆福寺街 99 号)

中煤(北京)印务有限公司印刷　新华书店经销

2019 年 8 月第 1 版　2019 年 8 月北京第 1 次印刷
开本:710 毫米×1000 毫米 1/16　印张:16
字数:230 千字

ISBN 978－7－01－020986－9　定价:66.00 元

邮购地址 100706　北京市东城区隆福寺街 99 号
人民东方图书销售中心　电话 (010)65250042　65289539

目　　录

绪　　论

第一节　国际贸易隐含碳概念的提出

一、国际贸易纵深发展

20 世纪中叶以来,和平与发展成为时代主题,世界经济增长呈现上升趋势。随着交通运输业的迅速发展与新科技革命的兴起,世界主要国家放松了对商品、劳务、资本和技术方面国际流动的管制,各国经济联系密切、相互依赖加深,导致全球经济一体化发展态势。1947 年日内瓦签订关税及贸易总协定(GATT)为打破第二次世界大战以前盛行的贸易保护主义、倡导贸易自由化发展奠定了基础。1994 年世界贸易组织(WTO)的成立,更大程度上促进了商品、服务、投资及知识产权贸易的国际流通。

2016 年 WTO 统计报告显示 1950 年至 2015 年全球经济总量不断上升,与此同时,国际贸易发展迅速(见图 1),1980 年以来全球经济总量呈现陡增趋势,全球商品贸易随着全球商品产值的增长而不断上升,且国外需求呈现全球性增长态势,国内需求占比逐渐缩小,表明国际贸易在全球范围内不断深入发展,越来越多的经济体参与到全球生产大分工与商品国际化生产浪潮中。由此可见,国际贸易的发展促进商品服务自由流动、提高全球经济福利的同时,也产生了全球性贸易利得不平衡、环境污染转移等负外部性问题。

在国际贸易不断发展的背景下,国际分工不断深化,各国依据自身比较优势参与国际分工而融入全球价值链。发达国家(北方国家)通过大型跨国公司实行部门内国际分工与生产专业化,而发展中国家(南方国家)通过形成地区性经济集团(南南合作)建立发展中国家之间的国际分工来改变自身在国际分工中的不利地位。20 世纪 70 年代以来,新兴经济体及地区合作组织的发展壮大加剧了国际垂直化专业分工。发展中国家提供初级原料而发达国家提供工业制成品的分工形态,使得发展中国家在国际分工中获利甚微而处于不利地位。此外,同一产品从原料到制成品须在多个国家进行加工才能完成,因产业内部技术差距引致的国际分工也将资源密集型、劳动密集型的资源型发展中新兴经济体限制在全球价值链的低端;将技术密集型、人力资本密集型的技术型发达经济体置于全球价值链的顶端。

（单位：%）

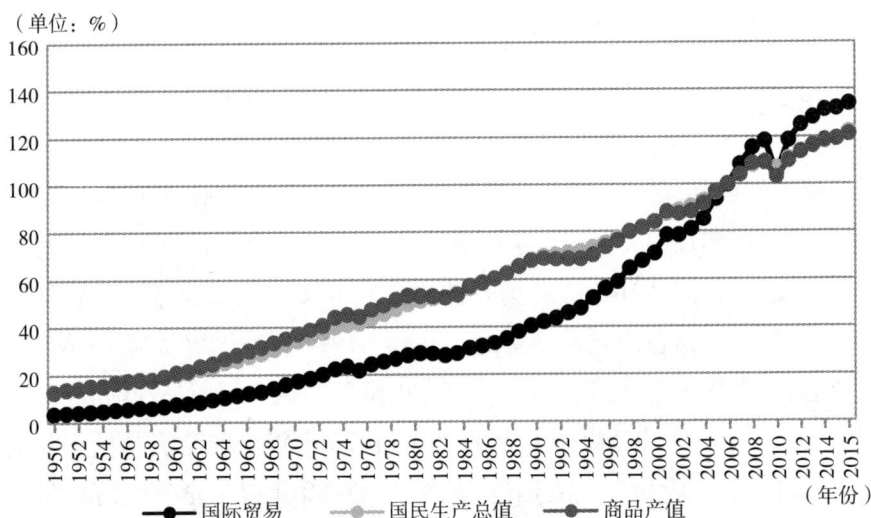

图 1 1950—2015 年世界商品国际贸易、商品产值与国民生产总值变化趋势

注:2005 年 = 100。

数据来源:www.wto.org。

20 世纪 90 年代以来,越来越多的新兴经济体参与到国际贸易分工中来,其中,以中国、俄罗斯、印度、巴西和南非组成的金砖国家作为全球新兴经济体的代表,其自 2009 年以来的国际贸易总额年均增速超过 30%。金砖国家经济体量总和占全球市场的份额上升 3%,其内部各成员国的年度贸易额保持在约 3000 亿美元左右。新兴经济体的发展壮大提升了全球国际贸易格局及产业国际化的转移速度,与此同时,国际贸易促使各国国内产业结构和贸易结构的不断完善与升级。集团经济体贸易形

式的出现,较原有的国际贸易格局,保障了各成员国的经济利得,更好地促进了全球国际贸易的发展以及资源能源在全球范围内的优化配置,各国发挥其各自比较优势获得了最大贸易利得。新兴经济体之间的集团性合作有助于联合抵制发达国家不公平的国际贸易机制、维护自身利益。

二、气候变化日益严峻

第二次工业革命以来,人类经济活动导致大量碳元素通过工业燃烧从化石能源中释放到大气中,使得大气中以 CO_2 为主要含量(90%)的温室气体(CFC、CH_4、NO_2 等)不断增多,导致地球碳循环失衡。加利福尼亚大学圣迭戈分校斯克里普海洋研究所 1700 年至 1900 年冰芯观测数据表明,大气中 CO_2 含量为 280 — 300 百万分比浓度之间,且年增长率较低。[1]

第二次世界大战以来,全球经济进入近代以来高速发展阶段,煤炭、石油、天然气等大量非可再生资源被开采利用,全球经济总量增加的同时,气候变化问题日趋严重,极端天气、自然灾害频繁出现。其中,由于大气中 CO_2 含量(较近 100 年来)异常上升,人类在过去的 40 年中燃烧化石燃料排放的 CO_2 较过去的 200 年还要多。因此,基于大气中 CO_2 含量上升导致的全球变暖问题成为热点话题。气候变化是指全球气候平均值与离差值两者中的一个或者两者同时随时间变化出现统计性显著变化。全球变暖是指全球气温升高。历史数据表明,地球气候在不同时期呈现波动变化。如在中世纪,全球多地气温较现在更暖。在过去的 100 年中地球显著变暖,但全球变暖并非全球不同地区一致变暖,事实上,多体现为极端天气,即一些地区更暖,而另一些地区更冷,一些地区冷暖变化不明显。监测数据表明:1860 年以来陆地气温较海洋明显上升,年平均增加 $0.6\pm0.2℃$;1880 年至今全球气温上升 $0.75℃$;而英国国家气象局一项研究显示,全球气温近 15 年几乎零变化。[2] 同时,有气候专家质疑科学界

---

[1] 数据来源:加利福尼亚大学圣迭戈分校斯克里普海洋研究所。
[2] 数据来源:英国国家气象局,见 http://www.metoffice.gov.uk/。

监测气候变化程序存在严重缺陷。

大气中 CO_2 占主导的温室气体迅速上升出现的全球气候变化现象在不断加剧。由此导致的全球降水重新分配、冰川消融、海平面上升、极端天气等危害自然生态系统平衡的现象,威胁人类居住环境,从而引起了国际社会的极大关注。积极寻求减少 CO_2 等温室气体排放已成为全球性政治、经济议题。此外,由于国家间利益冲突、经济发展需求及对气候变化理解存在分歧;碳排放测算及碳责任划分尚未在国家间达成一致性框架;主要发达国家的技术封锁、国际气候变化谈判及协议对全球性碳减排收效甚微。在多数大型经济体的共同努力之下,近年来碳排放逐步减少。如在中国与 OECD 国家的共同努力下,2014 年全球 CO_2 排放为 323 亿吨,与 2013 年持平。[①]

三、国际贸易对气候变化的影响

国际贸易的发展伴随着商品、服务、资金、成本等物质、能量流的国际转移,影响着全球社会经济、生态环境。人类社会为应对环境负外部性而制定的政策法规影响着国际贸易的发展;反过来,生态环境的恶化也阻碍着国际贸易的发展。一般认为,自由贸易不是环境问题的根本原因,生产市场与消费市场由于信息不对称,无法反应环境成本所产生的负外部性是环境问题出现的原因之一。

国际贸易以国内生产为基础、国外需求为导向,生产过程中消费化石能源进而造成温室气体排放。国际贸易的迅速发展必然导致温室气体的大量排放。此外,国际贸易中,在国际公海领域海洋运输中发生的碳排放问题也存在难以界定责任的问题。从 1950—2015 年全球货物贸易与全球总产值数据可以看出,全球货物贸易与全球总产值存在正相关关系。随着全球货物贸易的增长,大气中 CO_2 含量也随之增加(见图 1)。从 1948—2015 年全球进口货物与全球碳排放总量的关系图(见图 2)可以得出,二者存在正相关关系;全球出口货物增加的同时,碳排放也呈现增长

---

① 数据来源:国际能源署(IEA),见 www.iea.org。

态势。由此可见,国际贸易额的增加促进了全球经济对化石能源的消费需求,进而加剧了以 CO_2 为主的温室气体的排放,同时大气中 CO_2 含量的增多是引发全球气候变化与全球变暖的原因之一。

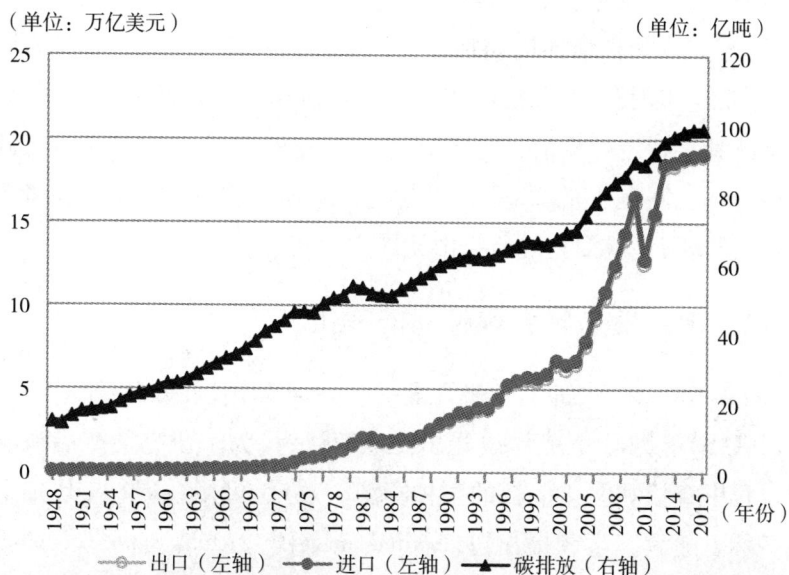

（单位：万亿美元）　　　　　　　　　　　　　　　　　（单位：亿吨）

图 2　1948—2015 年世界货物进出口贸易与化石燃料引致碳排放示意图

数据来源:1948—2015 年世界进出口贸易数据来自 WTO。1948—2008 年全球碳排放数据来自 Carbon Dioxide Information Analysis Center（CDIAC）, Oak Ridge National Laboratory, Department of Energy,U.S.。该图中为碳排放未折算为碳排放①。为保持数据来源一致性,2008—2015 年 CO_2 未参考其他数据来源,该数据来源为 IEA 报告数据源。

国际贸易对气候变化的影响受到国际国内学术界的广泛关注。格罗斯曼和克鲁格（Grossman 和 Krueger）将贸易对环境的影响分为规模效应、技术效应和结构效应,分析了北美自由贸易协定（NAFTA）对生态环境的影响。规模效应是指贸易量的变化对温室气体排放的影响;技术效应是指技术进步会促进生产过程中温室气体的减少;结构效应是指贸易方式及各部门产出相对价格的变化对贸易国产业结构的影响,进而对温

---

① 根据《2006 年 IPCC 国家温室气体清单指南》可知:化石能源消费产生 CO_2 计算公式为: CO_2 =化石燃料消耗量×低位发热量×碳排放因子×碳氧化率×碳转换系数(12/44)。

室气体排放的影响。他们引用42国数据分析发现,大气中SO_2含量与人均收入之间存在"驼峰型"曲线关系,污染随着人均收入的增加呈现先增加后减少的变化趋势。

格罗斯曼的研究发现,污染与人均收入同时下降,而有些污染(如碳排放)随着人均收入增加而增加。人均收入与环境之间存在着EKC(倒"U"型)曲线,即人均收入较最初经济增长初期会导致环境恶化,随着人均收入达到某特定门槛值,则会促进环境质量的改善。由此,学术界就经济发展与环境问题中的EKC曲线存在针对不同国家、地区开展诸多研究,自由贸易与气候变化的研究由此展开。

四、国际贸易隐含碳概念的提出

"embodied"概念,即隐含概念最早于1974年由国际高级研究机构联合会(IFIAS)能源分析工作组提出。他们认为,为了研究某产品或服务生产过程中直接和间接消耗的某种资源的总量,可用"embodied"加上该资源名称。随后有学者提出"embodied energy""virtual water""ecological footprint"等概念,并进行了分析研究。

隐含碳是指产品生产过程中通过消耗含碳元素化石燃料直接或间接产生的碳排放,即生产过程中排放的碳。根据产品生产和消费情况,隐含碳可分为国内生产和国内区域间贸易过程中的隐含碳与国际贸易隐含碳。国际贸易隐含碳,指在国际贸易中发生的碳排放。从广义角度讲,国际贸易隐含碳应当包含生产及运输等国际贸易任一环节中的碳排放。从狭义角度讲,国际贸易隐含碳则是贸易产品中隐含的碳流在国家间的转移,该定义不包括国际贸易运输过程及贸易伙伴在消费过程中发生的碳排放。此外,碳排放与碳泄漏概念不同。碳泄漏是指在《京都议定书》框架下,部分成员国采取碳减排行动导致不采取碳减排行为的国家相对增加碳排放的现象。

学术界多用投入产出模型来分析隐含能流(如虚拟水、生态足迹、土地利用足迹、隐含能源、隐含碳等)。阿哈默德和威科夫(Ahmad 和 Wyckoff)指出,1995年金砖四国(中国、俄罗斯、印度、巴西)碳排放占据四成全球碳排放量,国家层面的碳减排措施可通过调整贸易产品结构、进口替代来实现,进口高碳密集型中间产品将会导致全球碳排放增加。他们基于保守假设,对24国(占80%全球碳排放)重新测算国内需求的碳排放系数——相对于国内生产排放系数(如用于《京都议定书》的碳排放系数)——来测算1995年OECD国家的碳排放量。结果表明:基于国内需求角度的碳排放数据仅有6国排放更多的CO_2(较于1995年基于国内生产的《京都议定书》框架下的碳排放数据)。一直以来,由于投入产出模型存在自身缺陷、现行国际贸易碳排放测算原则存在争议、国家间碳责任与义务难以界定等诸多问题存在,国内外学者们围绕国际贸易隐含碳开展了深入研究。

第二节　国际贸易隐含碳研究理论基础

一、投入产出理论

投入产出理论是用来研究特定经济系统内投入与产出之间数量依存关系的分析方法。投入产出思想的渊源可追溯到1846年重农学派魁奈(Quesnay)的《经济表》。基于数理经济学派瓦尔拉斯和帕累托的一般均衡理论与数学方法思想,投入产出模型最早由经济学家里昂惕夫(Leontief)于1936年发表的《美国经济体系中的投入产出的数量关系》一文中首次引入经济学分析,用于分析美国经济结构,随后,他于1941年、1953年分别出版专著《美国经济结构1919—1929》《美国经济结构》讨论了美国的经济结构,进一步发展了投入产出方法,编制了美国经济投入产出表。

基于投入产出理论构建的投入产出模型已成为经济学领域应用广泛的一种分析方法,特别是用于分析经济部门间的关联关系及产业部门的经济影响。米勒(Miller)先后于1985年、2009年出版专著系统梳理了投入产出模型的演变及该系统下涉及的分析方法、可获得性数据说明及投入产出法扩展模型。投入产出法首先通过复式记账法建立投入产出表,其次运用矩阵运算来分析行列之间的投入产出线性关系,以经济系统中各部门之间的经济关系为基础、依据经济部门相互间平衡关系进行平衡分析。编制投入产出表是投入产出分析法的核心内容,该表由投入表和产出表交叉而成,投入表记录了经济体中各部门生产消耗,产出表则反映了各部门中间产品的下游分配去向,关于投入产出表的结构及行列平衡关系详见米勒与陈迎的研究成果。

投入产出理论体系中,为衡量经济体中的投入产出关系,有以下主要计算系数。首先,直接消耗系数。它表示一部门在生产总产品过程中是对其上游部门的产品的消耗,在实物型投入产出表和价值型投入产出表中可由实物量或价值量来表示。其次,完全消耗系数。它表示一部门在生产过程中单位最终产品或其净产出消耗来自其上游部门的直接消耗量和全部间接消耗量的总和。再次,完全需要系数。它是指一部门一单位最终使用对其上游产品部门的完全投入需求量,也称为里昂惕夫逆系数。最后,影响力系数和感应度系数。影响力系数是指国民经济某一部门增加单位最终产出对剩余其他各部门的生产需求波及程度。感应系数是指国民经济各部门增加一单位最终产品时,某一部门收到的需求感应程度,也就是指产业部门对国民经济其他部门所起到的推动作用。此外,还有分配系数、最终使用结构系数和增加值比例系数以及投入产出模型的线性假设、稳定性假设等。

投入产出分析模型的基本内涵是研究经济活动过程中的部门间投入产出关系。其中,投入是指经济生产过程中各个部门对各种生产要素的消耗和使用。具体地,生产投入包括原材料、燃料、劳动力、固定资本的投入。投入可分为中间投入和最初投入。中间投入指除最初投入和上期固定资产及资本结余之外的转移投入,最初投入则为包括固定资产的转移价值和当期新创造的价值之和。投入产出表中的产出是指经济活动中分配出去被其他行业所使用的商品和服务。产出可分为中间产出和最终产出。中间产出是指经济生产过程中使用的、来自其他行业的中间投入,最终产出是指当期产出中用于中间产出投入其他部门之外,用于投资、消费和出口的产品和服务。

随着产业分工的不断深入、细化和社会生产力不断发展,国民经济各部门之间存在的生产技术联系、经济联系日趋错综复杂。物质生产部门的分类越来越详细,不断出现新的产业部门和新兴行业。投入产出理论中基于各个部门的投入产出联系日趋复杂化、网络化、全球化。这就要求投入大量的人力、物力、财力来构建涉及范围更为广泛的国家、区域、行业层面的投入产出表,用来分析全球贸易背景下的各物质部门之间的技术联系、经济联系。在一般社会再生产过程中,区分经济活动中部门之间的单向联系和双向联系,按照经济活动性质来分析同一部门在经济体中互为生产部门和投入部门的经济关联性,从而深入分析行业之间因经济活动引致的上游和下游产业经济问题。

　　近年来,随着学术界对投入产出模型的深入讨论和广泛应用、投入产出数据的可获得性增强,其发展演变过程可分为部门间投入产出模型(IRIO)、单区域投入产出模型(SRIO)、单区域双边贸易投入产出模型(BTIO)、多区域投入产出模型(MRIO),以及将投入产出模型与一般均衡模型(CGE)、GTAP-E 模型、计量经济回归分析模型、线性规划分析结合出现的 MRIO-CGE 模型、GTAP-MRIO 模型、绿色 Solow 模型、环境最优化模型等;同时,也有将投入产出分析与其他学科结合形成交叉学科前提下的气候变化评估模型,如 DICE 模型、RICE 模型、GREEN 模型、SGM 模型、CEEPA 模型等。

　　20 世纪 70 年代后期,里昂惕夫在投入产出模型中引入环境变量来分析经济活动中最终需求变化对环境的影响。此后,先后有研究运用投入产出模型分析经济活动中的隐含能流问题。90 年代,全球气候变化成为国际社会关注焦点,其中温室气体减排责任界定分歧较大,导致国际气候变化谈判未果,研究者越来越多地通过投入产出模型来分析国际贸易中的环境成本流动问题,特别是国际贸易隐含碳问题。萨托(Sato)在对国际贸易隐含碳研究进行综述时,指出投入产出模型在贸易隐含碳测算方面运用到的方法主要有单区域投入产出模型、单区域双边贸易投入产出模型、多区域投入产出模型。一般地,研究者通过评估一国的进口贸易隐含碳、出口贸易隐含碳及贸易碳排放来分析该国国际贸易中的隐含碳情况。

　　本书根据投入产出理论及投入产出模型分析方法,构建基于全球主要经济体的产业发展、经济结构、生产技术结构、能源资源使用、环境成本核算的综合测算模型,在已有模型的基础上,构建改进的多区域投入产出模型来分析测算金砖国家国际贸易隐含碳全球流向情况。在此基础上，本书主要分析:碳排放生产和消费国家;部门行业在不同国家间开展贸易活动引致的碳排放问题;结合中国区域性投入产出数据，构建全球性多国多区域投入产出模型,将区域投入产出模型嵌入到全球投入产出模型的基础上,分析中国区域性碳排放在全球国际贸易中隐含流入和流出的路径。为金砖国家内部及中国内部省区市之间的协同经济发展、环境保护、碳排放减少提供策略性建议。

二、资源禀赋理论

资源禀赋理论,即赫克歇尔-俄林定理(Heckcher-Ohlin Theory),也称要素禀赋理论。生产要素是指在一国经济生产活动过程中必要投入的主要因素或者是在生产活动过程中必要投入使用的主要工具手段。一般地,生产要素包括劳动力、土地、资本三大要素。要素禀赋论主要是用于分析生产要素的要素密集程度、要素密集类型、要素丰裕度的国别差异性对一国生产活动的影响。

根据一国生产过程中投入的生产要素的比例不同,即投入最大比例的生产要素种类不同,可将该国生产的产品划分为不同种类的要素密集型产品。常见的分类有劳动密集型产品、资本密集型产品。具体地,一国拥有各种生产要素的种类和数量不同,要素丰裕度也不同,即一国经济活动中的生产要素禀赋度若大于别国同种要素的投入比例,而该国相对价格低于别国该要素的相对价格,则可以认为该国在该要素方面存在比较优势,为该要素密集型产品。

资源禀赋理论的基本内涵为一国应选择出口用其相对富足的要素密集生产的那些物品,进口本国相对稀缺的要素密集生产的那些物品。国际贸易自由化条件下,企业为追求最小成本更加青睐环境标准相对较低的国家和地区。国际贸易产生的主要原因即是国家间的商品相对价格差异。从价格较低的国家出口到价格较高的国家是国际贸易获利的主要根据,前提是未对国际运输进行假设。

随着国际贸易分工的深入和加强,发展中国家对国际贸易中环境成本容忍性较强,它们倾向于在经济建设过程中为吸引外资制定低于发达国家的环境标准。由此,出现了"向底线赛跑""污染产业外逃""污染避难所"现象,经济落后国家将为经济发达国家日趋扩展的消费买单。已有文献通过将环境效应变量(能源使用、碳排放、水污染因素、空气污染因素、土地使用因素等)纳入要素禀赋理论模型,通过加入相关使用因素的方法模型设定方案来分析贸易伙伴国之间因环境成本、环境门槛、环境规制不同导致的污染流向。

环境经济学界在完全竞争市场条件下,经济活动微观主体维持得到的经济均衡处于自然均衡状态的经济环境中,通过微观经济学模型构建,基于传统的厂商的生产可能性边界与资源环境的消费无差异曲线,推导得出两国最优环境规制水平条件下,最优环境密集型产品在要素禀赋不同的国家的相对均衡产量。因此,资源环境要素丰裕的国家一般会选择出口环境密集型产品,而进口环境稀缺型产品。由此可见,选择出口资源密集型、环境密集型产品必然会导致其国内资源、环境的消耗和使用,进而导致该优势地位的不断削弱、环境问题突出等生态经济问题。

新制度经济学界认为,环境要素作为一种公共物品,因其正外部性、负外部性特征无法进行清楚界定,所以无法明确界定其初始产权,古典经济学中的传统的一般性生产要素市场中,价值决定价格的传统机制无法界定其价格及价值。进一步地,随着各国参与国际贸易程度的加深,现代新古典经济学分析模型在加入贸易因素后在国内外不同的经济环境下,对生态环境脆弱性评估和维护的定价机制则会发生较大的变动。

各个贸易参与国的资源环境要素成本在当今社会逐渐受到极大的关注。学术界认为,特定国家生态环境对污染的净化吸纳容量以及该国居民及政策制定者对环境污染的容忍程度决定了该国对资源密集型、能源密集型产品的好恶程度。一般地,环境资源价值在所有经济体中都存在被低估的情形,一国社会经济活动中厂商行为和居民消费行为引起的资源浪费、环境污染等问题,无法与同等情况下双方承担的资源环境价值对等。

由此可见,无论是在发展中国家还是发达国家,经济活动导致的环境负外部性应该进一步地深入研究。20 世纪中叶以来,国际贸易不断发展,世界各国参与度不断增强,随之而来的全球环境资源、经济利益的重新配置,使得全球范围内由于工业化带来的环境恶化问题没有得到缓解,而是随着全球人口的增多和消费需求的不断增加,发生了空间转移,即由发达国家转移到了发展中国家或者全球价值链低端的经济落后地区和欠发达地区。

中国、印度等金砖国家作为新兴经济体,其主要的经济特点为劳动力价格较低、可就业人口较多、经济工业化程度比较低。在这种情况下,发展中国家往往以牺牲本国资源环境来换取经济发展以改善民生、提高经济发展速度。发达国家的居民较发展中国家对环境污染接纳能力较弱,不能容忍经济发展过程中出现的严重的环境负外部性,因此,国际贸易中形成了以环境禀赋为主的污染密集型行业向欠发达国家和地区转移的现象。

本书将基于资源因素禀赋模型对金砖国家国际贸易中的隐含环境成本进行评估分析。在改进模型方法的基础上,通过应用资源禀赋理论来分析金砖国家不同成员国的国际贸易优劣势,进而提供针对性的政策建议。环境经济学认为,环境密集型产品和服务贸易品在不同贸易成员国的禀赋程度决定其在该类产品国家贸易领域的优劣势。本书分析金砖国家与世界其他经济体中的贸易利得和碳排放转移问题,进一步清晰地刻画和分析不同贸易主体在国际贸易中如何应对全球性环境问题及其政策措施。

三、外部性理论

外部性,主要分为两大类:一类是从外部性的产生主体视角来下定义;一类是从外部性的接受主体的视角来下定义。萨缪尔森认为,外部性是生产或者消费对其他团体强征了不可补偿的成本或者给予了无须补偿的收益的经济行为。

兰德尔则认为外部性是当一种经济行为的某些收益或成本不在决策者的考虑范围之内的时候产出的一些低效率经济现象。即经济活动中的某些效益是被动接受或者某些成本是主动强加给没有参与到此类经济活动中的其他经济行为者。总之,外部性就是某经济主体对另一个经济主体产生的一种外部影响,可为正的外部性影响,也可为负的外部性影响。但是这种外部性由于产权归属问题难以界定清楚,很难在市场交易中通过价格机制进行买卖。

　　作为一种通过经济活动在市场机制下发生交易,但通过市场以外的方式影响其他经济参与者利得的经济行为,外部性长期以来受到经济学界的关注和研究。新古典经济学的发展,为外部性研究提供了可能性。庇古(Pigou)在马歇尔(Marshall)提出的外部经济概念的基础上,提出了内部不经济和外部不经济的概念,他认为企业行为导致其他经济主体或参与者乃至整个社会无须偿付的代价损失,则是外部不经济,反之,则是外部经济。

　　庇古提出的经济主体的福利函数的自变量中包含了他人的行为,以及经济主体有没有向他们提供经济补偿或索取成本,通过最优化资源配置方程和经济学中的边际分析法相结合,提出了外部性理论概念的主要框架,即边际社会净产值和边际私人净产值概念。在此基础上,后来的研究者将经济中的外部性、外部不经济、经济中的产权问题、市场失灵、市场监管、税收与补贴等纳入经济分析的框架,不断完善了外部性理论。

　　科斯(Coase)在庇古提出的外部性理论的基础上,形成了著名的科斯理论。他认为,即便市场经济活动过程中出现了负的外部性,在产权明确的情形下,外部性理论体系也同样有效,他反对前人关于"外部性"问题的补偿原则,即政府干预原则。科斯认为,若交易成本为零,而且经济中对运行中的财产权利的分割较为明确和清晰,引入法律干预和归置是不会影响合约行为结果的,也就是说最优化结构不变。换言之,只要交易成本为零,无论经济活动中的各个参与者的产权归属如何,只要界定清楚,就可以通过市场经济条件下的自由交易机制达到各类经济资源的合理配置。这一问题的关键在于,交易费用不为零或者制度安排缺失、产权归属不明确导致的市场失灵现象较为普遍地存在。

　　实际经济活动中,外部效应不是经济活动的一方对待另一方的单向负面的影响问题,而是相互影响问题。在交易费用设定为零的情形下,双方通过自愿协商原则达成基于负外部性或者正外部性的合约解决方案,可以实现资源配置的机制性最优解决方案。但是在这种情况下,政府作为第三方,应进入干预和评估该交易达成的负外部性,进而通过引导市场来降低负外部性的社会成本。在交易费用不为零的情形下,政府应通过政策手段来解决外部效应的内部化问题,衡量该解决方案的社会成本,进而寻求两者之间的收益权衡问题,这种情况下,针对负外部性征收相应的税收可能是比较有效的制度安排。

科斯理论对于市场经济程度不高的发展中国家来说较难操作,因为计划经济和市场经济并存的经济环境中,自由经济的思想以及机制设计容易受到计划经济思想的影响和干扰,进而导致一系列制度设计失效。

环境经济学认为,经济发展对环境的影响可分为环境正外部性、环境负外部性。国际贸易引起的负外部性问题——气候变化问题,作为经济发展带来的环境负外部性已成为世界各国关注的焦点。环境的负外部性问题归结于生产无效率,具体来说是因为该经济活动中的投入品对应的社会成本问题未能得到正确的衡量和反馈。在环境污染较为严重的发展中国家可以通过征收环境税的方式将经济粗放式增长导致的环境成本、社会生态成本内生化为初始生产成本和市场交易价格,进而通过市场机制来重新分配环境资源。

随着国际贸易的不断发展,在开放经济条件下,学术界认为贸易自由化对环境的外部性影响可分为两个方面来理解。一派认为,世界各国通过参与到全球自由贸易体系中,加剧了经济发展带来的环境污染问题的全球性扩散。比如,一些现代生产技术的推广或者跨国公司的技术转移,往往会将淘汰技术转移到发展中国家的同时,也将潜在的生产过程中所需的环境负外部性社会生态成本转移到发展中国家。发展中国家往往是通过发挥其劳动力廉价、资源能源丰富的比较优势生产出高资源环境成本、低附加值的产品出口到发达国家,承担发达国家消费造成的环境污染问题。

另一派则认为,自由贸易的发展可以在促进经济发展的同时,在全球范围内改善各个参与国在资源配置中的地位,进而整体改善全球范围内环境成本问题。其主要逻辑为发达国家通过国际贸易、技术转移将清洁生产技术、环境污染治理技术、生态社会规划机制、经济绿色发展制度设计转移到发展中国家或环境污染严重的地区。通过技术手段、资金支持、知识产权的转移和合作来提高发展中国家的防污、治污能力。

两派观点主要总结归纳了目前学术界对于外部性在经济贸易中的影

响和意义。具体地,本书将根据外部性理论来分析研究国际贸易中的隐含碳排放问题,深入分析金砖国家在同其他国家开展贸易的过程中经济收益和环境污染这一经济负外部性的国家间的转移问题。

四、隐含流理论

隐含流是指该实物资源已在生产过程中被改变存在形式、隐含在其最终产品中的一种虚拟的经济性物质流。在经济活动中,隐含流包括隐含增加值、隐含能源(非可再生能源、可再生能源)、隐含水、隐含土壤、隐含投资、隐含碳排放、隐含污染物(氮氧化物、硫氧化物等),等等。在开放经济条件下,商品和服务中的隐含物质会随着产品的空间位置转移而转移,即国家之间的自由贸易活动或导致两国之间的劳动力、资本、技术、资源、环境成本等经济因素通过隐含的虚拟方式而发生转移和交换。

学术界利用隐含流分析法来研究产品和服务在生产过程中的隐含的无法感触的隐形经济价值形式。生产者通过生产过程将这一虚拟的经济资源隐含在了产品和服务中,消费者作为该产品的消费方无法感受到商品和服务中的隐含流,只能感受到商品和服务本身。然而,这并不能说明经济活动中的隐含流的不存在性。国际贸易兴起以来,世界各国日益参与到国际贸易中来,各国之间频繁的商品流和服务流之间的交换从一开始就伴随着伙伴国之间的能源资源、环境成本、劳动力、资本的虚拟转移。

通过数学模型,分析研究不同经济主体之间的贸易活动中隐含的经济利得和环境成本的交互流向问题。随着全球变暖等气候变化问题的不断加剧,隐含流理论的提出将有利于分析国际贸易中各参与方的隐含能源、污染物的来源和真实贸易利得。进而对两国贸易结构、贸易紧密程度和贸易得利多寡、资源分配与环境成本承担多寡作一综和评估。因此,基于国际贸易中隐含流的研究有助于合理分析隐含在繁杂的国际贸易经济活动背后的贸易各方之间的关系。传统贸易理论分析认为,两国之间的贸易会造成一国对另一国内部经济结构、产业结构、外贸结构发生影响。随着不同贸易伙伴国内的需求偏好的变化以及出口国国内要素禀赋的变化,外在技术水平的提高,贸易双方的贸易结构随之变化。实质上,随着贸易双方经贸往来发生的能源消耗与污染物的排放也进行了一次隐形贸易交换。近年来,随着国际贸易的发展,基于隐含流的分析受到了极大关注。学界认为国际贸易中将一国贸易账户与环境账户相分离,不利于研究分析某个国家通过国际贸易吸收或转移的经济利得或者环境成本问题。

隐含流理论将国际贸易数据与环境账户数据通过数学模型有效关联,建立国家间基于国际贸易活动的隐含流账户,分析各国通过进出口贸易隐含在各个商品流和服务流贸易中的隐含经济资料,从中间投入、原始投入、最终需求、最终产出方面来多维度分析一国生产过程导致的其他贸易国的社会环境所得及成本,也可分析其他国家的消费活动导致的该国经济活动的改变和环境成本问题。

目前应用隐含流理论分析较多的领域有隐含能源、隐含水资源、隐含碳排放、隐含土壤利用、隐含其他空气污染物排放等。以隐含能源为例,隐含能源分析是研究在经济活动过程中直接或间接消耗能源的一种分析方法。在国际贸易中隐含能源的分析体现在贸易伙伴国之间通过贸易活动隐含的能源的流入与流出。目前主要的研究方法是编制投入产出表,建立投入产出模型来分析国家间隐含能源的流向。使用投入产出模型来分析隐含能源的问题在于数据的可获得性不强,同时相关能源消耗数据的缺失将直接影响基于国际贸易隐含能源的研究结果。已有文献多从以下角度进行分析:时间序列分析,即分析不同年份之间的贸易隐含能源的变化趋势;国家层面分析,即不同国家在国际贸易中隐含进口或出口的能源的比较分析;行业层面分析,即分析不同行业间参与国际贸易时隐含的能源比较分析;双边贸易分析,即分析两个贸易伙伴国之间通过贸易发生的能源转移。从分析结果可看出,一国在与其贸易伙伴国进行贸易时是隐含能源平衡关系,两国之间行业层面的隐含能源情况以及两国隐含能源行业性流向情况等。全球分部门能源使用的数据统计以官方统计数据为最多,这样就造成了分析过程中很难按照政策考量来调整分析思路,以便得出更加合理的分析结果。此外,文献中已经将隐含流分析思想与经济分析中的其他模型方法相结合来分析能源环境经济学问题。

国际社会对气候变化议题高度关注。有观点认为人类活动导致了大量的温室气体排放,进而导致了全球变暖、海平面上升等异常气候问题。随着人们对气候变化问题关注度的不断上升,发达国家认为发展中国家在工业化过程中大量使用化石能源造成了碳排放加剧问题,要求发展中国家承担更多的碳减排责任。发展中国家则呼吁已经完成工业化进程的发达国家应该承担较多的碳减排责任。学术界随即开始应用隐含流的理论思想来分析各国的碳排放,以及由国际贸易引起的隐含碳排放的国家间的转移问题。贸易隐含碳的多少直接关系到一国碳减排责任划分的多少,因此,对国际贸易隐含碳的国别分析、行业分析及碳排放责任的划分进行研究成了热点问题。此外,与碳排放相关的化石能源燃料效率以及能源使用结构的改进也成为碳减排研究的热点问题。

本书基于隐含流理论的基本思想与模型方法,研究金砖国家的国际贸易隐含碳问题,分别分析中国、俄罗斯、印度、巴西、南非五国在国际贸易中的进口、出口隐含碳来源国与流向国,在此基础上,将五国合并为一个经济体,整体分析金砖国家的国家贸易隐含碳来源和去向情况。分析金砖国家中各个成员国在中间品贸易、最终需求贸易中的隐含碳,以及金砖国家成员国在国家层面、行业层面的碳减排协同合作机制,金砖国家为全球碳减排能作出的潜在贡献。

本节对国际贸易隐含碳研究过程中使用到的主要相关理论基础进行了归纳和评述。其中,重点论述了投入产出理论,它是国际贸易隐含碳测算的核心理论,本书以下内容将对投入产出理论体系下的投入产出模型进行改进和扩展,根据现有的数据资源,分析金砖国家国际贸易隐含碳、中国省区市层面与其他金砖国家的国际贸易隐含碳,在此基础上提出金砖国家合作框架下的中国应对气候变化的政策建议。

第三节　金砖国家国际贸易隐含碳研究目的及内容

一、研究目的

气候变化已成为学术界研究热点。国际社会为遏制全球温度上升已经采取了诸多措施。自20世纪90年代以来,《联合国气候变化框架公约》的制定及《京都议定书》气候草案的签署为全球应对气候变化奠定了谈判基础。2008年以来各方已经举行了15轮国际气候变化会谈,但因在发达国家中期减排目标与帮扶发展中国家方面发达国家与发展中国家存在较大分歧而难以达成一致。究其根源,国际间的碳转移及责任划分各执一词、难以界定,是国际气候变化谈判迟迟未果的原因。以此为基础,本书将对国际贸易隐含碳进行深入研究。以期在现有基础上完善和改进国际贸易隐含碳分析研究过程中存在的问题。本书的研究目的与意义具体体现在以下方面。

1. 本书致力于构建较合理、公平的国际贸易隐含碳方法模型

随着模型技术的发展及数据的不断完善,国际贸易隐含碳的测算模型也处于不断完善之中。随着国际贸易的迅速发展,隐含碳伴随着自由贸易实现了从一国向另一国的空间转移。由于产品生产过程中伴随的能源消耗来源不同、国家间能源效率不同、中间贸易及加工贸易等因素影响,学术界对碳排放测定模型及碳责任划分原则存在较大争议。国际贸易隐含碳的国别区分及测算是划分一国碳排放责任的重要方面。合理评估国家碳排放额度,划分碳排放责任,制定全球性碳减排目标将有助于减缓经济活动燃烧化石能源造成的碳排放。

2. 本书将在现有研究成果的基础上规避测算结果存在的不确定性

国际贸易隐含碳作为衡量一国碳排放的重要组成部分,已有分析结果存在较大差异,以中国国际贸易隐含碳为例,笔者在文献综述过程中试图梳理汇总已有文献中对基于不同模型方法与数据来源对不同年份中国贸易隐含碳的实证分析结果,其同一年份的实证结果波动也很大,见附录。相关国际组织、学者测得的贸易隐含碳数据波动较大。模型构建方面本书在构建过程中确保其合理性及适应性,谨慎假设模型前提,合理设定相关系数。考虑国内外生产技术水平、进口替代假设、能源强度、国别碳排放因素、价格处理、产业部门分类及合并对隐含碳测算的影响。实证分析方面考虑到国家经济规模、国家贸易结构及其国际分工地位、投入产出数据来源及处理、中间贸易品的合理归置对国际贸易隐含碳测算结果准确性的影响。探讨分析国际贸易隐含碳的理论与实证方法。

3. 本书对金砖国家国际贸易隐含碳的实证分析具有很强的现实指导意义

金砖国家作为世界经济增长引擎,经济总量不断增长的同时其能源消费也不断增加,可见,金砖国家应在全球气候变化谈判中承担重要责任。首先,分析金砖国家国际贸易隐含碳将有助于世界对金砖国家贸易结构、能源消费结构、环境成本尤其是金砖国家碳排放的认识。其次,为金砖国家谋求协同碳减排机制、低碳技术经济体内实现合作转移、共同应对全球气候变化发挥积极作用。最后,作为一个新兴经济体,分析金砖国家碳排放及国际贸易隐含碳有助于金砖国家明确自身碳责任,在国际气候变化谈判中形成协同合作机制以增加其话语权,为扭转当前国际气候变化谈判僵局、构建新的谈判规则和秩序、为实现全球碳减排目标发挥积极重要的作用。

4. 本书分析中国省区市层面与其他金砖国家国际贸易隐含碳

有助于中国政府策对全国层面碳排放现状有基本认识;对碳排放权交易体系进行合理的国家层面的顶层设计;针对不同省区市所处的不同经济发展现状与能源消费结构、碳排放结构有确切的认识。同时,为中国在金砖国家合作框架内开展节能减排工作提供政策建议;为中国省区市层面的碳减排国际性合作与跨国产业部门减排合作提供明确的对策建议,同时为我国不同省区市自身的碳减排方案、国内各省区市之间因贸易导致的碳排放,以及各省区市与世界其他经济体之间的国际贸易隐含碳减排工作提出政策建议。

二、研究思路

本书试图在国际贸易迅速发展和气候变化成为关注焦点的背景下,从实证角度深入分析金砖国家国际贸易隐含碳以及中国的应对策略。本书基于改进的环境型多区域投入产出模型分析了金砖国家国际贸易隐含碳,结果得出中国是金砖国家国际贸易隐含碳排放责任承担最多的经济体。为准确测算贸易隐含碳来自中国哪个省区市以及哪个行业,笔者进一步地对中国省区市层面对其他金砖国家的国际贸易隐含碳进行了测算分析,确定了主要的碳排放贸易伙伴省区市、国家以及产业部门,为金砖国家、中国快速实现其碳减排承诺提供了有价值的对策建议。同时,在已有研究的基础上分析模型构建、数据来源选取、数据预处理过程中存在的问题及应对方法,更加系统、全面地理解国际贸易隐含碳实证研究的重要性与必要性。

金砖国家等新兴经济体的崛起带动了全球经济复苏,促使国家间的经贸合作日趋密切。国际贸易的发展伴随着资源、技术、环境成本在国家间的流动。国际贸易隐含碳作为自由贸易的一种负外部性,使得环境成本在国家间发生转移。测算贸易隐含碳,有助于合理划分碳排放责任,对国际气候变化谈判有重要意义。

本书首先通过梳理已有国际贸易隐含碳研究文献,梳理了国际贸易隐含碳研究理论基础。其次,通过中国国家统计局公布的《金砖国家联合统计手册》,分析了2000—2015年间金砖国家的经济发展特征以及金砖成员国在此期间的国际贸易发展概况;基于国际经济合作与发展组织(OECD)2015年数据库,笔者分析了金砖国家1995—2011年在不同测算责任原则下的国家层面碳排放与金砖成员国各自在国际贸易中的隐含碳变动。再次,构建了改进的考虑中间产品与最终需求的多区域投入产出国际贸易隐含碳测算模型,以WIOD数据库与南非已有数据源为基础,构建了新的包含南非的全球投入产出数据库,测算分析了金砖国家国际贸易隐含碳。最后,笔者构建了考虑拆分某一经济体嵌入到全球投入产出模型的多国多区域投入产出模型,将中国30个省区市投入产出数据嵌入世界投入产出表中,对中国省区市层面通过国内贸易与其他金砖国家国际贸易流入、流出的贸易隐含碳进行了分析。本书拟通过多区域投入产出理论模型来分析金砖国家及中国贸易隐含碳的测算问题。在此过程中考虑并试图讨论以下实证分析过程中研究者常常遇到的模型构建与数据处理问题:

投入产出数据选取和预处理如何影响国际贸易隐含碳测算准确性?

由于数据来源不同投入产出表的部门统计口径及部门个数不同,因此,在计算过程中涉及部门合并或分散。这一处理将影响到直接消耗系数进而影响里昂惕夫逆矩阵;不同年份的投入产出表数据为非可比价类型,应该通过价格处理调整为可比价投入产出表,涉及汇率及基年价格数据选定时,不同选择会导致结果不同;投入产出表的推算衍生问题。在进行相邻年份替代或利用处理技术(如 RAS 技术)来实现投入产出表的衍生时,应注意此类结果并非真实数据以及利用该类技术手段得到碳排放数据;进出口贸易数据应用到中间投入及最终消费的部分应加以区分。

能源数据选取与前期处理对国际贸易隐含碳测算存在哪些影响?各国经济发展水平、能源强度的不同导致各国碳排放因子有所差异。在核算一国碳排放强度时,通常采用 2006 年政府间气候变化专业委员会(IPCC)国家温室气体清单指南来估计各种燃料 CO_2 排放系数,进而估算各种能源消费的碳排放,而这一过程存在的不确定性在建模过程中值得关注;能源消费折算标准煤或标准油过程中选取的一次能源种类应充分考虑到不同国家技术水平不同带来的影响;测算隐含碳时应依据产品和服务来源国不同,采用其生产国的碳排放系数;能源使用表与投入产出表连接时,由于两种不同类型的表格统计口径不同,两者对接时应考虑基于不同假设合并连接时对测算结果的影响。

多区域投入产出模型相比单区域、两区域投入产出模型,在国际贸易隐含碳测算中的差别如何?在选择多区域投入产出模型(MRIO)时应注意哪些问题?单区域投入产出模型采用进口替代假设,认为进口产品的碳排放因子和本国产品的碳排放因子相同,对于出口能源密集型产品的新兴国家,会高估其进口隐含碳;两区域投入产出模型则放松进口替代假设,使用产品生产国的碳排放因子来估测其碳排放,但该模型并未妥善处理中间投入品的去向,因而无法较准确地测算一国贸易隐含碳;MRIO 模型在充分考虑碳排放系数国别差异性的同时,将进口品区分为中间投入品及最终消费品,合理区分并考虑贸易隐含碳测算过程中的溢出与反馈效应。此外,使用 MRIO 模型时应考虑到 MRIO 的多样性,应注意基于不同假设前提对模型结果的影响。

三、技术路线图

技术路线如图 3 所示。

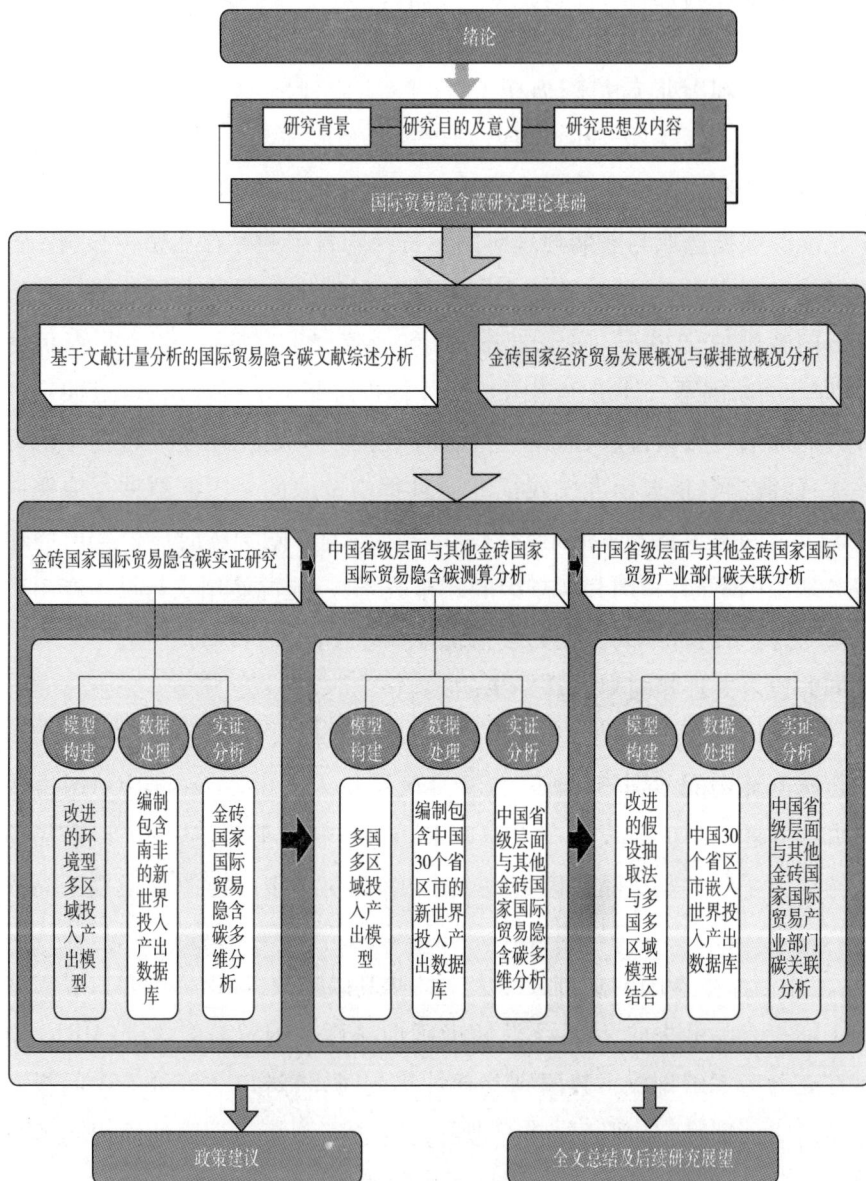

图 3　技术路线图

四、研究方法

本书将主要运用以下研究方法：

首先，文献计量分析法。基于谷歌学术（Google Scholar）与科学网（Web of Science）文献库，收集国际贸易隐含碳已有研究资料，通过对国内外的研究文献进行梳理分析，归纳总结，提炼主要研究结论及存在问题，探索进一步研究方向。整理分析文献中出现的理论模型构建思想、数据来源及处理方法为本书重要方法。具体地，文献计量法通过词频分析工具主要设计该研究领域论文年度产量、高产作者，国家（地区）、学术机构以及高引用文献、涉及学科等统计指标。

其次，投入产出法。它被用来研究经济体系（国民经济、地区经济、部门经济、公司或企业经济单位）中各个部分之间投入与产出的相互依存关系的数量分析方法。本书拟通过环境型投入产出模型来分析测算国际贸易隐含碳，通过模型构建描绘一国贸易隐含碳的全球流向及驱动因素的变化，通过对金砖国家贸易隐含碳测算作实证分析。

最后，理论分析法与实证分析法相结合。本书开篇论述国际贸易隐含碳这一研究热点的研究背景、问题由来及研究意义和目的。理论分析方面，重点把握该领域研究热点，通过文献梳理，主要构建国际贸易隐含碳研究领域的相关模型。实证分析方面，通过对金砖国家贸易隐含碳的分析研究来验证本书构建扩展的多区域投入产出模型的准确性及合理性。

第一章　国内外基于国际贸易隐含碳转移研究的分析

随着全球工业化程度的不断深化与国际贸易的迅速发展,世界性气候变化及温室气体排放对全球环境、生态和社会经济已产生深远影响。贸易发展引起的经济体之间贸易隐含碳问题(国家间碳转移、碳泄漏问题)的理论与实证研究,从 20 世纪 90 年代以来就受到了国内外学者的广泛关注。国际贸易隐含碳的研究成果丰硕,同时,因研究方法、研究内容、研究角度及研究对象侧重点不同,该类文献跨学科特点显著。

本章首先基于文献计量法对国内外涉及国际贸易隐含碳的研究成果进行综合性描述分析。其次在文献计量分析的基础上对已有的针对国际贸易隐含碳的国内外文献综述进行梳理评述。最后对国际贸易隐含碳实证文献进行综述分析,对全球性贸易隐含碳及金砖国家贸易隐含碳实证结果进行文献综述分析。

第一节　国际贸易隐含碳研究现状分析: 基于文献计量法

文献计量法是一种基于文献的多层次、多角度分析的科学计量方法。在对研究文献进行量化管理的基础上,采用统计学与数学方法相结合、对特定的研究信息进行分布结构、变化规律、数学规律分析,进而分析研究潜在的科学与技术的分布结构、特征与模式等。由于文献计量法在科学研究中对已有研究的客观、准确的数量化分析,已成为衡量科学进步的重要工具,对开展科学研究工作具有重要指导意义,已经被广泛应用于各类科学研究工作,如环境政策研究领域。文献研究表明:文献计量法较少应用于国际贸易与其引起的隐含能源贸易、隐含碳流动研究领域,关于气候变化、全球生物多样性文献综述方面则有所应用。

本书在获取论文题目、关键词、被引次数、发表时间、作者、第一作者所属机构等记录的基础上,应用 H 指数、引用频次、期刊影响因子、主要研究机构、资助来源及研究热点等指标,本书结合 Bibexcel 软件对检索结果进行定量分析,完成国际贸易隐含碳文献计量分析工作。

一、基于 Web of Science 数据库的英文文献研究现状分析

(一) 研究方法

该部分的文献数据来源于科学网(Web of Science)平台下的科学索引文献扩张版(Science Citation Index Expanded,SCI-E)和社会科学索引指数文献库(Social Sciences Citation Index,SSCI)在线数据库。为避免检索范围大造成的无用数据过多情形,增强数据有效性与相关性,本书以"国际贸易""隐含""碳排放"为检索关键词,具体检索式为检索词="碳排放"或"碳"或"二氧化碳"或"CO_2"或"温室气体"或"GHGs"("Carbon emission"OR"Carbon"OR"Carbon dioxide"OR"CO_2"OR"Greenhouse Gas"OR"GHGs")和"隐含"或"隐含物"("embodied"OR"embodiment")和"贸易"或"国际贸易"或"对外贸易("Trade"OR"International trade"OR"Foreign trade"),经反复检索,该领域第一篇论文发表于1994年,故将检索时段设定为1990—2016年发表的英文论文,检索日期为2017年3月1日。

(二) 结果分析

1. 文献数量

本书共检索到文章题录数据358条,1994—2016年共被引用次数为6310次。科威夫和罗普(Wyckoff 和 Roop)于1994年在《能源政策》(Energy Policy)发表了国际贸易隐含碳研究领域第一篇学术论文,该文研究了部分 OECD 国家进口纺织品中的隐含碳问题,指出在制定碳减排政策时不仅要核算国内经济发展中的碳排放问题,而且应关注进出口贸

易中的隐含碳。从图 1-1 可看出,该领域文献数量发表情况可分为两阶段:第一阶段为 1994—2004 年,该阶段发文数量较少;第二阶段为 2005 年至今,该阶段文献数量呈现明显上升特征;贸易隐含碳研究领域发文数量受第四次政府间气候变化专门委员会(IPCC)报告发布影响,2008 年以来文献猛增,2016 年文献数量按其增速超过 2015 年文献总数。2014 年文献数量则是 2012 年文献数量的两倍。

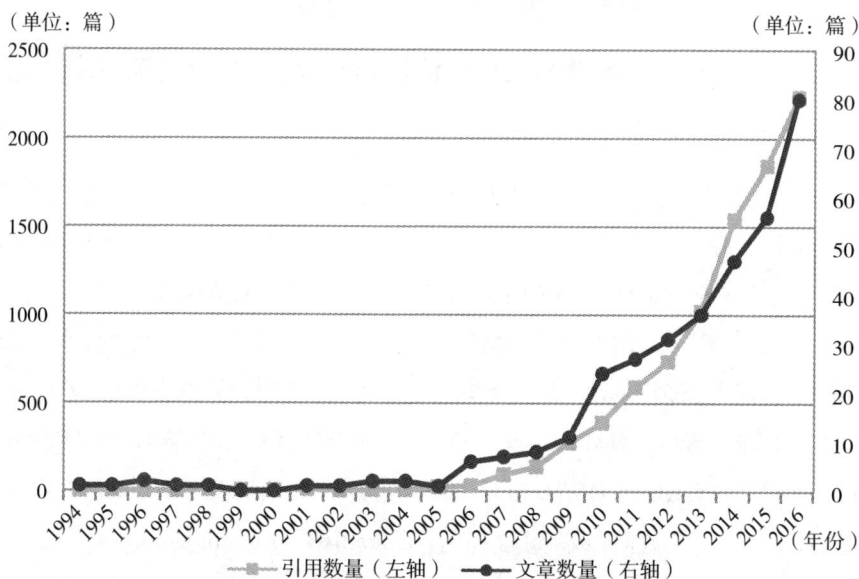

图 1-1　1994—2016 年国际贸易隐含碳英文文献年度变化图

数据来源:笔者根据 Web of Science 数据整理。

2. 文献区域分布

从图 1-2 中可以看出,发文数量最多的主要国家依次为中国、美国、英国、挪威、澳大利亚与日本。其中,作为世界最大的发展中国家与发达国家,中美两国在该领域的文献数量占 65%。中国的发文数量为 120 多篇,占比为 39%。由此可见,中国贸易经济的快速发展及能源使用带来的碳排放国际转移问题,在世界范围内备受关注。此外,发文量前 15 位中,仅有中国是发展中国家,其余 14 国均为发达国家,表明发达国家在该领域的文献贡献量高于发展中国家。

（单位：篇）

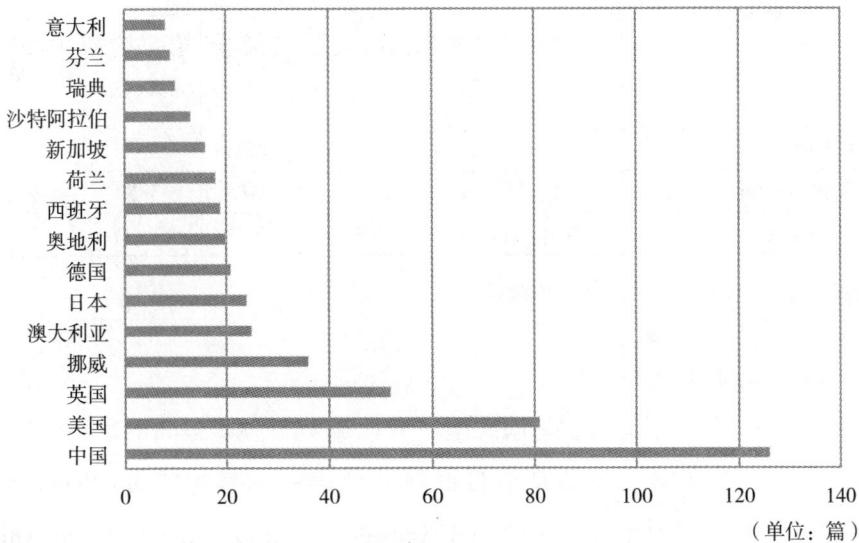

图1-2　1994—2016年国际贸易隐含碳英文文献国别分布图

数据来源：笔者根据 Web of Science 数据整理。

3. 主要高产作者

通过对文献作者的发文数量及被引频次进行分析可得出该领域主要高产作者。表1-1中列出了该领域发文数量大于7篇的作者名录。其中，彼得斯（Peters）发表文章17篇，总引用次数为1101次，H指数为14，居于首位；陈国谦（Chen GuoQian）发表17篇，总引用次数为576次，H指数为13，位居第二。此外，从作者国别来看，在发文量大于7篇的学者中，中国的学者在国际贸易隐含碳研究领域发文较多，占总文献数量比重约为23%。

表1-1　国际贸易隐含碳研究领域主要高产作者

作者	国家	文献数量（篇）	文献占比（%）	被引频数（次）	单篇被引频数（次）	H指数
彼得斯（Peters）	挪威	17	6.51	1101	64.76	14
陈国谦（Chen GuoQian）	中国	17	6.51	576	33.88	13
陈占明（Chen ZhanMing）	中国	17	6.51	458	26.94	11
伦岑（Lenzen）	澳大利亚	11	4.22	749	68.09	9

续表

作者	国家	文献数量（篇）	文献占比（%）	被引频数（次）	单篇被引频数（次）	H 指数
关大博(Guan DaBo)	英国	9	3.45	167	18.56	5
苏斌(Su Bin)	新加坡	9	2.68	249	35.57	6
韦伯(Weber)	中国	9	2.68	567	81.00	7

数据来源:笔者根据 Web of Science 数据整理。

4. 主要高引文献

表 1-2 列出了国际贸易隐含碳研究领域被引频次最高的前 10 篇文献。其中,处在第一位的是来自挪威的彼得斯和赫特威希(Peters 和 Hertwich)于 2008 年发表的"CO_2 Embodied in International Trade with Implications for Global Climate Policy",被引频次为 395 次,年均次数为 30 余次。此外,在前 10 篇高引文献中,美国 4 篇、英国 2 篇、挪威 2 篇、澳大利亚 1 篇、巴西 1 篇。由此可见,欧美国家在该领域具有领先优势,中国在该领域虽发文量居于世界首位,但缺乏国际学术影响力。

表 1-2　国际贸易隐含碳研究领域主要高引文献

作者	文献名	国家	发表年份	被引频数	发表期刊
彼得斯和赫特威希(Peters 和 Hertwich)	"CO_2 Embodied in International Trade with Implications for Global Climate Policy"	挪威	2008	395	*Environmental Science & Technology*
维德曼等(Wiedmann 等)	"Examining the Global Environmental Impact of Regional Consumption Activities—Part 2: Review of Input-output Models for the Assessment of Environmental Impacts Embodied in Trade"	英国	2007	249	*Ecological Economics*
戴维斯和卡尔代拉(Davis 和 Caldeira)	"Consumption-based Accounting of CO_2 Emissions"	美国	2010	238	*Proceedings of the National Academy of Sciences of the United States of America*

续表

作者	文献名	国家	发表年份	被引频数	发表期刊
彼得斯等 （Perters 等）	"Growth in Emission Transfers via International Trade from 1990 to 2008"	挪威	2011	232	*Proceedings of the National Academy of Sciences of the United States of America*
伦岑 （Lenzen）	"Primary Energy and Greenhouse Gases Embodied in Australian Final Consumption：An Input-output Analysis"	澳大利亚	1998	157	*Enery Policy*
韦伯和马修斯 （Weber 和 Mathews）	"Quantifying the Global and Distributional Aspects of American Household Carbon Footprint"	美国	2008	126	*Ecological Economics*
韦伯和马修斯 （Weber 和 Mathews）	"Embodied Environmental Emissions in US International Trade，1997－2004"	美国	2007	126	*Environmental Science & Technology*
马卡多 （Machado）	"Energy and Carbon Embodied in the International Trade of Brazil：An Input-output Approach"	巴西	2001	126	*Ecological Economics*
威科夫等 （Wyckoff 等）	"The Embodiment of Carbon in Imports of Manufactured Products：Implications for International Agreements on Greenhouse Gas Emissions"	英国	1994	107	*Energy Policy*
隋和哈里斯 （Shui 和 Harriss）	"The Role of CO_2 Embodiment in US-China Trade"	美国	2006	93	*Energy Policy*

数据来源：笔者根据 Web of Science 数据整理。

5. 主要期刊

国际贸易隐含碳研究领域主要期刊为：*Energy Policy*，*Ecological Economics*，*Environmental Science & Technology*。这三种期刊发文量均大于20篇，*Energy Policy* 发文量为54篇，占总文献数量的15%，居于首位。影响因子较高（大于4）的期刊主要有 *Environmental Science Technology* 和 *Energy*。从表1-3中可以看出，该领域前10大期刊主要来自发达国家，即英国4种、美国3种、荷兰3种。由此可见，发达国家在该领域科研实力及影响力相对较强。

表1-3 国际贸易隐含碳研究领域主要期刊

期刊	文献数量（篇）	文献占比（%）	影响因子	国家
Energy Policy	54	15.71	3.045	英国
Ecological Economics	38	10.73	3.227	荷兰
Environmental Science & Technology	31	8.05	5.481	美国
Economic Systems Research	16	3.45	3.605	英国
Energy Economics	16	3.45	2.580	荷兰
Journal of Cleaner Production	15	3.45	3.844	美国
Energy	11	3.01	4.292	英国
Climate Policy	10	2.69	1.675	英国
Communications in Nonlinear Secince and Numerical Simulation	10	2.69	2.569	荷兰
Journal of Industrial Ecology	9	2.23	3.265	美国

注:表中期刊影响因子参照 2017 年 Web of Science 最新公布数据。
数据来源:笔者根据 Web of Science 数据整理。

6. 主要学科类别

检索结果表明,国际贸易隐含碳主要涉及 33 个学科。从表1-4 中可以看出,主要涉及的学科领域依次为环境科学、环境研究、能源燃料、经济学、环境工程、生态学等领域。其中,环境科学发文量近五成。经济科学发文量为 95 篇,约占总文献数量的 25%。此外,从文献占比度可以看出,该领域学科交叉特点明显,自然科学类发文数量比人文社科类发文数量较多。

表1-4 国际贸易隐含碳研究领域涉及主要学科类别

分类	文献数量（篇）	文献占比（%）	排名
Environmental Sciences(环境科学)	216	52.11	1
Envrionmental Studies(环境研究)	193	39.46	2
Energy Fuels(能源燃料)	110	26.82	3
Economics(经济学)	95	24.90	4
Engineering Environmental(环境工程)	61	15.71	5
Ecology(生态学)	52	12.26	6

续表

分类	文献数量 （篇）	文献占比 （%）	排名
Meteorology Atmospheric Sciences(气象学)	30	3.83	7
Thermodynamics(热力学)	20	3.83	8
Mechanics(力学)	19	3.45	9
Public Administration(公共管理)	18	3.07	10

数据来源：笔者根据 Web of Science 数据整理。

7. 主要研究机构

研究结果表明：国际贸易隐含碳领域涉及 100 余位作者与世界各地的 110 个科研机构。从表 1-5 可以看出，发表文章数量居于世界前 10 位的主要科研机构。北京大学发文数量为 35 篇，居于首位。来自中国的科研机构有 5 所，从作者姓名词条分析结果可以看出，国外研究机构发表的文献中也有华裔作者参加，中外合作程度加强。同时，也可以看出，中国科研机构对国际贸易隐含碳研究领域的关注度较大；来自中国的科研机构多为该国内顶尖学术机构，学术成果较多。

表 1-5　国际贸易隐含碳研究领域主要研究机构

机构	文献数量 （篇）	文献占比 （%）	排名
Peking Unviersity(北京大学)	35	9.58	1
Chinese Academy of Sciences(中国科学院)	29	7.66	2
University of Leeds(利兹大学)	19	6.13	3
Norwegian University of Science Technology(挪威科学技术大学)	18	5.36	4
Tsinghua University(清华大学)	18	4.98	5
University of Sydney(悉尼大学)	17	4.98	6
Renmin University of China(中国人民大学)	16	4.22	7
Univresity of California System(加州大学系统)	16	4.22	8
Beijing Normal University(北京师范大学)	15	3.45	9
University of Cambridge(剑桥大学)	15	3.07	10

数据来源：笔者根据 Web of Science 数据整理。

8. 主要资助基金

本书通过机构资助发表文章确定关键词来分析资助机构,并依据发文量对机构进行排序。假设某一基金资助发表的文章中涉及"贸易"和"隐含碳"关键词,则表明该基金对国际贸易隐含碳研究领域有资助关系。表1-6依次列出了前10位资助基金,该领域主要资助基金均来自中国。由此可见,随着中国碳排放总量的增加,日趋严峻的全球气候变化问题与中国在国际气候变化谈判中的角色和作用,促使学术界对中国的温室气体排放关注度提高,从中国政府对国际贸易隐含碳研究领域资助可以看出其意义重大。

表1-6   国际贸易隐含碳研究领域主要资助机构

机构	文献数量（篇）	文献占比（%）	排名
National Natural Science Foundation of China（中国国家自然科学基金）	55	20.70	1
Chinese Academy of Sciences Foundation（中国社会科学基金）	5	1.92	2
Foundation of State Key Laboratory of Coal Resources and Safe Mining China University of Mining Technology（中国矿业大学煤炭资源和安全开采国家重点实验室）	4	1.53	3
Fundamental Research Funds for the Central Universities（中国中央高校基础科研基金）	4	1.53	4
Ministry of Education Foundation of China（中国教育部基金）	4	1.53	5
State Key Program for Basic Research 973 Program（国家重点基础研究 973 项目）	4	1.53	6
University of Petroleum China（中国石油大学）	4	1.15	7
Specialized Research Fund for the Doctoral Program of Higher Education of China（中国博士研究生专项研究基金）	3	1.15	8

数据来源:笔者根据 Web of Science 数据整理。

二、基于 CNKI 数据库的中文文献研究现状分析

（一）研究方法

本书文献数据来源于中国期刊全文数据库（CNKI）在线数据库。为避免检索范围大引起无用数据多、增强数据有效用性,本书选择 CNKI 数

据库下的中国学术期刊网络出版总库、中国博士学位论文全文数据库、中国优秀硕士学位论文全文数据库,以"国际(对外)贸易""隐含碳"为检索关键词,经反复验证,该领域第一篇论文发表于 2008 年,故本书将检索时间段设定为 2008—2016 年间发表的中文论文,检索日期为 2017 年 3 月 1 日。

(二)　结果分析

1. 文献数量

本次检索结果共得到题录数据 520 条。齐晔等于 2008 年发表中文类第一篇文献,该文通过投入产出法估算了 1997—2006 年中国进出口贸易中的隐含碳,指出发达国家一味指责中国增长的碳排放是不全面的。发文趋势显示,第四次 IPCC 报告之后,在 CNKI 可检索范围内中文文献数量激增,如 2011—2015 年年均新增文献数量呈现上升态势,其中,2014—2016 年间文献呈现井喷式增长。由此可见,国内研究领域对此问题的研究热度近年来高涨,未出现消减态势(见图 1-3)。

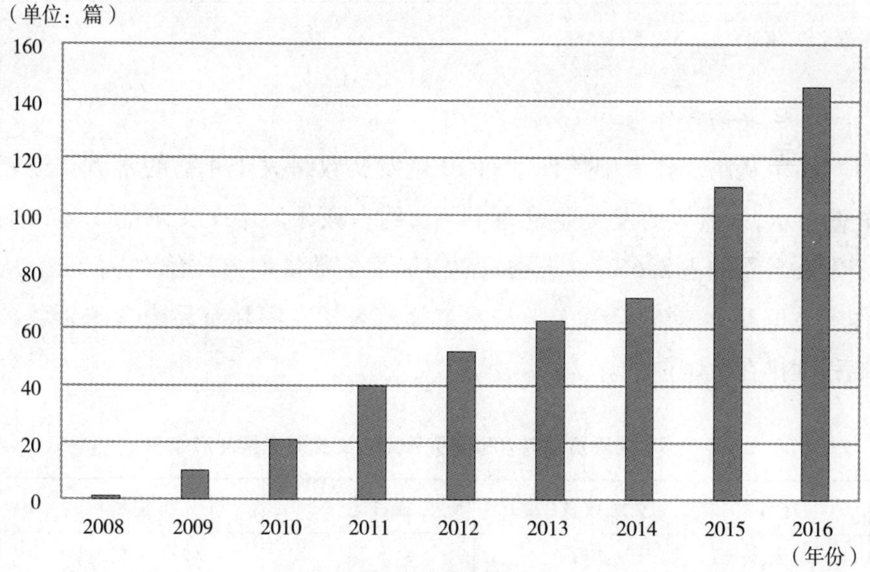

(单位:篇)

图 1-3　国际贸易隐含碳研究领域中文文献发表量

数据来源:笔者根据 CNKI 数据整理。

2. 主要学科类别

中文文献分析结果显示,该领域主要在经济学一级学科下开展研究,主要涉及学科有国际贸易、环境科学、宏观经济、经济理论、经济思想史及工业经济等门类。如表1-7所示,大于100篇的学科门类基本与贸易、环境、经济相关。其中,贸易经济发文296篇,约占文献总量的75%。

表1-7 国际贸易隐含碳研究领域主要涉及学科

学科名称	文章数量(篇)	文章占比(%)	排名
贸易经济	296	75.29	1
环境科学与资源利用	182	53.53	2
宏观经济与可持续发展	133	39.12	3
经济理论及思想史	118	34.71	4
工业经济	27	7.94	5
经济体制改革	25	7.35	6
金融	6	1.76	7
市场研究与信息	5	1.47	8

数据来源:笔者根据 CNKI 数据整理。

3. 主要高产作者

本节从高产作者中整理了前10位发文数量大于4篇的学者。如表1-8所示,闫云凤的发文数量为11篇,约占该领域中文文献的3.3%;王媛发文数量约占2.6%;赵忠秀与赵玉焕发文数量均为7篇,约占2%。从作者单位看出,对外经贸大学与北京师范大学在国际贸易隐含碳领域影响程度排在全国前列。

表1-8 国际贸易隐含碳研究领域中文文献主要高产作者

作者	文章数量(篇)	文章占比(%)	机构名称
闫云凤	11	3.24	对外经贸大学
王媛	9	2.65	天津大学
赵忠秀	7	2.06	对外经贸大学
赵玉焕	7	2.06	北京理工大学

续表

作者	文章数量（篇）	文章占比（%）	机构名称
方修琦	5	1.47	北京师范大学
魏本勇	5	1.47	北京师范大学
杨来科	4	1.18	华东师范大学
杜运苏	4	1.18	南京财经大学
许冬兰	4	1.18	中国海洋大学
庞军	4	1.18	中国人民大学

数据来源：笔者根据 CNKI 数据整理。

4. 主要高引文献

该领域引用频次大于 300 次的有两篇，分别为齐晔等于 2008 年发表的题为《中国进出口贸易中的隐含碳估算》，引用频次为 381 次，年均引用频次为 54 次；李小平等于 2010 年发表的《国际贸易、污染产业转移和中国工业 CO_2 排放》，被引频次为 341 次，年均引用频次为 48 次。表 1-9 列举了 10 篇引用次数大于 50 次的中文文献。

表 1-9　国际贸易隐含碳研究领域主要高引中文文献

作者名称	文献名	发表期刊	出版年份	引用次数	第一作者单位
齐晔等	《中国进出口贸易中的隐含碳估算》	《中国人口资源与环境》	2008	381	清华大学
李小平等	《国际贸易、污染产业转移和中国工业 CO_2 排放》	《经济研究》	2010	341	中南财经政法大学
魏本勇等	《基于投入产出分析的中国国际贸易碳排放研究》	《北京师范大学学报（自然科学版）》	2009	155	北京师范大学
李艳梅、付加峰	《中国出口贸易中隐含碳排放增长的结构分解》	《中国人口资源与环境》	2010	97	北京工业大学
闫云凤、杨来科	《中美贸易与气候变化——基于投入产出的分析》	《世界经济研究》	2009	81	华东师范大学
黄敏、蒋琴儿	《外贸中隐含碳的计算及变化的因素分解》	《上海经济研究》	2010	67	浙江林学院
张为付、杜运苏	《中国对外贸易中隐含碳排放失衡度研究》	《中国工业经济》	2011	55	南京财经大学

作者名称	文献名	发表期刊	出版年份	引用次数	第一作者单位
周新	《国际贸易中的隐含碳排放核算及贸易调整后的国家温室气体排放》	《管理评论》	2010	55	日本地球环境战略研究所
马述忠、陈颖	《进出口贸易对中国隐含碳排放量的影响：2000—2009 年基于国内消费视角的单区域投入产出模型分析》	《财贸经济》	2012	55	浙江大学
李小平	《国际贸易中隐含的 CO_2 测算——基于垂直专业化分工的环境投入产出模型分析》	《财贸经济》	2010	50	中南财经政法大学

数据来源：笔者根据 CNKI 数据整理。

5. 主要期刊

《国际贸易问题》《资源科学》与《中国人口资源与环境》是该领域文献发表最多的三大期刊。此外，财经、师范类大学学报；理工高校社科版发表该研究领域成果较多。表 1-10 列举了发文数量大于 6 篇的期刊名称。

表 1-10　国际贸易隐含碳中文文献发表核心中文期刊

机构名称	文章数量（篇）	文章占比（%）
国际贸易问题	14	4.12
资源科学	11	3.24
中国人口资源与环境	11	3.24
中国海洋大学学报	10	2.94
国际经贸探索	9	2.65
北京理工大学学报（社会科学版）	7	2.06
华东师范大学学报	6	1.76
国际商务	6	1.76
江西财经大学学报	6	1.76
暨南大学学报	6	1.76

数据来源：笔者根据 CNKI 数据整理。

6. 主要研究机构

根据文献第一作者所属学术机构数据,笔者通过 Bibexcel 整理可得,对外经贸大学与天津大学为该领域中文发文数量较多机构,约占文献总量的13%。中国海洋大学与北京理工大学分别排在第3、4位。图1-4依次列举了前10家该领域发文最多的学术机构。

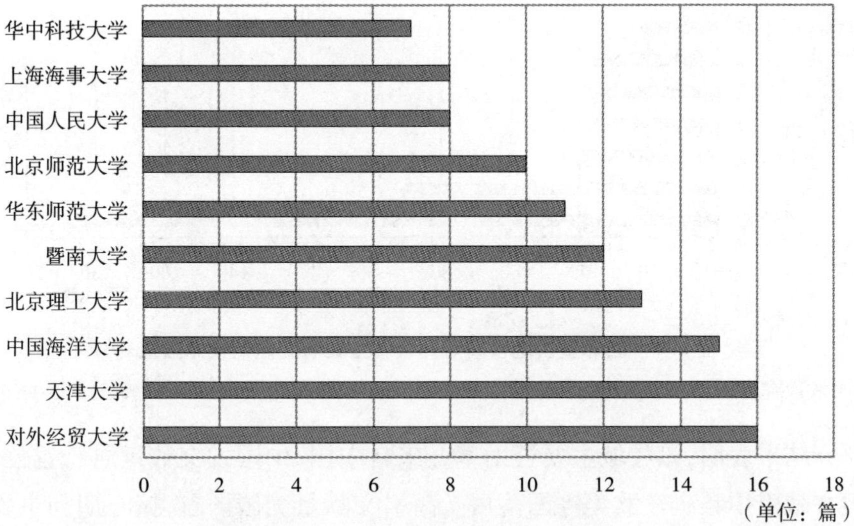

图1-4　国际贸易隐含碳研究领域主要学术机构中文文献贡献

数据来源:笔者根据 CNKI 数据整理。

7. 主要研究热点

通过分析文献中出现的关键词,可以得出该领域研究焦点及热点问题。通过该部分分析为下文文献梳理提供了基础。如图1-5所示,该领域研究焦点涉及隐含碳及其测算方法模型,以及隐含碳与贸易发展。此外,在贸易发展与环境保护并重的经济背景下,对碳排放、碳关税、碳转移问题的研究持续增温。

三、研究评述

基于 Web of Science 平台下 SCI-E 与 SSCI 数据库及文献计量工具 Bibexcel,本节分析了 1994—2016 年发表的国际贸易隐含碳英文文献。

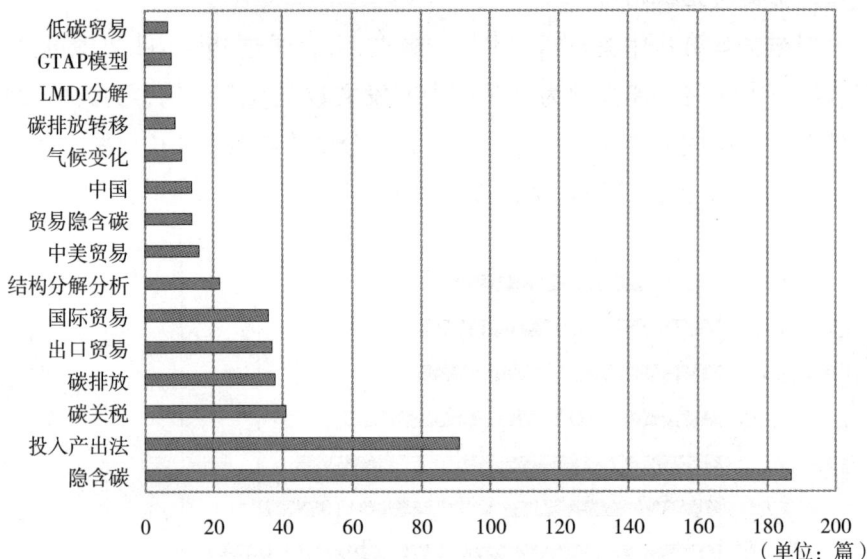

图1-5 国际贸易隐含碳研究领域主要研究热点文献数量

数据来源:笔者根据 CNKI 数据整理。

研究结果表明,该领域主要资助基金来自中国,中国发文数量居于首位,但文献引用频次较欧美等国落后。高引文献量美国居首,核心期刊主要分布在欧美国家。

基于 CNKI 平台及文献计量工具 Bibexcel,本节分析了 1994—2016 年发表的国际贸易隐含碳中文文献。研究结果表明,该研究领域文献数量从 2008 年以来激增,从发文数量看,对外经贸大学在该研究领域处于国内首位;从高引文献看,齐晔、李小平的文献引用频次较多;《国际贸易问题》是该领域刊出文献最多的期刊。需要指出的是,中英文文献从发文数量来看,中文文献增速高于英文文献;从质量来看,中文文献被引频次低于英文文献;中国政府对该研究资助力度体现了中国对该领域问题关注度近年来持续升温。

第二节　已有国际贸易隐含碳综述类文献分析

本节首先总览分析国内外已有国际贸易隐含碳文献综述类文献;评

述国内外已有该领域综述类文献的基础上,提出本书文献综述思路。从上节文献计量分析结果可得,国际贸易隐含碳问题从 20 世纪 90 年代开始受到国外学者的关注研究,国内则从 2008 年开始有学者陆续发文着手研究。分析研究前人综述成果为本书文献综述提供了客观依据。

一、国内综述类文献分析

基于国际贸易隐含碳溯源的综述文献。随着 2009 年哥本哈根大会的召开,温室气体减排从学术议题上升为国际政治生活中的热点话题,在此背景下,黄敏等于 2010 年首次梳理了隐含碳问题的渊源及研究进展。随后,杜明军在论述低碳经济理论时,提及碳排放与进出口贸易的关系及初步涉及碳排放交易的问题,相对缺乏从贸易利得与环境成本的角度来分析贸易隐含碳问题。魏本勇从贸易与自然的关系、国际贸易与碳排放、国际贸易污染责任认定原则方面对国际贸易中的隐含碳排放做了综述,得出国家碳排放问题不应只局限于国家边界之内,应该在考虑跨国"碳泄漏"问题的基础上客观界定碳排放责任。闫云凤就国际贸易与气候变化角度对相关文献进行了综述。

基于国际贸易隐含碳理论与实证分析的综述文献。赵玉焕从理论与实证研究角度对国际贸易隐含碳进行了综述,她指出采用消费者负责制是研究一国碳排放责任的前提,把此类研究分为多国研究、国别研究与分组研究三类进行比较评述。在实证研究方面,有学者综述了隐含碳及碳关税的实证分析方法,该研究得出碳关税难以实行是因为缺乏统一碳排放计算方法;综述了贸易隐含碳测算的过程分析法与投入产出法;综述了投入产出法测算模型,并重点评述了多区域投入产出模型的不确定性问题。此外,在梳理国外研究成果的基础上,周茂荣和谭秀杰对出口贸易中隐含碳排放的碳责任划分进行了综述,在此基础上分析对比不同原则对我国碳排放责任划分的影响。

二、国外综述类文献分析

在前文研究的基础上通过严格限定关键词进行文献分析可得,国外关于国际贸易隐含碳研究领域综述类文献较少。由于贸易隐含碳测算涉及投入产出模型及其他模型，国际贸易隐含碳综述部分通常涵盖在其他综述文献中，作为其中一部分内容。如有关投入产出模型、能源消耗、气候变化建模、碳责任划分等综述类文献，该类文献综述将在本章后续部分提及。

基于国际贸易隐含碳测算模型方面的文献综述。维德曼等（Wiedmann 等）于 2007 年综述了基于多区域投入产出模型的贸易隐含环境成本分析方法，该文引用次数高达 294 次，该综述对国际贸易隐含碳测算分析有重要影响，主要梳理了多区域、多产品部门的投入产出分析模型；通过综述 6 种用于测算贸易隐含环境成本的巨型多行业、多区域、多维度投入产出模型，指出随着数据可获得性增强及现代计算水平技术的提升，复杂多区域产出模型可用于贸易隐含环境成本（如生态足迹）的测算。此外，维德曼于 2009 年对生产者负责制与资源账户下的多区域投入产出模型进行了综述，通过 2007—2009 年约 20 篇文献分析多区域投入产出模型不确定性问题，他认为，改善数据可获得性与质量、在模型构建过程中严格考虑准确性有助于减少结果不确定性。

基于对国际贸易隐含碳测算实证结果的文献综述，萨托（Sato）于 2014 年对现有文献对贸易隐含碳测算结果差异做了综述。通过对中国、印度、美国、英国、日本、巴西等国相关的国际贸易隐含碳数据搜集研究结果进行比较，分析了出口贸易隐含碳、进口贸易隐含碳、净贸易隐含碳指标，从而得出由于前提假设不同、基于政策假设的数据选取与处理过程不同、模型选取差异，造成了一国同一年份不同文献之间国际贸易隐含碳测算结果的不确定性。该文肯定了国际贸易隐含碳测算模型发展带来的政策启示，认为行业层面分析是未来贸易隐含碳测算的研究趋势。

三、研究评述

通过对国内外国际贸易隐含碳综述类文献梳理分析得出，国外学术界综述类文献早于国内学术界。国外综述类文献主要对贸易隐含碳测算模型演进、模型设定过程中的不确定性问题及结果不确定性进行了综述；

国内综述类文献,在借鉴国外已有研究的基础上主要对贸易隐含碳产生溯源、实证分析方法进行了综述。然而,国内外国际贸易隐含碳综述文献缺乏理论基础研究综述,实证研究综述方面,测算方法模型选择具有差异性;模型演进方面综述较多,但对实证分析分类综述较少。在此基础上,本书将弥补已有不足,多角度系统梳理国际贸易隐含碳研究领域理论与实证研究成果。

第三节　国际贸易隐含碳研究现状评述

文献计量法分析表明,从20世纪90年代提出国际贸易隐含碳概念以来,该类实证研究已有30余年历史。在国内外主要实证研究文献的基础上,本节内容安排如下:第一,从国际贸易隐含碳测算模型方法进行综述,主要梳理基于投入产出模型的国际贸易隐含碳估计模型及其实证分析;第二,对贸易隐含碳驱动因素分解模型进行梳理,其中主要梳理结构分解模型系统下的两种分解方法及其实证分析;第三,对现有碳排放责任划分分析方法进行梳理讨论;第四,梳理金砖国家国际贸易隐含碳的实证分析研究现状。

一、单区域投入产出模型

单区域投入产出模型在国际贸易隐含碳研究领域单国情形的应用。单区域投入产出模型是在一国投入产出表与进出口贸易数据的基础上,通过计算完全消耗系数,采取进口替代假设、不考虑碳排放国别消耗系数差异与碳排放差异的基础上,引入碳排放因子测算一国国际贸易中隐含碳的方法。文献梳理过程中发现研究者通常假设进口产品碳排放系数与进口国相同,或者引用第三国数据来替代本国碳排放系数来测算国际贸易隐含碳。

国外研究方面。科威夫和罗普(Wyckoff和Roop)于1994年结合单国投入产出表及双边贸易矩阵表测算了前6大OECD国家(加拿大、法国、德国、日本、英国和美国)的21组不同工业品中的进口隐含碳,研究结果表明,该6国约有13%的CO_2是通过工业品进口吸纳的贸易伙伴国的碳排放;若该6国在制定碳减排政策时只考虑国内碳排放,将会减弱其碳减排政策效应。盖尔(Gale)1995年从自由贸易对碳排放影响的角度入手,在单区域投入产出模型的基础上,通过估算墨西哥的进口商品、出口商品、进口竞争型商品以及调整后的投入产出模型,对墨西哥加入北美自由贸易协定(NAFTA)前后经济发展水平对CO_2排放的影响进行了分析。研究发现,随着墨西哥贸易量的增加、经济总量的扩大,墨西哥CO_2排放也随之增加;税收减免导致墨西哥CO_2排放上升12%,该增长中约近一半来自污染密集型的产业部门。谢弗和德萨(Schaeffer 和 de Sá)认为发达国家通过国际贸易将碳排放转移到了发展中国家,发达国家通过制定低碳强度发展目标,通过进口发展中国家高碳排放强度密集型商品降低碳排放的方式对全球碳减排无益,他们通过单区域投入产出模型,研究了1970—1973年隐含在巴西非能源进出口中的碳排放和能源,以便分析巴西是否需要应对其国际贸易中的高碳含量商品。研究结果表明,1980年以来,巴西国际贸易中的出口隐含碳显著高于进口隐含碳,1990年巴西出口隐含碳占国内碳排放的11.4%,约为830万吨。

万科多等(Macado等)认为国际贸易是影响一国工业结构、能源结构与碳排放的重要因素,他们构建了产品×部门混合投入产出表,假定能源商品用物理单位计量、非能源商品用货币计量,测量了1995年巴西非能源贸易品中的隐含碳。结果表明1995年巴西对外贸易中的出口隐含碳约为1350万吨,进口隐含碳为990万吨,同年国内碳排放为994万吨;巴西通过非能源商品碳出口国(360万吨),进口1美元商品时所隐含的碳排放比出口1美元商品的隐含碳低56%。近藤等(Kondo等)于1998年基于进口替代采用单区域投入产出模型假设对日本进出口中的贸易隐含碳进行了测算,该文章采用了日本1975年、1980年、1985年、1990年涵盖部门消费使用的化石燃料的实物表、三类产品部门投入产出表,以及7种能源消耗数据,结果表明直到1985年日本是隐含碳净出口国,由于日本政府从1985年开始推行扩大国内最终需求政策,1990年后日本成了隐含碳净进口国。

蒙帕和思科维塔(Mäenpää 和 Siikavirta)采用 139 个部门的投入产出表分析了 1990—2003 年芬兰国际贸易中的隐含碳。结果显示 1990 年芬兰是一个碳净出口国。作者同时基于国内碳强度与进口隐含碳占国内产品比重情形对进口中的隐含碳进行了测算比较,结果显示两者差异较小;芬兰出口贸易的隐含碳在 1990—2003 年要大于 20 世纪 90 年代早期的进口隐含碳,这是由于芬兰改变了贸易重心而非调整了贸易结构。苏斌等(Su,2013 等)在单区域投入产出模型的基础上,验证了部门合并程度对国际贸易隐含碳测算准确性的影响,在设定不同产业部门合并的情况下,比较了中国和新加坡的出口贸易中的隐含碳。研究结果表明,40 个部门可较为准确地预测一国出口贸易中的隐含碳。其他基于单区域投入产出模型对国际贸易隐含碳的国外研究详情见彼得斯和赫特威希(Peters 和 Hertwich)、韦伯等(Weber 等)、关大博等(Guan DaBo 等)、韦伯和马修斯等(Weber 和 Matthews 等)的研究。

国内研究方面。魏本勇等运用单区域投入产出模型结合部门能源消费数据,从最终需求的角度测算了 2002 年中国国际贸易中的碳排放。他们将未包括居民直接生活消费耗能的 44 个能源消耗部门与投入产出表的 122 个部门统一合并为 41 个部门,在合并后的行业以燃料的平均热值为标准转化为直接碳排放量。研究表明:2002 年中国国内出口碳排放为 2.61 亿吨,占当年国内总碳排放的 24%;当年中国国内使用的进口隐含碳在 0.93—2.38 亿吨之间,出口隐含碳为 0.22 亿—1.68 亿吨之间。任何关于增加国内生产品直接出口的经济政策都会直接导致国内碳排放的增加。

马述忠和陈颖基于国内消费视角运用单区域投入产出模型分析了 2000—2009 年期间进出口贸易对中国贸易隐含碳排放的影响。与已有文献采用别国碳排放因子来替代中国碳排放因子的做法不同,作者在将能源消耗部门合并为 15 个部门的基础上,对中国 2002 年、2005 年、2007 年 15 个部门的直接碳排放因子与隐含碳排放因子进行了测算。研究结果表明:中国在 2000—2009 年为贸易隐含碳的净出口国,国外消费者消耗了进口自中国的商品,进而间接向中国转移了高额贸易隐含碳责任,因此,中国承受了较大碳减排压力。同时,作者指出在现有的碳排放责任核算体系下,中国的碳排放有可能被夸大。其他此类主要国内研究文献见张为付和杜运苏、陈晓旭和王英、陈迎等、赵玉焕和刘娅、李艳梅等的研究。

二、两区域投入产出模型

单区域投入产出模型在国际贸易隐含碳研究领域两国国际贸易情形中的实证应用。此类模型是在单区域投入产出模型的前提下,考虑两国和地区国际贸易中碳排放因子的国别异质性的碳排放测算方法,被广泛应用于主要贸易伙伴针对双边贸易情形下的碳排放测算工作。它的优点在于放松了单区域投入产出模型中单国情形针对碳排放因子的进口替代假设,在两国能源消费数据及汇率数据的基础上,调整得到两国各自碳排放因子,能够更加合理地测算一国贸易隐含碳。

国外研究方面。隋和哈里斯(Shui 和 Harriss)在结合投入产出模型与生命周期评价法得到了美国部门 CO_2 排放系数的基础上,调整了中美两国能源使用效率系数及汇率波动数据,估算了 1997—2003 年中美贸易隐含碳。研究结果表明:如果美国本国自行生产进口自中国的商品责任,则美国的 CO_2 排放从 3%增加到 6%;通过中美贸易约 7%—14%的碳排放从美国转移到了中国;中美贸易导致全球碳排放增加了 7.2 亿吨。休伊特(Hewitt)在隋和哈里斯的基础上,测算英国碳排放因子、调整中英双边贸易数据与投入产出表,测算了中英双边贸易对全球碳排放的影响。研究结果表明,2004 年,英国通过英中贸易减少了约 11%的碳排放相较于没有与中国发生同等数量和规模贸易情形。由于中国碳强度高及能源效率低下,中英贸易导致全球碳排放增加了约 1.17 亿吨,这相当于英国当年碳排放的 14%,全球当年碳排放的 0.4%。作者认为国际贸易会加剧环境成本的全球转移,贸易将会增加全球温室气体排放量。

阿克曼等(Ackerman 等)在分别计算日本和美国两国投入产出表和碳排放系数的基础上测算了日美贸易中的隐含碳。结果显示,日本的生产和消费对中国的能源消耗、碳排放影响很大。1995 年日本通过日美双边贸易为美国承担了 14600 万吨 CO_2 排放,日本国内碳排放则因此增加了 670 万吨,同时,为全球碳排放节约 790 万吨。以上碳排放量均低于日美两国当年 1% 的碳排放量,与世界其他国家的贸易将会使得日美两国减少其国内碳排放的 4% 左右。两国行业的碳排放强度高度相关,高碳强度对两国净出口贸易均具有较小但显著的影响。其他该类主要的国外文献详见赫特维琦和彼得斯等(Hertwich 和 Peters 等)的研究。

国内研究方面。闫云凤和杨来科对 1997—2007 年中美贸易隐含碳进行了测算,其中,碳排放因子采用的是投入产出—生命周期法软件计算得出,作者为了计算一致性,设定中国 CO_2 与美国的 CO_2 排放都是基于美国投入产出表计算得出。测算结果表明美国通过中美贸易较少了 2%—4% 的碳排放量,中国则增加了 14%—20% 的碳排放量,全球增加了 2%—4% 的碳排放量。闫云凤等基于单区域双边贸易隐含碳模型采用 OECD 1995 年、2000 年、2005 年投入产出表、双边贸易数据、IEA 的 CO_2 排放数据,将双方产业部门合并为 15 个部门。在考虑中间进口品影响的基础上,测算了 1995—2006 年中欧贸易隐含碳。结果显示,随着中欧贸易的增长,双边贸易隐含碳也随之增加,2001 年以来的增长速度加快。欧盟向中国转移的碳排放责任从 1995 年到 2010 年增加了约 6.8 亿吨,约占中国国内碳排放的 3%—8%。中国从欧盟进口的隐含碳则增加了约 4000 万吨,中欧贸易导致中国替代欧盟承担了大量的碳排放。

赵玉焕和王淞基于异质性技术,在考虑工业生产过程碳排放和能源消耗碳排放的同时、制定非竞争型投入产出表的基础上测算了 1995—2009 年中日贸易隐含碳。研究结果表明,日本向中国转移的碳排放责任在 1995—2009 年间增加了约 1.12 亿吨,年平均增长率约为 9%,而中国对日本进口隐含碳增长了约 5400 万吨,中国为隐含碳净出口国。1995—2002 年间中国的隐含碳净出口以年平均 9% 的速率在下降,2002—2005 年间年增长率达 85%,2005—2009 年间中国隐含碳出口处于波动期内,年均增长率为 -1.4%。

三、多区域投入产出模型

多区域投入产出模型在国际贸易隐含碳研究领域的应用。多区域投入产出模型在测算贸易隐含碳交单区域投入产出模型更为准确,它考虑了进口中间投入品、出口再进口产品、各个贸易伙伴国的碳排放系数的差异性;考虑了空间效应、溢出效应、反馈效应对一国贸易碳排放测算的影响。由于多区域投入产出模型的复杂性及对数据可获得性的要求较高,在建模过程中模型假设、部门合并及数据收集及再处理导致测算的精准度有所下降。基于区域投入产出模型对隐含碳的分析和应用已有大量文献,维德曼(Wiedmann)对多区域投入产出模型的发展与应用、存在问题、解决对策做了详细综述。

国外研究方面。科威夫和罗普(Wyckoff 和 Roop)为了讨论进口碳密集的中间品是否值得关注的问题,基于多区域投入产出模型测算了 6 个 OECD 国家(加拿大、法国、德国、日本、英国和美国)进口工业品中的隐含碳。研究结果表明,以上 6 国的进口隐含碳约占其国内碳排放总和的 13%,作者认为温室气体政策的制定仅仅关注国内碳排放,而忽略日趋重要的国际贸易隐含碳问题将大大削弱全球温室气体减排政策的实施效果。特瓦瑞和依木兰(Tiwaree 和 Imura)基于 1985 年亚洲国际投入产出表与能源统计表,设计了两种能源消耗强度的测算方法,分析了 1985 年亚洲国家和地区(印度尼西亚、马来西亚、新加坡、菲律宾、泰国、韩国、中国、日本)与美国的贸易隐含碳情况。比较了不同国家(地区)产业内、产业间的碳排放的异同。结果表明,国家之间的能源消耗强度在同一国家的不同产业部门、不同国家的同一产业部门是不同的。与其他国家相比,几乎所有的中国产业部门具有单位 GDP 高能源消耗强度和 CO_2 排放强度;日本和新加坡较多依赖从其他国家进口高耗能、高碳排放的商品和服务。

阿哈默德和威科夫(Ahmad 和 Wyckoff)采用多区域投入产出模型,基于 OECD 数据库中 24 国 17 部门投入产出表、41 个国家双边贸易数据和 IEA 的 CO_2 排放数据测算了 24 个国家的碳排放数据。将进口中间品分为中间投入品与最终消费品两部分。研究结果表明,1995 年 OECD 国家用于满足国内消费生产的 CO_2 约为 120 亿吨,高于其用于生产的碳排放量约为 5 亿吨,占 OECD 国家总碳排放的 5%。其中只有 6 国(美国、中国、俄罗斯、日本、德国、印度)直接排放了更多的 CO_2。OECD 国家对非OECD 国家存在贸易赤字及隐含碳赤字现象,非 OECD 国家对碳减排政策更为敏感且钢铁生产等碳密集行业碳强度较高。

苏斌和洪明华(Su 和 Ang)基于多区域投入产出模型与反馈效应,构建了 SWD-EET 模型来分析贸易隐含碳是如何被贸易伙伴吸收的以及双边贸易中的间接碳排放贸易平衡关系。研究结果表明,中间品贸易引致的反馈效应是引起生产者责任制碳排放差异的显著因素,此差异性可在SWD-EET 模型第一阶段和第二阶段获得。苏斌和洪明华以中国为例,将中国划分为 8 大区域,将混合隐含碳测算方法与隐含碳阶段式分布分析模型结合形成 SWD-EET 模型分析国际贸易中隐含碳间接吸收模式,又将 SWD-EET 模型与混合隐含碳测算方法结合综合性分析中国区域性隐含碳排放问题,分析中国区域贸易与对外贸易对中国区域碳排放的影响。彼得斯等(Peters 等)基于 GTAP 数据库、投入产出数据、贸易数据构建了多区域投入产出表,对基于多区域投入产出模型的碳足迹的分析框架与模型应用进行了介绍。同时,作者指出,与基于环境卫星账户的不同,对多区域投入产出模型测算隐含碳造成的影响大于多区域投入产出表的不同带来的影响。对于多区域投入产出模型分析隐含碳的其他主要国外文献详见阿托等(Arto 等)、伦岑等(Lenzen 等)、德曼等(Widemann 等)、特纳等(Turner 等)的研究。

国内研究方面。闫云凤等认为生产技术差异对贸易模式有很大影响。在利用多区域投入产出模型分析贸易隐含碳时,应考虑贸易伙伴生产技术水平与能源结构之间的差异。作者构建了多区域投入产出模型测算中国对外贸易隐含碳。研究结果表明,1995—2009 年中国对外贸易中净出口隐含碳占中国进出口总碳排放的 11%—20% 之间。中国的碳排放则从约 29 亿吨增加到约 71 亿吨。作者发现目前的国际碳排放核算体系为全面考虑消费与生产在全球范围内分离,而经过贸易数据调整后的基于消费责任的碳排放核算体系可为通过制定贸易政策减少碳排放提供新的视角。

庞军等利用全球贸易分析项目提供的全球 129 个国家或地区投入产出数据,合并为中国、美国、欧盟、日本、世界其他国家 5 大经济体,对 GTAP 8 中的 57 个行业合并为 14 个行业。构建了 2004 年与 2007 年全球多区域投入产出表,基于多区域投入产出模型测算了以上 5 大经济体的碳排放及贸易隐含碳,比较了中美、中欧、中日双边贸易中隐含碳的特点。研究发现,中国在国际贸易中处于碳排放责任净进口国地位,而美、欧、日则为隐含碳净进口国。2004 年与 2007 年,美国为隐含碳进口最多国家,中国最少;中国为碳排放责任进口最多国家,日本则最少。庞军等构建了 GTAP-MRIO 模型,测算中国—欧盟 2004—2007 年基于生产者责任制与消费者责任制情形下 CO_2 的排放量,也分析了中欧外贸隐含碳排放及行业分布。结果表明,在生产者责任制下中国排放的 CO_2 显著高于消费者责任制下的结果,欧盟反之。2004—2007 年,中国对欧盟货物与服务贸易出口量的增加直接导致了中国的对外贸易碳排放责任总量明显增加,同期内,欧盟对中国的出口隐含碳总量上升而增幅较小。

丛晓男等基于 GATP 数据库中的国际投入产出表,测算了全球不同国家或地区间的贸易隐含碳。结果显示,贸易隐含碳占全球总碳排放的 25%,贸易隐含碳的流入地区与流出地区存在明显的地缘性特征,中国、印度、巴西、俄罗斯隐含碳的净流出量较大,而美国、欧盟等成熟经济体的隐含碳净流入量较大。闫云凤等基于 1995—2009 年 WIOD 数据将全球分为 G7、BRIC 与其他国家三大经济体构建多区域投入产出模型,测算消费者责任制下的各经济体的消费碳排放及碳流动去向。结果显示,G7 每年的生产碳排放都小于消费碳排放,而 BRIC 反之,作为新兴经济体,BRIC 国家的碳排放增长率高于 G7 国家。经测算,1995 年上述三大经济体的贸易隐含碳占全球碳排放的 16%,2009 年这一比例为 20%。中国是隐含碳排放责任最大进口国,而美国则是隐含碳最大进口国。

潘安和魏龙采用 WOID 数据库中的金砖国家投入产出数据与碳排放数据,建立多区域投入产出模型,测算了 1995—2011 年中国与其他金砖国家贸易隐含碳排放量,同时分析了中国在与金砖国家双边贸易中的地位特征及国际贸易中的碳减排可能性。结果表明,中国在中俄贸易中通过贸易逆差减少了碳排放;中印贸易中则以碳排放责任为代价获取贸易顺差;中巴贸易中隐含碳净出口逆差且同时存在贸易逆差。其他国内关于多区域投入产出模型分析贸易隐含碳的主要文献详见闫云凤、赵忠秀和闫云凤、马述忠和黄东升、刘俊伶等的研究。

四、研究评述

投入产出模型在国际贸易隐含碳测算领域已经得到广泛应用。随着模型方法的不断修正与改进,投入产出模型对贸易隐含碳测算的精准度在不断提高。然而,由于投入产出运算有其自身固有弱点,导致测算结果出现不确定性问题。此外,部门合并幅度、价格指数调整、能源消耗种类选取、能源效率的确定、双边贸易数据的"非对称现象"或重复计算问题等不确定性因素对投入产出模型的进一步发展和完善提出技术性挑战。

在已有文献中,由于模型选取与假设、数据来源与处理过程不同、特定政策考量等不确定性因素,实证文献得出的中国贸易隐含碳测算结果存在很大差异,笔者整理了 Web of Science 与 CNKI 数据库文献中涉及的中国贸易隐含碳测算结果统计表(见附录),从中可以得出同一年份的中国隐含碳测算结果在不同测算模型下得出的结果不同,因此,中国贸易隐含碳的测算工作还有待深入研究。

在文献综述的基础上,综合考虑已有模型理论基础,本书将构建评估一国国际贸易隐含碳的多区域投入产出模型、考虑拆分一国的多国多区域投入产出模型,尽力避免结果不确定性问题的出现、确保测算结果的合理性与准确性。目前,国际贸易隐含碳核算研究领域有研究机构通过编制全球多区域投入产出表 WIOD、EORA、EXIOPOL(AIIOT-IDE-JETRO)、GTAP 等来分析贸易隐含碳问题;也有学者采用过程分析法,如生命周期法(LCA);以 MRIO 表为基础构建加入环境要素的 CGE 仿真模型,测算贸易隐含碳并分析其变动对环境政策的影响。

第四节　金砖国家贸易隐含碳实证研究评述

文献梳理结果显示,金砖国家国际贸易隐含碳实证研究主要有以下两种类型。从隐含碳测算碳排放驱动因子、碳责任划分角度进行单国研究、两国比较;将金砖四国(除南非)或金砖国家与其他经济体对比;或主要金砖国家同其主要贸易伙伴作为研究对象开展研究工作。此外,也有文献从行业、产品生态足迹、国外投融资角度分析金砖国家隐含碳。主要方法有投入产出模型、CGE 模型、计量经济模型、最优化模型等。本节将在梳理金砖五国作为研究对象分析其贸易隐含碳实证研究的基础上,分析其过程中存在的不确定性、对策及未来可能的实证研究方向。

一、以金砖国家整体作为研究对象

该类文献主要研究金砖国家 CO_2 排放测算及其与其他经济要素之间的关系。国外研究方面。中野等(Nakano 等)基于 OECD 数据库 1995—2009 年的 41 国 17 部门的投入产出表、双边贸易数据及 CO_2 数据对贸易隐含碳及经济贸易因素做了敏感分析。结果显示,全球贸易强度增加对贸易隐含碳排放有促进作用,而先进生产技术从低碳强度国家到高碳强度的转移减少了全球碳排放与碳贸易之间的缺口。具体地,金砖国家中俄罗斯、中国贸易额上升明显,中国碳排放因素改进低于俄罗斯;南非碳排放因素改进增速低于其贸易增速。金砖五国的净贸易隐含碳分别为中国(1995 年:1900 万吨,2000 年:2400 万吨,下同)、俄罗斯(1995 年:2600 万吨;2000 年:3300 万吨)、南非(1995 年:3800 万吨;2000 年:3300 万吨);碳贸易顺差巴西(1995 年:-1000 万吨;2000 年:176030 吨)、逆差印度(1995 年:-1100 万吨;2000 年:-2900 万吨)。

加尔文等(Calvin 等)基于 GTAP 6.0 和 IEA 数据,运用 CGE 模型中的 SGM(the Second Generation Model)将全球经济体分为三部分:北美、欧盟、非附件 1 国家;金砖国家(不含南非);世界其他地区,预测了 2001—2010 年全球碳排放趋势的影响因素。他们发现技术改进将控制气候变化成本的显著因素;推迟加入减排协议将增加全球减排成本;推迟加入减排导致的时间和空间成本带来的工业污染将加剧从非减排地区向减排地区转移。有学者采用新多变量灰色模型测算了 2004—2010 年金砖五国的碳排放、能源消费、城市人口、经济增长之间的关系。结果显示:巴西和俄罗斯在经济增长的同时碳排放在减少,而中国、印度和南非在增加;金砖五国碳排放随着城市人口和能源消费的增长而增加。碳排放增速由高到低依次为中国、巴西、印度、俄罗斯和南非。已有文献通过格兰杰检验分析了金砖国家(不含南非)1980—2007 年间 CO_2 排放、能源消费、国外直接投资、GDP 之间存在的关系。结果表明,CO_2 排放具有长期能源弹性、国外直接投资缺乏弹性;在碳排放、对外直接投资之间存在双向因果关系。考恩(Cowan)等运用格兰杰因果关系检验,在考虑国家异质性的基础上分析了 1990—2010 年间金砖国家电力消费、经济增长与 CO_2 排放的关系。研究发现,电力消费和经济增长之间在巴西、印度、中国的关系不敏感;中印两国 CO_2 排放与 GDP 不存在格兰杰因果关系;电力消费与 CO_2 排放只在印度存在格兰杰因果关系。其金砖国家研究文献见罗德曼(Roodman)、席步林和本(Sebri 和 Ben)、阿哈默德和威科夫(Ahmad 和 Wyckoff)、维贝(Wiebe)的研究。

国内研究方面。从晓男等基于 GTAP 投入产出数据核算了全球贸易隐含碳流向。结果发现,贸易隐含碳占全球碳排放总量的 25%,碳排放国际流向区域性特征明显。中国等金砖国家净碳排放责任较大;美国、欧盟净流入量较大,存在明显地缘特征。其他国内关于金砖国家隐含碳的实证研究,见潘安和魏龙等的研究。

二、以金砖成员单国作为研究对象

该类研究对象主要以中国、印度为主,对俄罗斯及南非研究较少,早期关于巴西研究文献较多。林伯强和孙传旺(Lin 和 Sun)基于单区域双边贸易模型与中国统计年鉴数据测算了 2005 年中国的贸易隐含碳流向。结果显示,2005 年中国出口隐含碳约为 33.57 亿吨,进口隐含碳约为 23.35 亿吨,其中,电力部门直接或间接产生的隐含碳占比为 35%。韦伯

（Weber）等基于单区域投入产出模型和中国投入产出表数据测算 1987—2005 年间中国贸易隐含碳对全球气候变化的影响。研究结果表明：2005 年中国约三成 CO_2 排放是由国外需求导致的，这一比例在 1987—2002 年间由 12% 上升到 21%。齐晔等测算了 1997—2006 年中国进出口贸易隐含碳。结果表明，中国通过出口商品贸易吸收了排放责任大量的来自其他国家隐含碳；1997—2004 年隐含碳净出口占当年中国碳排放总量的 0.5%—2.75%，2004 年之后则高达 10% 左右。若按照日本碳强度对进口产品进行调整后，中国隐含碳净出口更大，2006 年占当年总碳排放的 29%。卡卡利和德贝斯（Kakali 和 Debesh）在构建贸易污染指数的基础上，使用 1991—1992 年与 1996—1997 年投入产出表对印度 1990—2000 年间的贸易污染排放（CO_2，SO_2，NO_x）做了测算。结果显示，印度生产的产品相比进口产品为环境友好型，这是对印度污染天堂假说的挑战。凯瑞和坎帕（Chaurey 和 Kandpal）分析了家用太阳能装置对印度碳减排潜力以及碳金融对降低碳减排成本的作用。

高希（Ghosh）基于格兰杰检验角度建立了多变量检验模型，分析了 1971—2006 年印度碳排放与经济增长的关系。马卡洛夫和索科洛娃（Makarov 和 Sokolova）在考虑进口国隐含碳排放因子的基础上分析了俄罗斯国际贸易隐含碳。结果认为，俄罗斯是世界第二大隐含碳出口国，其大部分出口隐含碳流向发达国家。出口隐含碳较高的原因是发达国家相比落后的技术障碍以及商品出口结构，按照当前生产者碳排放原则测算，俄罗斯碳密集型商品的出口与俄罗斯碳排放强度不符。德瓦拉贾（Devarajan）等利用可分解一般均衡模型（disaggregate general-equilibrium model）引入能源税、碳税，分析了如何通过税收提高社会福利、实现南非碳排放目标。马查多（Machado）等基于投入产出模型及 1995 年产品×部门混合单位投入产出表，测算了巴西 1995 年的国际贸易隐含碳。其中，能源单位为实物单位，而非能源单位为价值单位。结果表明，1995 年巴西净隐含碳贸易为顺差。关于单国贸易隐含碳的其他研究，见赵玉焕和刘娅、闫云凤等、李艳梅、王丽丽等的研究。

三、以金砖成员两国作为研究对象

阿兰尼(Alian)等基于 CGE 模型 GEMINI-E3 和全球部分均衡模型 POLES 能源系统分析了俄罗斯与中国和附件 B(Annex B)国家之间的碳排放贸易。基于俄罗斯垄断与俄罗斯、中国双寡头市场背景进行了政策模拟。结果表明,俄罗斯垄断是发展中国家参与国际贸易的前提条件。刊克苏(Kankesu)等基于边界检验及 ARDL 模型检验了中印两国经济增长、贸易、能源使用、内生结构性突变之间的长期关系与短期关系。结果表明,中国的碳排放受人均收入、经济结构调整、能源消费的影响;印度的非市场经济程度高于中国而无法构建印度碳排放与经济结构变动之间的关联关系;大量印度的低能耗小微企业竞争力低下而无法进入全球市场。

隋(Shui)等基于经济投入产出—生命周期法(EIO-LCA)测算了 1997—2003 年中美贸易中的隐含碳。结果显示,美国如果自行生产从中国进口的产品,则其碳排放将增加 3%—6%,中国有 7%—14% 的隐含碳责任来自美国;中美贸易使得全球贸易碳排放增加了约 7.2 亿吨。有学者基于投入产出模型测算 1990—2000 年中日贸易隐含碳,结果得出,日本向中国转移出口隐含碳排放责任 1990—1995 年间呈上升趋势,而 1995—2000 年间呈下降趋势。中国一直保持碳排放顺差地位。其他关于金砖国家两国比较,或以其主要贸易伙伴为研究内容的贸易隐含碳文献见潘安和魏龙、赵玉焕和王淞、庞军等。

四、研究评述

目前金砖国家隐含碳实证研究已经为金砖国家以及世界碳减排提供了理论依据及政策支持。将金砖国家作为整体研究对象的文献,主要研究了隐含碳与其他经济因素的因果关系;CGE 模型环境下通过情景模拟分析预测隐含碳的排放量;将金砖国家与其他国家或经济体作为研究对象分析全球碳排放趋势。将金砖国家单国、两国作为研究对象的文献主要分析了一国贸易隐含碳及碳平衡程度。分析重要金砖国家如:中国、俄罗斯、印度与其主要贸易伙伴的文献,该类文献主要分析了中、日、美、欧盟、印度等贸易大国的隐含碳排放情况以及对全球碳排放的影响。

从文献综述可以看出,贸易隐含碳测算方法发展到环境型多区域投入产出模型(MRIO)层面已经趋于成熟,随着投入产出数据和能源消耗数据可获得性的增强,测算贸易隐含碳过程中,模型假设一步步放开,逐步适应实际发生的经济活动。然而,不同文献基于一国同一年份的隐含碳测算结果不确定性较大。其原因可以归结如下:投入产出模型假设伴随着其模型的复杂程度而增多;投入产出表数据、能源数据、碳排放系数等的统计误差及选取来源不同;数据处理过程中部门合并及处理、价格调整数据选取不同;基于特定政策考量的贸易隐含碳测算。

本书将致力于构建一般性多区域投入产出模型,合理测算国际贸易中的隐含碳问题,考虑中间投入与最终消费使用的多区域投入产出模型,以及三国贸易情形下的贸易隐含碳进口再出口(出口再进口)贸易流;以WIOD已有数据库为主要数据来源,在整理搜集南非国家层面投入产出数据的基础上,通过UNcomtrade数据库整理分析得到南非贸易往来数据,借助文献中提到的已有数学模型方法将南非嵌入已有WIOD数据库中,构建基于相同产业部门分类前提下,同时包含金砖五国投入产出的全球性投入产出数据库,对金砖国家国际贸易隐含碳进行测算分析。进一步构建多国多区域投入产出模型,将中国30个省区市投入产出数据嵌入前文构建的包含南非的新的世界投入产出表中,对中国省区市层面对其他金砖成员国的国际贸易隐含碳及其产业部门碳关联度进行测算分析。

第二章 金砖国家经济贸易 发展与碳排放概况

"金砖国家"概念于 2001 年首次由吉尔·奥尼尔(Jim O'Neill)提出,特指全球最大的新兴经济体,包含巴西、俄罗斯、印度、中国,其英文首字母组成"BRIC"。2010 年南非加入后,金砖国家缩写变为"BRICS"。金砖国家领上总和约占全球 30%,人口占全球 42%,经济总量约占全球 21%。本章将通过分析整理中国国家统计局公布的《金砖国家联合统计手册》(2016 年版)①中的金砖国家经济社会发展数据及相关经济指标数据,系统分析从 2000—2015 年间金砖国家的经济发展特征以及金砖成员国在此期间的国际贸易发展概况;通过梳理国际经济合作发展组织(OECD)2015 年发布的环境账户下的涉及全球主要经济体的工业与服务业经济活动的各项碳排放指标数据②,全面分析了金砖国家在 1995—2011 年间基于不同测算责任原则下的国家层面碳排放及国际贸易中隐含碳的碳排放。对金砖国家经济贸易发展与碳排放基本情况的描述性分析介绍,为本书最后提出金砖国家及中国应对气候变化政策建议奠定了重要的基础。

第一节 金砖国家经济概况分析

一、金砖国家 GDP 概况分析

金砖国家 2000—2015 年 GDP 总量趋势见图 2-1 所示。根据《金砖

---

① http://www.stats.gov.cn/ztjc/ztsj/jzgjlhtjsc/jz2016/.

② http://stats.oecd.org/#.

国家联合统计手册》(2016年版)最新统计数据显示,2015年中国GDP约为11万亿美元(全球第2位),巴西约为1.7万亿美元(全球第7位),俄罗斯约为1.3万亿美元(全球第9位),印度约为2.05万亿美元(全球第10位),南非约为0.3万亿美元(全球第29位)。来自IMF的统计数据显示,金砖国家在过去的10年里对全球经济增长的贡献率超过50%。金砖国家已成为全球经济的增长引擎。

(单位:万亿美元)

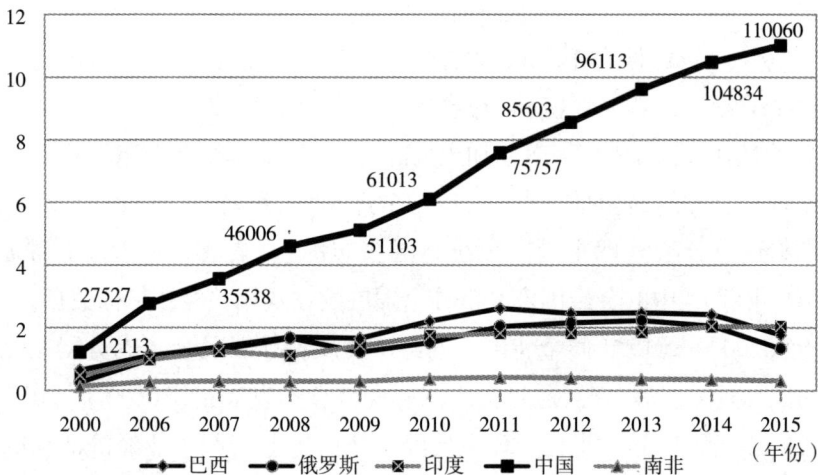

图2-1 2000—2015年金砖国家GDP总量趋势图

数据来源:笔者整理。

2015年中国作为金砖国家中最大的发展中国家及全球第二大经济体,在金砖国家GDP总量中排在首位,南非则排在第五位,且与其他金砖国家在历年GDP产值方面存在较大差距;2009—2014年间巴西作为第二大金砖国家,其GDP产值高于俄罗斯与印度;2015年,巴西与俄罗斯GDP双双下滑,印度GDP产值则超过除中国外的其他金砖国家,从2009年以来经济发展呈现持续性上升态势,到2015年已发展成为金砖国家第二大经济体。

金砖国家GDP总量变化趋势见图2-2所示。从图2-2中可以看出,中国自2000年以来一直是金砖国家中经济体量排在首位的国家。受

2008—2009 年全球性金融危机的影响,金砖国家 2009 年的 GDP 总量出现下滑趋势。自 2010 年以来,金砖国家 GDP 总量呈现上升趋势,于 2014 年达到峰值;2015 年 GDP 总量有所下降,其中,中国仍保持持续增长态势,俄罗斯、巴西 GDP 下降趋势幅度较大;印度、南非下降幅度较小。由此可见,在 2015 年,除中国以外的金砖国家的 GDP 增量较上一年环比均有所下降。

(单位:万亿美元)

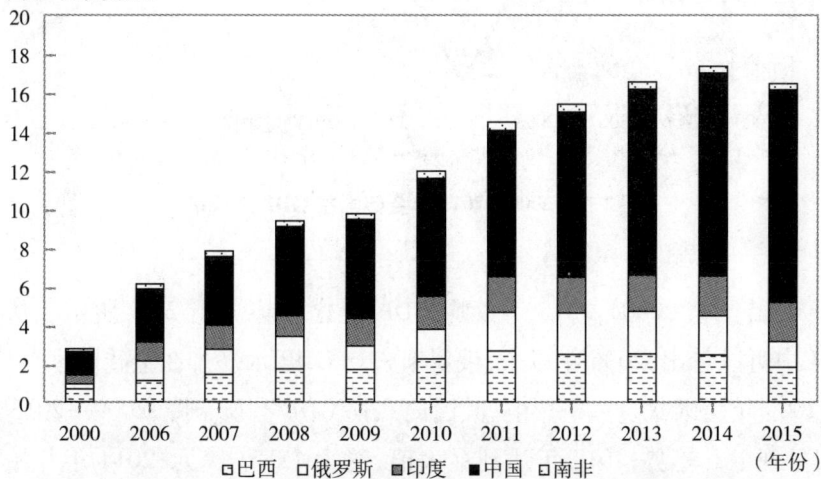

图 2-2　2000—2015 年金砖国家 GDP 总量变化图

数据来源:笔者整理。

金砖国家 GDP 增长率见图 2-3 所示。图 2-3 中结果显示,中国与印度的 GDP 增长率一直高于金砖国家平均水平。经济增长总体趋势来看,金砖国家经济增长率从 2006 年以来呈现下降趋势。受 2008 年美国次贷危机影响,下降趋势较为严重的国家有俄罗斯,其在 2009 年的经济增长率为-7.8%,其次是南非、巴西两国。2010 年全球经济复苏开始,金砖国家均转为正向的经济增长趋势。2010 年之后,金砖国家各个成员国经济增长均呈现出下降态势,下降幅度较大的为俄罗斯、巴西。以印度为例,印度在 2006 年之后,经济增长率排在金砖国家首位,2008 年受美国次贷危机影响有所下降;之后 2009—2010 增长速度最快,于 2010 年达到增长最大值,约为 20%;2013—2015 年一直在下降。

（单位：%）

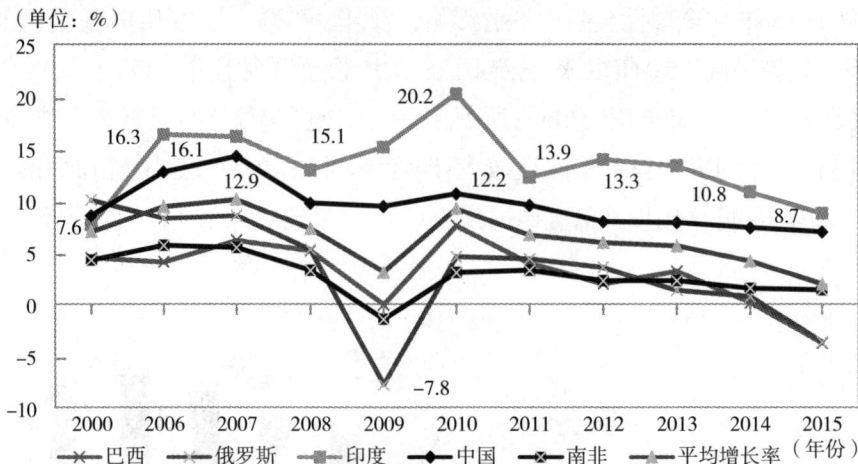

图 2-3　2000—2015 年金砖国家 GDP 增长率

数据来源：笔者整理。

金砖国家 2000—2015 年人均 GDP 变化趋势见图 2-4 所示。从图 2-4 中可以看出，2006 年以来，俄罗斯人均 GDP 水平排在金砖国家首位；受 2009 年美国次贷危机影响，其国内人均 GDP 有所下降；2009—2013 年间，呈现上升趋势，2013 年达到最大值，约为 15551 美元；2014 年开始下

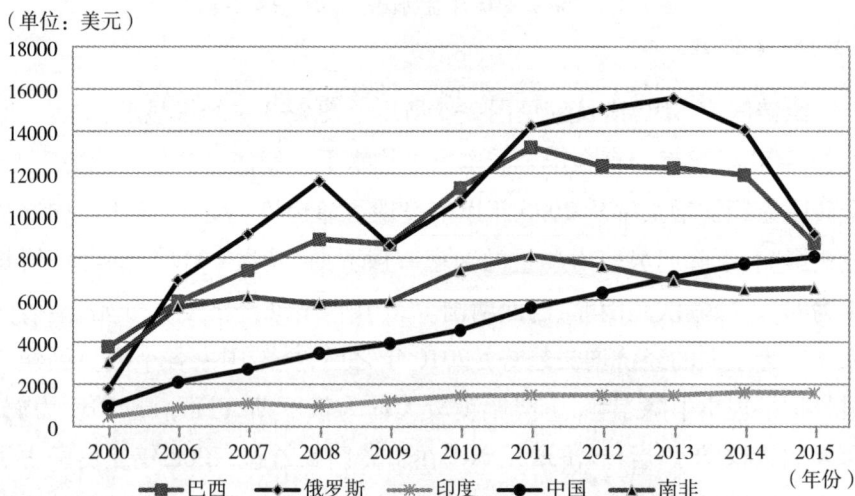

（单位：美元）

图 2-4　2000—2015 年金砖国家年人均 GDP 变化趋势

数据来源：笔者整理。

降,2015 年下降较大,比其 2009 年的人均 GDP 略大,但高于其他金砖国家。巴西国内人均 GDP 在 2000—2011 年间呈现上升态势,2000 年巴西人均 GDP 位于金砖国家首位,从 2012 年开始下降,其中,2015 年较上一年相比较,下降幅度最大。南非人均 GDP 在 2006—2012 年间位于金砖国家第三位,且南非受 2009 年美国次贷危机影响较小,与巴西类似,南非从 2012年开始人均 GDP 开始下滑,且下滑速率小于同时期的巴西与俄罗斯。

中国的人均 GDP 从 2000 年以来一直处于稳步上升态势,2000—2013 年位于金砖国家第四位,2014—2015 年超过南非,位于金砖国家人均 GDP 第三位国家,2015 年中国的人均 GDP 约为 8027 美元。印度为金砖国家人均 GDP 最低的国家,其国内人均 GDP 从 2010 年以来增长较为缓慢,于 2014 年达到最大值,约为 1613 美元。印度与中国作为人口大国,庞大的人口基数拉低了其国内人均 GDP 水平。

二、金砖国家三大产业构成分析

对金砖国家三大产业占 GDP 比重的研究,有助于分析各个金砖成员国的经济发展水平与经济结构调整的潜力。图 2-5 展示了金砖国家

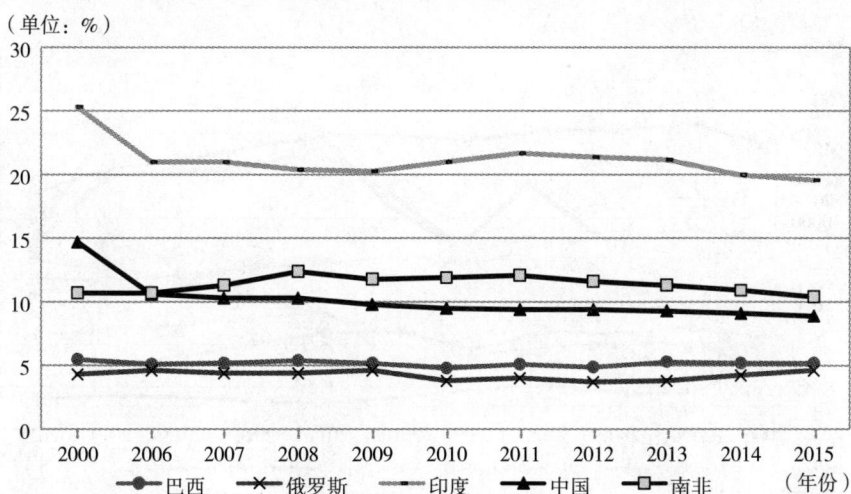

图 2-5　2000—2015 年金砖国家第一产业占 GDP 比重

数据来源:笔者整理。

2000—2015 年间的第一产业占其国内 GDP 比重的分布图。从图 2-5 中可以看出,中国与印度两国从 2000—2006 年间,农业占总产出的比重约下降了 5% 左右。印度第一产业总产值占 GDP 比重均位于 20% 以上,其他金砖国家第一产业比重均小于 15%。这表明印度国内总产出对第一产业的依赖程度,与其他金砖国家相比较大。2006—2008 年间,金砖国家成员国中南非一国农业部门比重有所上升,印度、中国两国的比重有所下降;巴西、俄罗斯的农业部门比重较为平稳。2000—2015 年间,俄罗斯农业占 GDP 比重最少,均位于 5% 以下,巴西则为 5% 左右。

金砖国家第二产业占比见图 2-6 所示。2000—2015 年间,中国的第二产业比重均位于 40% 以上,2000—2012 年间,则位于 45% 以上,其中,2006 年为最高,约为 47%。俄罗斯第二产业比重在 32%—37% 之间,2009 年,比重有所下降。2010 年之后,呈现下降趋势。中国、俄罗斯的第二产业在研究期内均呈现整体下降态势。印度第二产业占比在 2010 年之前为 25% 左右,2011 年猛增至 30%,2012—2015 年则呈现下降趋势,这与 2011 年印度政府实施的工业发展刺激政策有关。南非的第二产业占比,2000—2006 年陡然从 25% 下降至 21%,之后呈现波动式下降态势,2015 年下降至 20%。

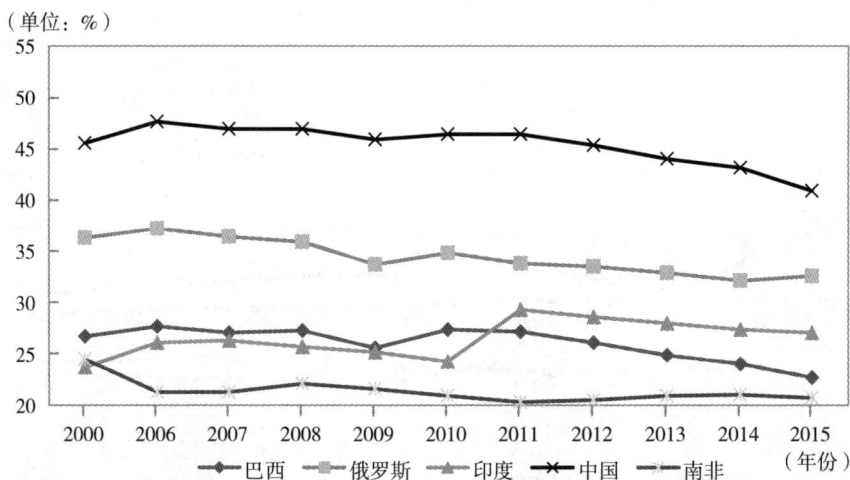

图 2-6　2000—2015 年金砖国家第二产业占 GDP 比重

数据来源:笔者整理。

金砖国家中第三产业占比较高的为巴西、南非两国,均处于65%以上。如图2-7所示,巴西第三产业占比与2000—2009年间呈现不断上升态势相比,2009—2011年有所下降,2010—2015年间呈现上升态势,2015年达到72%。南非的第三产业占比在2006—2008年间有所下降,2008年之后则缓慢上升,2015年达到69%左右。俄罗斯的第三产业比重位于金砖国家第三产业占比第三位,在研究期内不断上升,2014年达到峰值,约为63%,2015年则略有下降。印度第三产业比重于2010年之前稳步上升,位于50%以上,2011年有所下降,同时其第二产业比重有所上升,如图2-6所示。2011年之后,缓慢上升,于2015年达到最大值,约为53%。中国的第三产业占比为金砖国家最低,在研究期内不断上升,于2015年达到其最大值50%左右。

（单位：%）

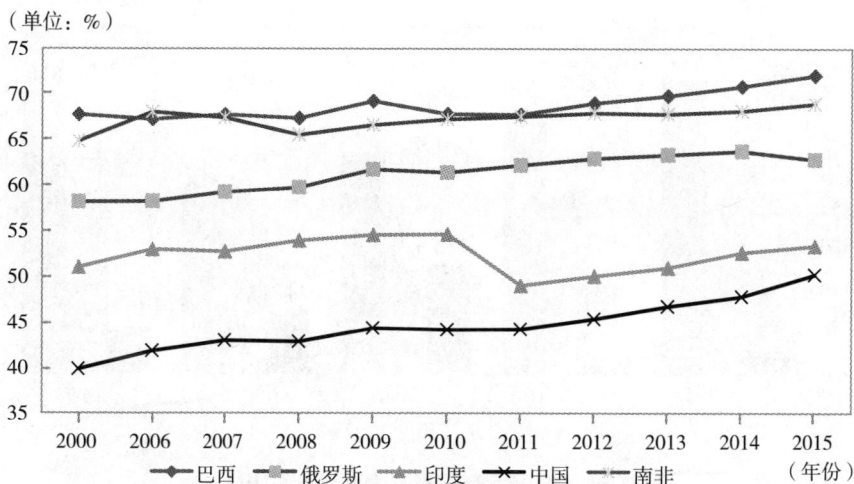

图2-7 2000—2015年金砖国家第三产业占GDP比重

数据来源：笔者整理。

以上分析表明,金砖国家在产业结构调整方面,均减少了第一、二产业在国民经济中的比重,提升了第三产业在国民经济中的比重。其中,印度2010—2011年间,第二、三产业占比调整尤为明显。中国第一产业占比较为稳定,在稳步降低第二产业比重的同时,缓缓提高第三产业的比重。俄罗斯的产业结构调整趋势与中国情况类似。

三、金砖国家产业结构变动分析

图 2-8 显示了金砖国家 2000 年三大产业占 GDP 比重的情况。从图 2-8 中可以看出,2000 年第一产业占比从高到低依次为印度、中国、南非、巴西、俄罗斯;第二产业占比从高到低依次为中国、俄罗斯、巴西、南非、印度;第三产业占比由高到低依次为巴西、南非、俄罗斯、印度、中国。由此可见,中国作为最大的发展中国家,其第三产业发展与其他金砖国家发展相比,较为缓慢;从三大产业占比分布来看,中国、印度两国的产业结构调整潜力空间很大。巴西、南非两国的三大产业占比显示,其第一产业占比较低而第三产业占比较高,由此可见,巴西、南非的服务业相比其他金砖国家在其国民经济总产值中占主导地位。

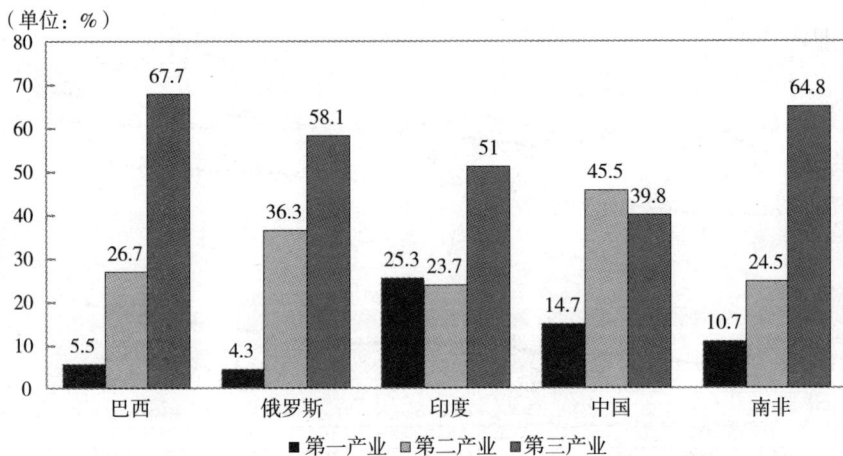

（单位：%）

图 2-8　2000 年金砖国家三大产业占 GDP 比重

数据来源:笔者整理。

2015 年金砖国家三大产业占 GDP 比重见图 2-9。由图 2-9 结果显示,第一产业比重从高到低依次为印度、南非、中国、巴西、俄罗斯。与 2000 年相比,中国第一产业占比方面的产业结构调整有所成效,其比重有所下降。此外,印度、巴西、南非均有所下降。第二产业占比从高到低依次为中国、俄罗斯、印度、巴西、南非。印度第二产业上升幅度最大,与 2000 年相比较,上升了约 3.4 个百分点,见图 2-10。此外,其他四国第二产业比重均有所下降。第三产业占比从高到低依次为巴西、南非、俄罗斯、印度、中国。与 2000 年相比,第三产业比重有所上升的国家为巴西、印度、中国、南非,俄罗斯则有所下降。其中,上升幅度最大的是中国。由此可见,中国在产业结构调整方面着力提升其国内第三产业的占比,与此同时,降低其第一产业的比重。

（单位：%）

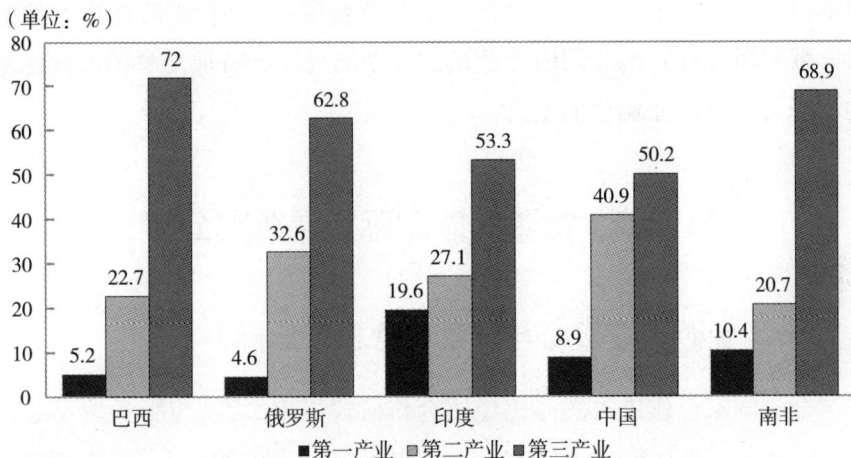

图 2-9　2015 年金砖国家三大产业占 GDP 比重

数据来源:笔者整理。

（单位：%）

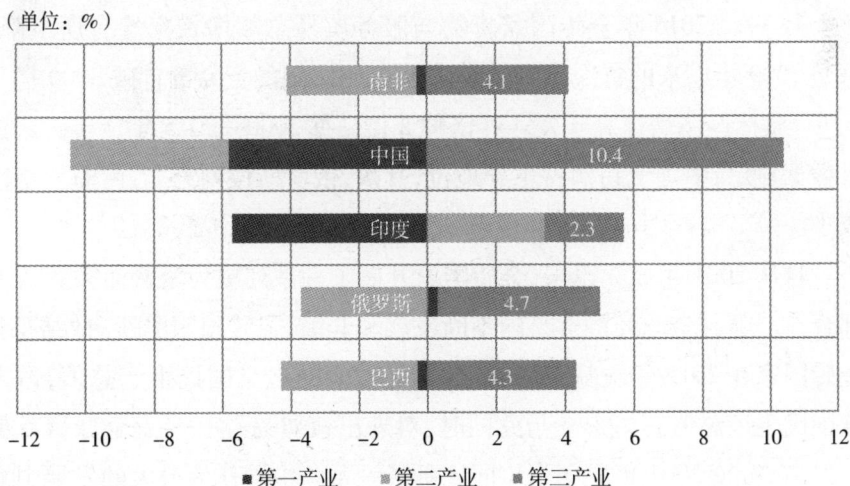

图 2-10　2000—2015 年金砖国家三大产业占 GDP 比重变动

数据来源:笔者整理。

三大产业结构占比衡量的 2000—2015 年间金砖国家经济结构的总变动见图 2-10。从图 2-10 中可以看出,三大产业变动总量最大的国家是中国。其中,中国第三产业上升了约 10 个百分点,第一产业下降了 5.8 个百分点,排在金砖国家第一产业下降比重首位。产业占比变动总和排在第二位的是印度。印度国内产业变动最显著的特征是印度第一产业部门占比下降了约 5.7 个百分点,相应地,第二、三产业的比重有所上升。俄罗斯、巴西、南非国内产业结构变动的最显著特征是第二产业比重的下降与第三产业比重的上升。

第二节　金砖国家国际贸易概况分析

一、金砖国家货物与服务贸易总额分析

金砖国家合作进入实体化经贸合作阶段以来,货物与服务贸易总量增长迅速(见图 2-11)。从图 2-11 中可以得出,受 2008 年美国次贷危机影响,金砖国家国际贸易总体规模陡然下降。在全球经济增长放缓的情况下,2009—2014 年金砖各国贸易总额年均增速超过 30%,全球市场占比上升 3%。2015 年金砖国家货物与服务贸易总额增长率均有所下降,这是 2009 年以来的首次下降。2012 年五国之间的贸易额首破 3000 亿美元①。整体经济增速高于发达经济体 2 倍。据 2000—2015 年金砖国家贸易数据显示,中国贸易额占主导地位,其次,俄罗斯位列第二,南非贸易额较小。

自从 2001 年成立以来,金砖国家开展了一系列更为紧密而频繁的内部合作。随着全球经济贸易的不断发展和升级,金砖国家不断向外扩展,金砖国家在 2015 年贡献了约 16.9 万亿美元的名义国民生产总值,占全球国民生产总值约 23%。与此同时,对外出口贸易总和接近全球贸易份额的 20%,较 2001 年成立当年同比翻了一番。中国作为最大的发展中国

---

① 数据来源:中国行业研究网:《2012 年金砖国家间贸易额分析》。

（单位：亿美元）

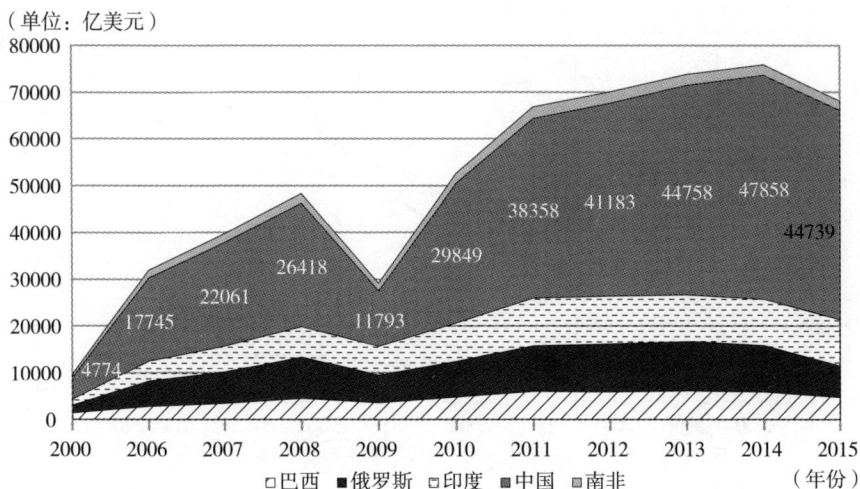

图2-11 2000—2015年金砖国家货物与服务贸易进出口总额分布

数据来源：笔者整理。

家,其货物与服务贸易总额在研究期内占金砖国家总货物与服务贸易比重最大。2009年受美国次贷危机影响,中国、南非、印度、俄罗斯贸易额所有下降,而巴西影响较小。

金砖国家货物与服务贸易进口总额分布见图2-12所示。从图2-12中可以看出,中国在金砖国家货物与服务贸易中进口总额排在首位。具体来看,从2000年开始持续上升,于2008年破万亿美元进口大关,2014年达到研究期内进口总额最大值,约为2.2万亿美元。印度则排在第二位,2009—2011年间,呈现出较大增长态势,2011年达到进口最大值,约为0.51万亿美元;2011年之后增长较为缓慢。俄罗斯排在第三位,2009年,货物与服务贸易进口额有所下降;2013—2015年也呈现下降态势。此外,巴西、南非货物与服务贸易进口总额分别位于第四、五位。

相应地,图2-13展示了金砖国家货物与服务贸易出口总额的分布情况。从图2-13中可以看出,中国的货物与服务贸易出口总额位于金砖国家首位,且2000—2015年间,中国各个年份的出口总额较进口总额相比较,均处于顺差地位。值得一提的是,2009—2011年间中国的货物与服务贸易进口增长速度大于其出口增长速度,两者均于2014年达到增

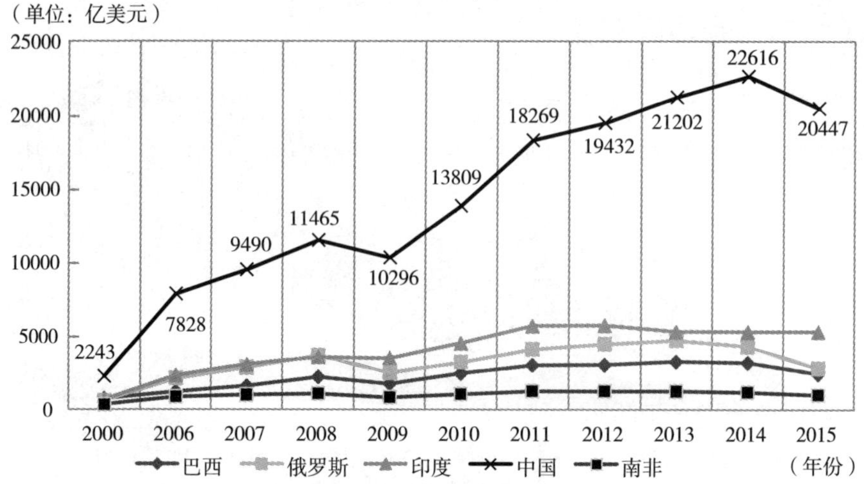

（单位：亿美元）

图 2-12   2000—2015 年金砖国家货物与服务贸易进口总额分布

数据来源：笔者整理。

长峰值，2015 年有所下降，且进口下降增速大于出口下降增速。与图 2-12 相比较，在 2000—2014 年间，俄罗斯超过印度，位于金砖国家货物与服务贸易出口第二位，2015 年，俄罗斯出口增长出现下降态势，印度出口则保持持续增长势头，出口总额同年超过俄罗斯。

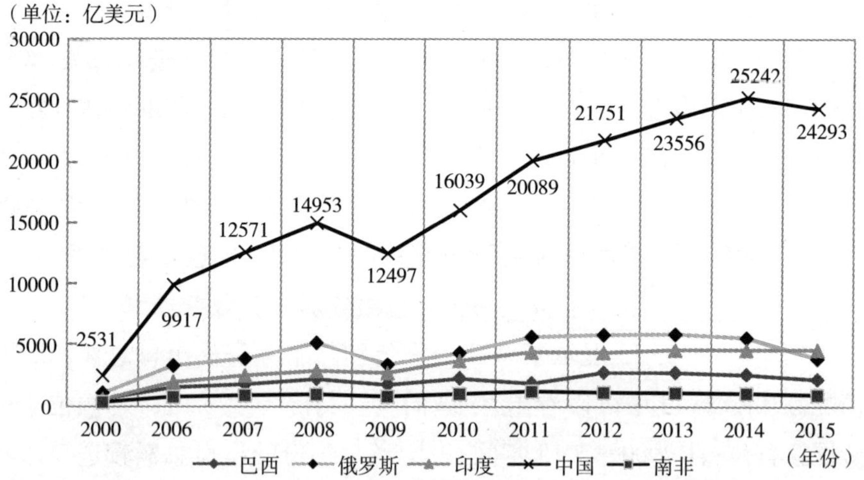

（单位：亿美元）

图 2-13   2000—2015 年金砖国家货物与服务贸易出口总额分布

数据来源：笔者整理。

二、金砖国家货物与服务贸易变动分析

通过将金砖国家的货物与服务贸易出口总额减去进口总额,本书得到了金砖国家的货物与服务贸易的净出口总额(见图2-14)。从图2-14中可以看出,中国排在金砖国家货物与服务贸易净出口额首位,其净出口额在2000—2015年间波动较大,具体表现在2000—2006年间持续上升,从288亿美元上升到约3488亿美元;2008—2011年呈下降趋势,其中,2008—2009年下降趋势最大;2011年之后出现上升趋势,2014—2015年间上升幅度最大。俄罗斯为金砖国家第二大货物与服务贸易净出口国家,净出口额度呈现波动式变化态势,分别于2008年与2011年达到其较高净出口年份。此外,南非长期处于进出口持平状态。巴西在2000—2009年货物与服务贸易为净出口地位,2009年之后则处于净进口地位,其中,2011年货物与服务贸易逆差最大,超过了1000亿美元。印度则长期处于贸易逆差地位,2011—2012年间贸易入超明显。

（单位：亿美元）

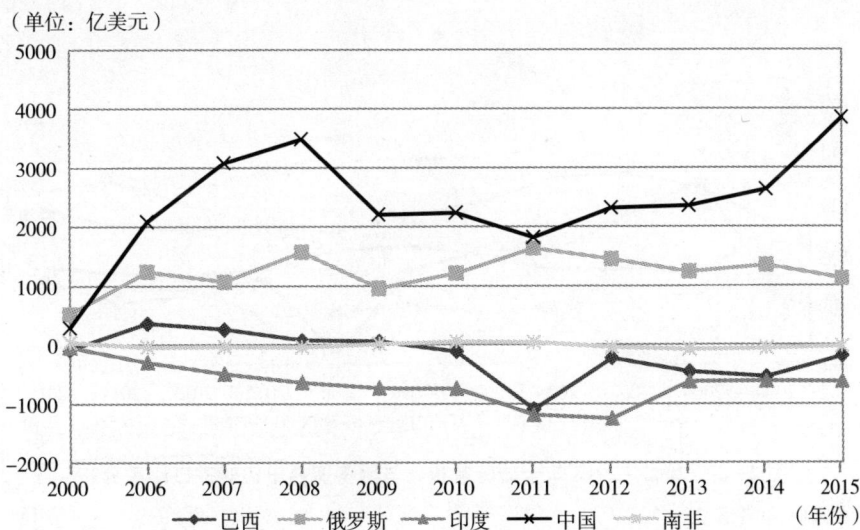

图2-14　2000—2015年金砖国家货物与服务贸易净出口额

数据来源:笔者整理。

金砖国家的货物与服务贸易出口对进口的比重分布见图2-15所示。从图2-15中可以看出,俄罗斯排在金砖国家货物与服务贸易出口对进口比首位。这表明,俄罗斯在2000—2015年间向世界其他国家出口的贸易总额远大于其从其他国家进口的贸易总额。具体地,2000—2007年,俄罗斯出口对进口比从约190%陡然下降至137%;2008—2013年一直处于下降趋势;2014—2015年有所上升。中国位于金砖国家货物与服务贸易出口对进口比第二位,2000—2007年,处于不断上升地位,这表明中国经济发展在这期间满足了较多的国外需求,2007—2014年间处于不断下降趋势,这表明中国在调整其对外贸易结构,不断缩小进出口之间的差距;其中,2011—2014年低于120%,2015年又略微上升至约120%的出口对进口比重。巴西的货物与服务贸易出口对进口比波动较大,最显著的是2006—2011年间,从约110%下降到了约60%,这表明在此期间巴西由贸易顺差国变为逆差国,其对外贸易表现波动较大。印度则长期处于贸易逆差国。

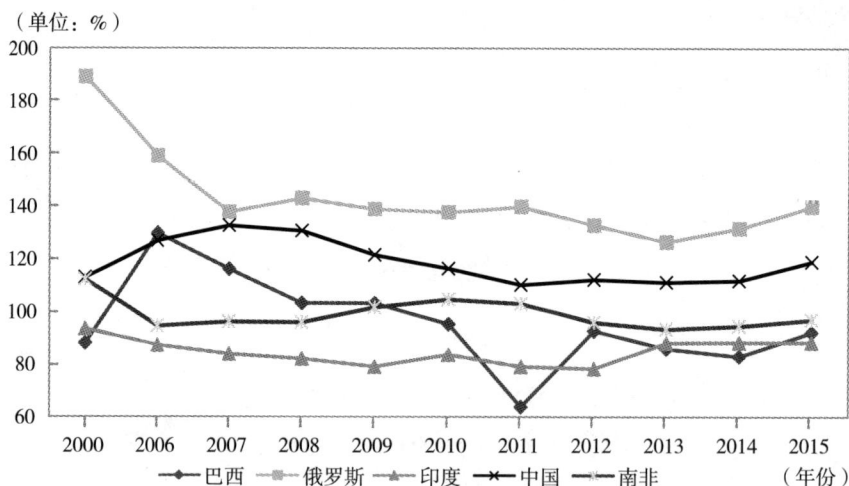

图2-15 2000—2015年金砖国家货物与服务贸易出口对进口比重分布

数据来源:笔者整理。

在剔除金砖国家国际贸易中的服务进出口贸易数据的基础上,本书得到了2000—2015年间金砖国家货物贸易出口对货物进口的比重分情况,见图 2-16 所示。从图 2-16 中可以看出,金砖国家中,俄罗斯的货物出口对货物进口比重最高,以 2000 年为例,与图 2-15 中俄罗斯货物与服务贸易出口对进口比重 190% 相比较,俄罗斯货物贸易比重约为 240%,这表明俄罗斯服务贸易方面的进口总额远大于其出口总额。2007—2013 年间,俄罗斯货物出口对进口比重较为稳定,维持在 150%以上;同时期,俄罗斯货物与服务贸易出口对进口比则位于 140% 左右,2011—2013 年,俄罗斯服务贸易出口对进口比有所下降,之后都处于上升趋势。中国的货物贸易出口对进口比与图 2-15 中的货物与服务贸易出口对进口比重走势一致,这表明中国的服务贸易对其总贸易走势的影响较小,中国的国际贸易以货物贸易为主。此外,巴西 2011 年服务贸易出口对进口比突然减少,而货物贸易出口对进口比变化较小,这表明服务贸易变动是导致该年巴西货物与服务贸易出口对进口比变动的主要原因。

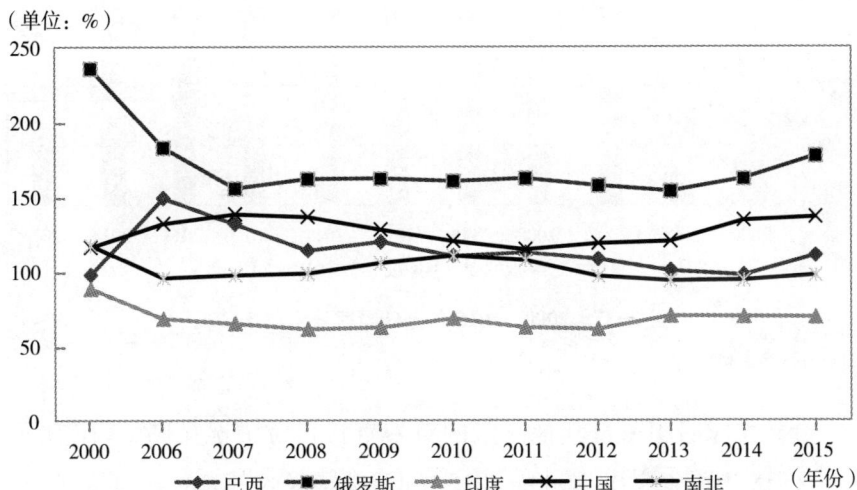

图 2-16　2000—2015 年金砖国家货物出口对货物进口比重分布

数据来源:笔者整理。

三、金砖国家外汇储备与 FDI 流向分析

金砖国家整体层面的外汇储备从 2000 年以来一直持续上升,到

2014年达到其最大储备量。如图2-17所示,2015年,中国外汇储备下降了约0.5万亿美元,引起金砖国家的外汇储备转而下降。中国是金砖国家外汇储备最多的国家,占到金砖国家总外汇储备90%以上,中国于2014年达到其外汇储备最大值,约为3.8万亿美元,此外,中国也是金砖国家外汇储备增长率最快的国家。俄罗斯外汇储备居于第二位,2012年达到其外汇储备最大值,约为0.47万亿美元,随后开始下降,2015年降至0.3万亿美元。排在第三、四位的分别是巴西、印度两国。巴西的外汇储备走势为2000—2011年逐渐上升,2012—2015年缓慢下降;印度则是一直处于缓慢上升地位。

（单位：亿美元）

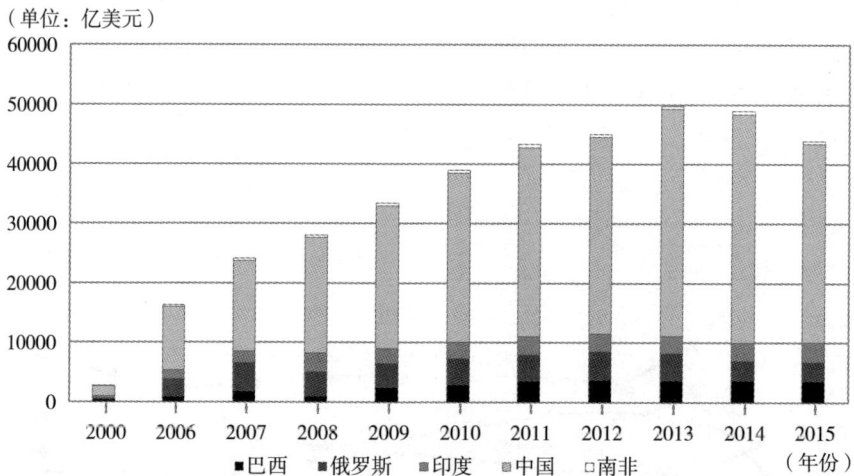

图2-17　2000—2015年金砖国家外汇储备情况

数据来源:笔者整理。

金砖国家吸引来自其他国家的对外直接投资情况见图2-18所示。从图2-18中可以看出,2000—2015年间,中国吸收外来直接投资稳步上升。这受益于中国加入世贸组织以及更加深入的参与国际贸易分工等对外经济开放政策措施。受2009年金融危机的影响,流入中国的FDI有所减少;此外,2011—2012年间,该部分FDI也呈现下降趋势。此后开始恢复上升趋势。印度作为金砖国家中发展势头较为强劲的国家,其吸收的外来直接投资也呈现曲折上升态势,受2009年金融危机影响,其国内外投资有所减少,2010 年之后的走势与中国相似,不同的是,印度 2011—2012 年的外来投资降幅较大。俄罗斯国内的外来投资受美国次贷危机较为严重,降幅约为 270 亿美元,此外,2013—2014 年间,俄罗斯吸引对外直接投资也出现了较大的降幅。流入巴西的对外直接投资趋势图在金砖国家中波动最为剧烈,南非则未出现较大波动。

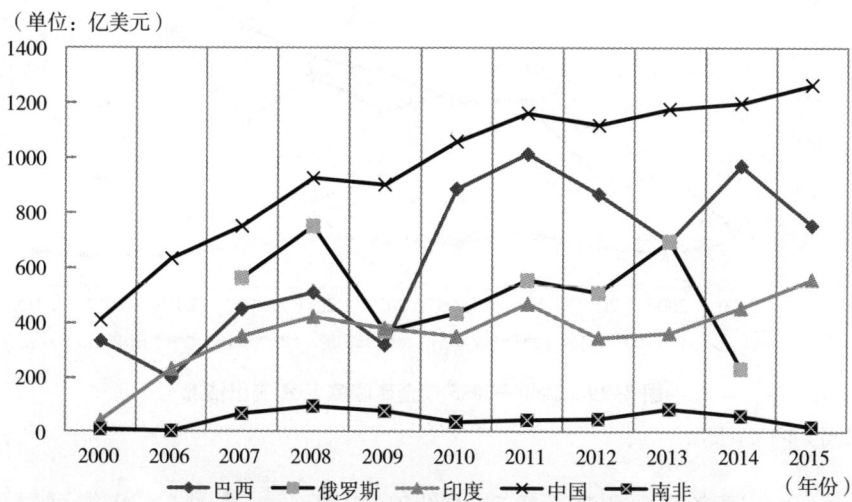

图 2-18　2000—2015 年金砖国家 FDI 流入情况

注:数据缺失部分,笔者为保持数据来源一致性未使用其他来源数据。
数据来源:笔者整理。

中国的 FDI 流出情况与流入相比呈稳步上升趋势。如图 2-19 所示,中国的对外直接投资从 2010 年开始超过俄罗斯,成为金砖国家对外直接投资大国。从图 2-19 中可以看出,2000—2008 年间中国的对外直接投入远低于其吸引外来投资总额。随着中国对外开放程度的提升,中国加大了对外直接投资力度,截止到 2015 年,中国对外直接投资的力度不断增强。俄罗斯在 2007—2011 年间的对外直接投资较为稳定,维持在年均 600 亿美元左右,2012—2014 年间波动较大。巴西对外直接投资受美国次贷危机影响较大,2009 年跌入低谷,之后回弹到约 220 亿美元,2012 年再次下降,之后,在经历了两年的上升后,2015 年再次出现下降趋势。印度的对外直接投资于 2007 年达到最大值,之后缓慢下降,下降趋势明显。

（单位：亿美元）

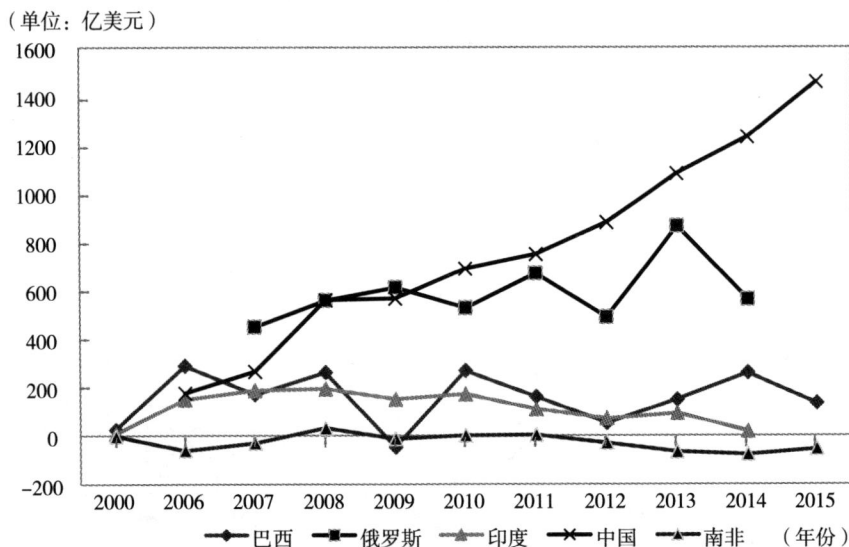

图 2-19　2000—2015 年金砖国家 FDI 流出情况

数据来源：笔者整理。

金砖国家 FDI 净流入情况见图 2-20 所示。从图 2-20 中可以看出,受到国内外经济发展形势的综合影响,金砖国家在国家对外直接投资平衡问题与吸引外资水平问题方面呈现出的特点。巴西对外直接投资 2000—2006 年间从约 300 亿美元的净流入转变为约 100 亿的净流出。2007 年之后呈现净流入趋势,其中,2008 年流入增幅减缓,2009—2011 年陡然上升,2011—2013 年净流入下降。与此同时,中国、印度的 FDI 净流入也出现下降趋势。2013—2014 年从 543 亿美元上升到 709 亿美元,转而在 2015 年又下降至 600 亿美元左右。中国 FDI 净流入在 2009—2011 年期间出现缓慢上升态势,之后逐年下降,2014 年转为净流出趋势,2015 年净流出约 194 亿美元。俄罗斯的 FDI 净流入在 2009 年转为净流出。印度吸收的净海外投资则是波动上升。南非吸收的净海外投入保持在 200 亿美元以下,研究期内未出现净流出情况。

（单位：亿美元）

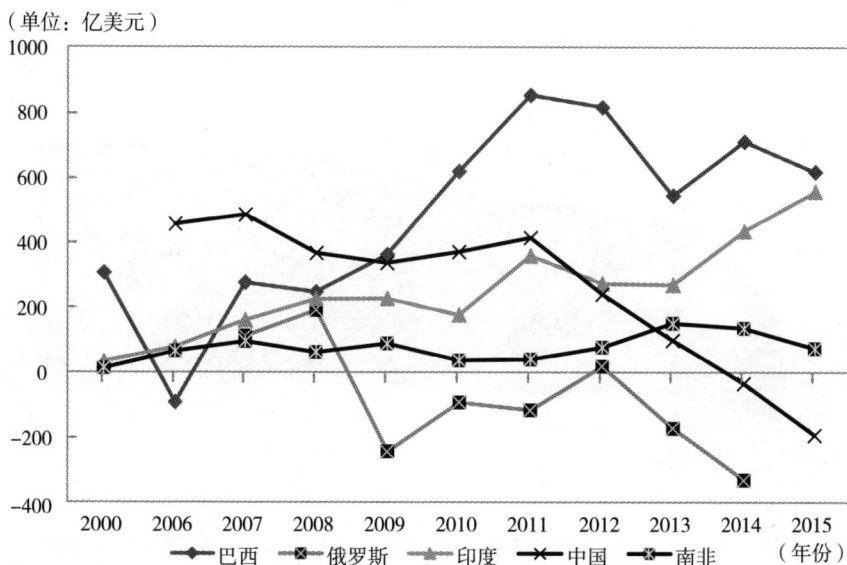

图 2-20 2000—2015 年金砖国家 FDI 净流入情况

数据来源：笔者整理。

第三节 金砖国家能源消耗与碳排放概况分析

一、金砖国家能源使用概况分析

经济生产活动中的能源消耗是碳排放的主要来源。结合一国的能源消耗强度及碳排放因子分析一国能源消耗强度与碳排放量，有助于制定实施合理的能源使用政策与碳减排政策。图 2-21 展示了金砖国家一次能源生产总量情况，从图 2-21 中可以看出，中国的一次能源生产总量情况在 2006—2015 年排在首位。俄罗斯则排在第二位，2000—2006 年，俄罗斯的一次能源产量为金砖国家中产量最多。其他三国依次为印度、巴西、南非。可见，中俄两国是金砖国家的一次能源生产大国，相应地，它们也是潜在的碳排放量较大的国家。

金砖国家的国别能源总量见图 2-22 所示。通过比较一次能源生产总量与能源消耗总量，可以看出一国经济生产过程中对一次能源的消耗

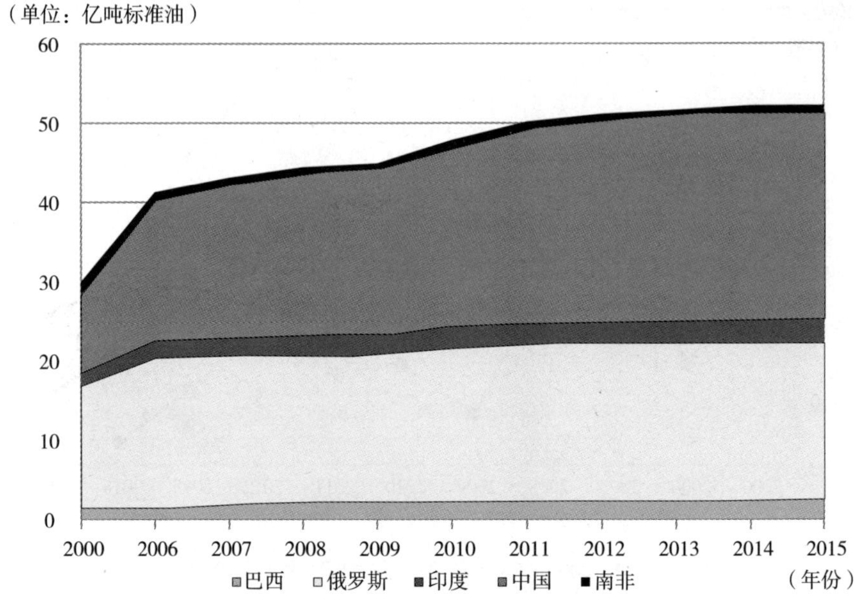

（单位：亿吨标准油）

图 2-21　2000—2015 年金砖国家一次能源生产总量情况

数据来源：笔者整理。

程度，进而可以推演分析出一国大致的能源消费结构及隐含能源消耗的国内外使用情况。从图 2-22 中可以看出，中国总能源消耗总额大于一次能源生产总量情况；俄罗斯的一次能源生产总量大于其国内消耗的能源总量，可见俄罗斯一次能源部分用于出口满足其他国家的能源消费需求；印度的一次能源产量远低于其国内能源需求，这表明印度可能通过进口其他国家的初始能源来满足经济发展需求；南非的情况则与俄罗斯相近。

　　进一步地，本书分析金砖国家一次能源产量占能源消耗总量比重的情况，如图 2-23 所示，与其国内能耗总量相比较，南非的一次能源产量与其他金砖国家相比较为富足，2010 年之后，南非国内出现大量的一次能源过剩现象，这暗示了其直接出口一次能耗满足其他国家能源消费的能源输出行为。俄罗斯排在第二位，且两者比例长期保持在 150% 左右，这表明，俄罗斯也存在一次产能出口问题。即南非、俄罗斯两国潜在地向其他国家出口了隐藏在一次能源中的碳排放。中国、巴西、印度分别位居

（单位：亿吨标准油）

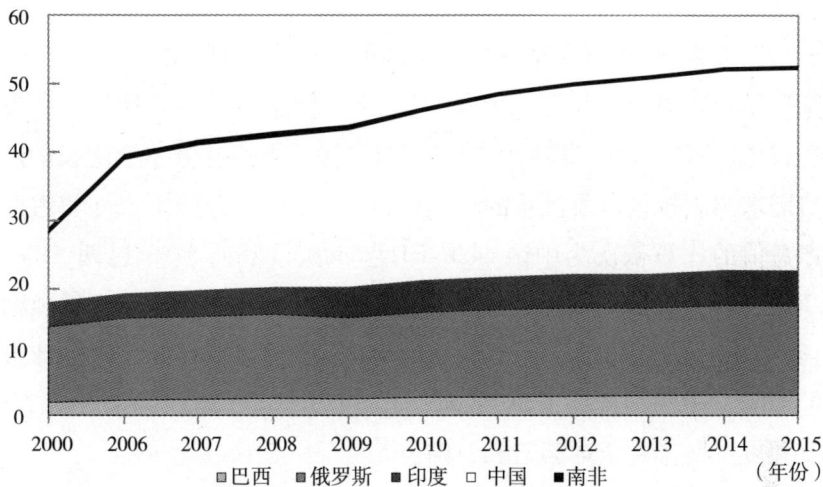

图 2-22　2000—2015 年金砖国家能源消耗总量情况

数据来源：笔者整理。

第三、四、五位,均小于 1,这表明三国的一次能源产量无法满足其国内需求,需要通过进口能源或利用其他能源种类来满足其国内能源消费。

（单位：%）

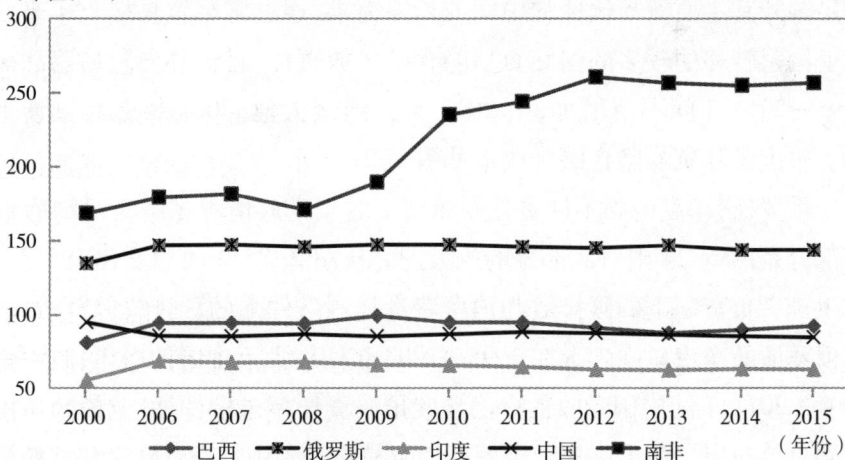

图 2-23　2000—2015 年金砖国家一次能源生产总量占能源消耗总量比重情况

数据来源：笔者整理。

二、金砖国家碳排放概况分析

长期以来,金砖国家经济生产中的能源效率较低、碳排放强度较高、国际贸易利得较少。与发达国家相比,金砖国家在国际贸易分工链条上处于较低位置。在中、印两国,经济发展高速增长意味着不断增长的能源消费需求与碳排放以及沉重的环境代价。2013 年,金砖国家外贸占国内生产总值的比重依次为中国 44%、印度 53%、俄罗斯 51%、巴西 51%、南非 26%,同时,金砖国家消耗世界总耗能的 31%,相当于 59.85 亿吨标准油,其中 16% 的能源被中国消费。同时,金砖国家碳排放约为全球碳排放的 40%。中国则排放了 90 亿吨 CO_2,相当于当年全球碳排放的 28%,印度和俄罗斯排在全球第三和第四位。

OECD 最新公布的数据表明,金砖国家在组建合作经济体之后碳排放增长较快。金砖国家基于生产者负责制、消费者负责制测算原则下的碳排放数据在 2001 年之后均大于 2000 年、1995 年碳排放数据。如图 2-24 所示,不同测算原则下的金砖国家的碳排放数据显示,中国基于生产者负责制测算的碳排放总量远大于消费者负责制原则,这表明中国为满足国外其主要贸易伙伴的中间或最终需求,通过国际贸易接收了来自其他国家转移的较多的国际贸易隐含碳排放责任,且该部分贸易隐含碳1995—2011 年间不断增加,于 2007 年达到最大值,2007 年之后缓慢下降。中国国际贸易隐含碳排放量见图 2-27 所示。

俄罗斯、印度两国不同责任制原则下的碳排放情况见图 2-25 所示,该部分是图 2-24 中对应部分的放大图。从图 2-25 中可以看出,俄罗斯的生产者负责制下的碳排放与消费者责任制条件下的碳排放差额较大,即俄罗斯的净出口隐含碳在 1995—2003 年间均大于中国的净出口水平;2004—2011 年间中国吸收的净隐含碳排放责任超过俄罗斯,成为金砖国家碳排放净出口最大国家。俄罗斯的贸易隐含碳则呈现下降趋势。结合图 2-27 可以得出,印度于 2009 年开始,生产者负责制与消费者负责制原则下的碳排放均超过俄罗斯,成为金砖国家第二大碳排放国,然而其贸易隐含碳出口额远小于俄罗斯。

（单位：亿吨）

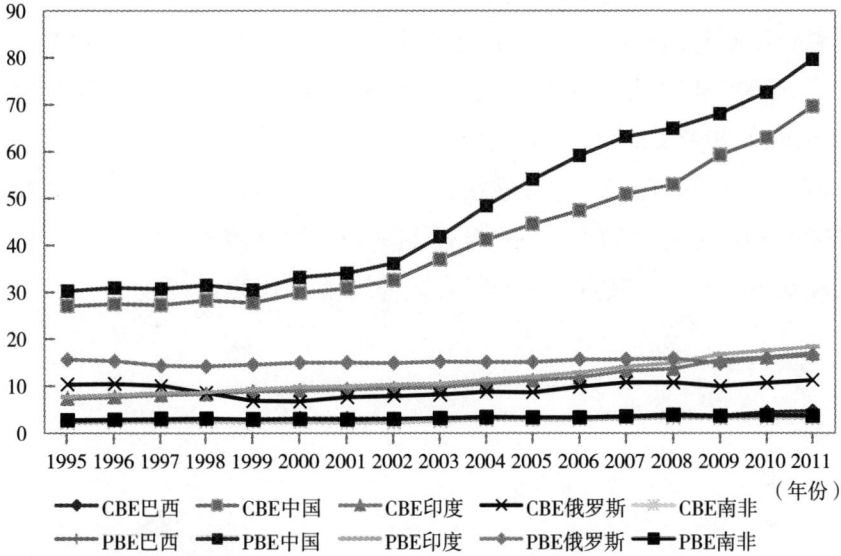

图2-24　1995—2011年金砖国家碳排放情况

注：PBE表示生产者责任制下的碳排放；CBE表示消费者责任制下的碳排放。

数据来源：笔者整理。

（单位：亿吨）

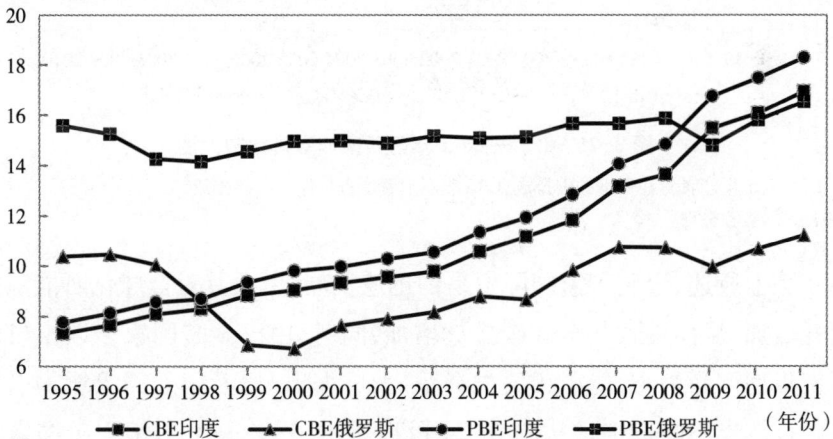

图2-25　1995—2011年俄罗斯、印度碳排放放大图

注：PBE表示生产者责任制下的碳排放；CBE表示消费者责任制下的碳排放。

数据来源：笔者整理。

在图2-24中,将巴西、南非的碳排放趋势图放大后得到两国基于生产者责任制与消费者责任制下的碳排放情况。从图2-26中可以看出,1995—2000年间,巴西为贸易隐含碳净流入国,而2001—2006年间,则为净流出国,2007—2011年间,为净流入国,且不同责任制下的国家层面碳排放均呈现上升趋势。南非在研究期内均为碳排放净流出国,均保持在4200—6700万吨之间,于2002年达到其贸易隐含碳出口最大值,之后呈现波动下降趋势。其具体贸易隐含碳排放量见图2-27所示。

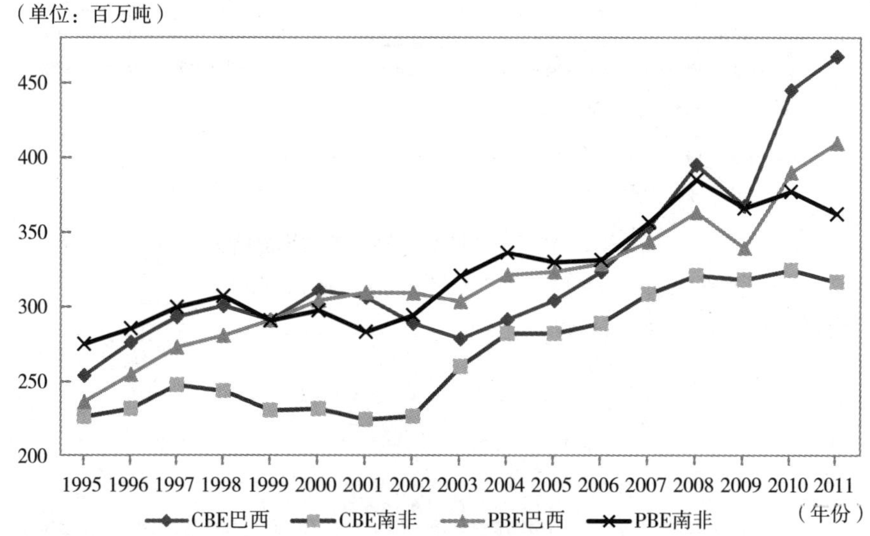

（单位：百万吨）

图2-26　1995—2011年巴西南非碳排放放大图

注:PBE表示生产者责任制下的碳排放;CBE表示消费者责任制下的碳排放。
数据来源:笔者整理。

综上所述,金砖国家国际贸易的迅速发展,引致其对全球化石能源的消耗增加,从而导致其全球碳排放增加,同时,由于金砖国家多以出口能源密集型产品为主,能源相关类产品"大进大出"以及国外需求增加引致的碳排放也不断增加。从图2-24可以看出,1995—2011年金砖国家多为净贸易隐含碳排放经济体,即金砖国家通过国际贸易向其贸易伙伴转移了隐含碳。不同国际组织公布的贸易隐含碳数据存在差异。由于假设前提、模型选择、数据来源不同,处理过程中产业合并与分类选择不同,导

（单位：亿吨）

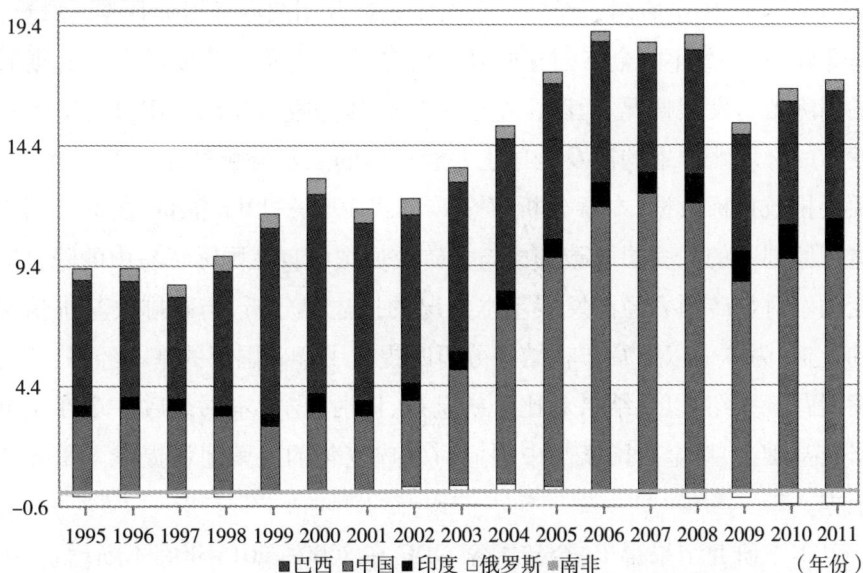

图2-27 1995—2011年金砖国家国际贸易净出口隐含碳

注:净出口隐含碳排放 BEE 为生产者责任制下的碳排放减去消费者责任制下的碳排放所得。下同。
数据来源:笔者整理。

致隐含碳测算结果不同。如 OECD 与 WIOD 公布的中国部分年份碳排放数据存在差异(见表2-1)。金砖国家国际贸易隐含碳测算结果亦存在很大波动性。基于此,对金砖国家国际贸易隐含碳的测算工作开展更加深入的实证研究,将有利于更加准确地评估金砖国家国际贸易隐含碳;有利于国家间碳责任的划分。在掌握客观的碳排放数据的基础上,提升金砖国家国际气候变化谈判中的话语权。

表2-1 不同数据来源下中国生产者责任制下的碳排放数据

（单位:亿吨）

年份 数据来源	2000	2005	2008	2009
世界投入产出数据库	31	50.82	63.97	66.95
经济合作与发展组织	30.37	50.62	65.06	68

　　本章首先通过中国国家统计局公布的《金砖国家联合统计手册》(2016 年版)中金砖国家经济社会发展数据及相关经济指标数据,系统分析 2000—2015 年间金砖国家的经济发展特征以及金砖成员国在此期间的国际贸易发展概况。其次,基于经济合作与发展组织(OECD)2015 年发布的环境账户下的涉及全球主要经济体的工业与服务业经济活动的各项碳排放指标数据,本章分析了金砖国家 1995—2011 年间,在不同测算责任原则下的国家层面碳排放与金砖成员国各自在国际贸易中的隐含碳变动。对金砖国家经济发展基本情况的描述性分析,与碳排放基本情况的分析,为本书以下章节在结果分析时提供了金砖国家的基本经济、贸易发展背景介绍,以及结果对比分析基础,同时,也为本书最后一章在全书研究基础上,对金砖国家及中国应对气候变化的政策建议提供了重要的依据。

　　本章研究结果得出,金砖国家 GDP 在 2000—2015 年间不断增长,中国 GDP 增速较大且总量增长较快;受 2009 年美国次贷危机影响,金砖国家对外货物与服务贸易陡然下降,2010 年之后回弹上升;金砖国家在 1995—2011 年间的碳排放均呈现上升态势,中国国际贸易隐含碳总量最大且增速较快,其次是印度、南非、俄罗斯,相应地,巴西贸易隐含碳波动大但总量最小。本书开篇对金砖国家经济总量、经济结构、货物与服务贸易的分析论述,以及对金砖国家碳排放、国际贸易隐含碳的流向分析,为后续章节的讨论分析奠定了基础。

第三章 金砖国家国际贸易
隐含碳测算分析

随着金砖国家国际贸易往来的不断提升,由贸易引发的环境影响随之受到深入关注,其中,经济体量较大、经济发展增速较快的中国受到极大关注。金砖国家在全球国际贸易中的贸易利得与环境代价之间存在着巨大的落差。新的国际贸易气候变化谈判机制需要本着公平、合理的原则,在国际贸易中获得较多贸易利得的个体,需承担较大的其所消费的商品和服务在生产过程中消耗的环境责任。

本章基于扩展的全球多区域投入产出模型(GMRIO)深入研究金砖国家国际贸易中的隐含碳,同时在估算国家层面、行业层面的贸易利得的基础上分析金砖国家的贸易利得及环境成本。该研究有助于金砖国家内部制定更加合理、可行的贸易政策与环境保护政策;也有助于部分发达国家与金砖国家就全球气候变化与碳减排领域的技术、政策转移进一步深入合作。本章研究将试图回答以下问题:金砖国家间的贸易往来、金砖国家与世界其他经济体的贸易往来中,金砖各成员国的经济利得与环境代价是怎么样的? 金砖国家目前所承担的碳责任是否合理? 金砖各国如何在确保经济增长的同时,保护好社会生态环境? 探索讨论金砖国家在低碳经济发展领域通过经济贸易深入合作的可能性?

第一节 改进的环境型多区域投入
产出隐含碳测算模型构建

一、多区域投入产出模型一般式

现阶段国际贸易隐含碳估算模型主要采用多区域投入产出模型方法,本节在给出 GMRIO 一般式的基础上,将碳排放因子加入模型构建扩展的环境型 GMRIO 用于估算国际贸易隐含碳。模型假设全球共有 N 个国家,全球多区域投入产出表由 N 个国家组成(见表 3-1),通过 $r, s \in N(N = 1, 2, 3, \ldots, n)$ 在右上角对不同国家进行区分。

表 3-1 全球多区域投入产出表结构图

		中间使用					最终需求					总产出
		C^1	C^2	C^3	$\cdots$	C^n	C^1	C^2	C^3	$\cdots$	C^n	
中间投入	C^1	Z^{11}	Z^{12}	Z^{13}	$\cdots$	Z^{1n}	F^{11}	F^{12}	F^{13}	$\cdots$	F^{1n}	x^1
	C^2	Z^{21}	Z^{22}	Z^{23}	$\cdots$	Z^{2n}	F^{21}	F^{22}	F^{23}	$\cdots$	F^{2n}	x^2
	C^3	Z^{31}	Z^{32}	Z^{33}	$\cdots$	Z^{3n}	F^{31}	F^{32}	F^{33}	$\cdots$	F^{3n}	x^3
	$\vdots$	$\vdots$	$\vdots$	$\vdots$	$\ddots$	$\vdots$	$\vdots$	$\vdots$	$\vdots$	$\ddots$	$\vdots$	$\vdots$
	C^n	Z^{n1}	Z^{n2}	Z^{n3}	$\cdots$	Z^{nn}	F^{n1}	F^{n2}	F^{n3}	$\cdots$	F^{nn}	x^n
其他初始投入		$\cdots$	$\cdots$	$\cdots$	$\cdots$	$\cdots$						
附加值		v^1	v^2	v^3	$\cdots$	v^n						
总投入		$(x^1)'$	$(x^2)'$	$(x^3)'$	$\cdots$	$(x^n)'$						

注:表中大写黑体字母表示矩阵;小写黑体字母表示向量。

表 3-1 中, Z^{rs} 表示 r 国出口到 s 国的中间投入产出矩阵,若 r 与 s 相等则表示本国生产用于本国中间生产过程的商品和服务投入。对于国家 r,在 Z^{rr} 行向分布的 Z^{rs} 表示 r 国生产的中间产品被其他国家进口满足其中间生产投入需求的产品和服务矩阵;在 Z^{rr} 列向分布的 Z^{sr} 表示其他国家为满足 r 国中间生产活动而向其出口的中间商品及服务矩阵。同理, F^{rs} 表示 r 国为满足 s 国最终需求向其出口的最终产品和服务矩阵,若 r 与 s 相等则

表示本国最终消费的本国所生产的最终产品和服务矩阵。对于国家 r,在 F^{rr} 行向分布的 F^{rs} 表示从 r 国出口到 s 国为满足 s 国内最终需求消费的最终商品和服务矩阵,在 F^{rr} 列向分布的 F^{sr} 表示 r 国从其他国家进口的最终消费品。x^s 表示 s 国总产出向量。$(x^s)'$ 则表示 s 国各行业总投入向量。为确保全球经济平衡,编制全球投入产出表时,需确保一国经济的总产出与总投入相等。v^s 表示 s 国某年份经济发展的增加值向量。

假设在每个经济体中有 M 个产业部门,通过 $i,j \in M(M = 1,2,3,\dots,m)$ 在每个字母的右下方来表示不同国家之间产业部门之间的经济贸易关系。比如 Z_{ij} 则表示第 j 部门为满足其生产需求从第 i 部门进口的商品和服务。表 3-1 中,假设任何一个 Z^{rs} 都是由 Z_{ij}^{rs} 组成的 $M \times M$ 矩阵,则 Z_{ij}^{rs} 表示 s 国 j 部门为满足其中间生产需求从 r 国的 i 部门进口产品和服务。同理,F_{ij}^{rs} 表示 s 国 j 部门对 r 国 i 部门的最终产品的进口需求。x^s 向量的元素由 x_j^s 组成,表示 s 国 j 部门的总产出。v_j^s 则表示 s 国 j 部门的总附加值。结合定义可得,全球投入产出模型中的中间投入产出矩阵 Z 为 $MN \times MN$ 矩阵;最终需求矩阵 F 为 $MN \times N$ 矩阵;总产出向量 x 为 $MN \times 1$ 向量;附加值向量 x 为 $MN \times 1$ 向量。它们可表示为:

$$Z = \begin{bmatrix} Z^{11} & Z^{12} & Z^{13} & \cdots & Z^{1n} \\ Z^{21} & Z^{22} & Z^{23} & \cdots & Z^{2n} \\ Z^{31} & Z^{32} & Z^{33} & \cdots & Z^{3n} \\ \vdots & \vdots & \vdots & \ddots & \vdots \\ Z^{n1} & Z^{n2} & Z^{n3} & \cdots & Z^{nn} \end{bmatrix}, F = \begin{bmatrix} F^{11} & F^{12} & F^{13} & \cdots & F^{1n} \\ F^{21} & F^{22} & F^{23} & \cdots & F^{2n} \\ F^{31} & F^{32} & F^{33} & \cdots & F^{3n} \\ \vdots & \vdots & \vdots & \ddots & \vdots \\ F^{n1} & F^{n2} & F^{n3} & \cdots & F^{nn} \end{bmatrix}, \text{and}$$

$$x = \begin{bmatrix} x^1 \\ x^2 \\ x^3 \\ \vdots \\ x^n \end{bmatrix} \tag{3.1}$$

对于最终需求,模型假设每个经济体只有一种最终需求,相应地在预处理数据时将各国的最终需求行向加总得到最终需求。实际情形下,最终需求包含家庭支出、政府消费、资本形成以及其他支出。考虑不同国家间的行业的贸易往来的 Z_{ij}^{rs}，F^{rs} 和 x^{s} 可表示为：

$$Z_{ij}^{rs} = \begin{bmatrix} Z_{11}^{rs} & Z_{12}^{rs} & Z_{13}^{rs} & \cdots & Z_{1m}^{rs} \\ Z_{21}^{rs} & Z_{22}^{rs} & Z_{22}^{rs} & \cdots & Z_{2m}^{rs} \\ Z_{31}^{rs} & Z_{32}^{rs} & Z_{33}^{rs} & \cdots & Z_{3m}^{rs} \\ \vdots & \vdots & \vdots & \ddots & \vdots \\ Z_{m1}^{rs} & Z_{m2}^{rs} & Z_{m3}^{rs} & \cdots & Z_{mm}^{rs} \end{bmatrix}_{M \times M} , F^{rs} = \begin{bmatrix} F_{1}^{rs} \\ F_{2}^{rs} \\ F_{3}^{rs} \\ \vdots \\ F_{m}^{rs} \end{bmatrix}_{M \times 1} , and$$

$$x^{s} = \begin{bmatrix} x_{1}^{s} \\ x_{2}^{s} \\ x_{3}^{s} \\ \vdots \\ x_{m}^{s} \end{bmatrix}_{M \times 1} \tag{3.2}$$

基于米勒和布莱尔(Miller 和 Blair)关于投入产出模型基本形式的阐述,表3-1的全球投入产出平衡关系式为：

$$x = Zu + Fw \tag{3.3}$$

(3.3)式中 u 和 w 为单位向量,用于加总各个经济体中的中间投入矩阵与最终需求向量。投入产出分析中的直接消耗系数矩阵 A 是维数与 Z 矩阵相同系数矩阵,它们直接的关系式为：

$$A = Z\hat{x}^{-1} \tag{3.4}$$

$$Z = Ax \tag{3.5}$$

(3.4)式中,$\hat{x}$ 表示将总产出向量 x 转化为对角阵,同时设定主对角线上的元素与对于行向的总产出 x 的行向元素相等,非主对角线上的元素都为0。对于直接消耗矩阵 A 中的任何一个元素 A_{ij}^{rs},可由以下公式计算得出：

$$A_{ij}^{rs} = Z_{ij}^{rs}/x_{j}^{s} \tag{3.6}$$

(3.3)式可通过(3.4)式进一步得到如下形式：

$$x = Ax + Fw \tag{3.7}$$

$$x = (I - A)^{-1}Fw \tag{3.8}$$

$$x = LFw \tag{3.9}$$

(3.8)式表明在全球多区域投入产出模型条件下,总产出与最终需求之间的经济关系。其中,I 为主对角线元素为 1 的单位矩阵。$L = (I - A)^{-1}$ 表示全球多区域模型条件下的里昂惕夫逆矩阵,L 由 L_{ij}^{rs} 元素组成,它表示 s 国 j 部门为满足其单位最终需求需从 r 国 i 部门进口商品和服务。

二、考虑中间投入与最终需求隐含碳的环境型 GMRIO 模型构建

经济活动开展导致的环境影响可通过在(3.6)式两边同时加入衡量环境变量的影响因子估算得出。具体地,即在表 3-1 中增加值下方加入同等维度的一个行向量来衡量各国相应各部门在生产过程中的环境影响指标。本书中模型以经济活动中导致的碳排放为例来构建全球视角的由于经济贸易关系发展导致的隐含碳在全球行业间的估算模型。相应地其他环境影响,如 SO_2 排放、$PM_{2.5}$、隐含土地使用、隐含水流;社会影响,如贸易增加值;隐含就业、隐含能源流,都可以通过上述加入相应因素向量的方法进行估算分析。以碳排放因子的计算过程为例,其他社会经济环境影响因子计算过程类似。

假设 c 向量是与总产出 x 具有同等维度的全球各经济体和行业在生产过程中导致的总的碳排放列向量。c 向量由 c_j^s 元素组成,其表示 s 国 j 部门在经济活动中导致的碳排放的总量。e 向量为单位产出的碳排放因子,由元素 e_j^s 组成,表示满足 s 国 j 部门单位产出的总的碳排放量,e 的表达式为:

$$e_j^s = \frac{c_j^s}{x_j^s} \tag{3.10}$$

将碳排放因子代入(3.9)式中,两边同时乘以 e,全球总的碳排放 TC 即可表示为以下形式:

$$TC = e'x \tag{3.11}$$

$$TC = e'LFw \tag{3.12}$$

根据已有的文献模型中对出口贸易隐含碳的定义,本书在将出口隐含碳分为中间投入品与最终消费品,考虑出口隐含碳中本国从其他国家进口部分生产技术的基础上,构建了改进的环境型全球性投入产出估算模型,假设 EXC^{rs} 表示通过国际贸易往来从 r 国出口到 s 国的总的隐含碳流,则 EXC^{rs} 可表示为:

$$EXC^{rs} = \underbrace{\left[\sum_{k=1}^{n} ((e^k)\,'L^{kr}) \right] (F^{rs})}_{EXCF} + \underbrace{[(e^r)\,'L^{rs}] \left(\sum_{k=1}^{n} F^{sk} \right)}_{EXCM} \tag{3.13}$$

(3.13)式中, $k \in N(N = 1,2,3,\ldots,n)$ 表示 N 个国家中的第 k 个国家;EXCF 表示从 r 国出国到 s 国为满足其最终需求的产品和服务中隐含的碳排放, $\sum_{k=1}^{n} ((e^k)\,'L^{kr})$ 表示所有国家为满足 r 国单位最终产出发生的碳排放; F^{rs} 表示 s 国从 r 国进口的满足去最终需求额的产品和服务;EXCM 表示隐含在 s 国出口到 r 国的为满足 s 国中间投入需求的货物和服务贸易的碳排放; $(e^r)\,'L^{rs}$ 表示 r 国为满足 s 国单位产出而进行的经济活动产生的碳排放; $\sum_{k=1}^{n} F^{sk}$ 表示 s 国生产的最终消费品的总和,包括 s 国本国的最终消费与 s 国出口到其他国家的最终消费品总和。同理可得,将上述公式中的 r 与 s 位置调换,即为从 s 国出口到 r 国的贸易隐含碳,两者之差即为两国贸易净碳流向结果。

三、考虑出口再进口(进口再出口)的环境型 GMRIO 模型构建

为进一步区别全球经济体之间的本国碳排放、碳转移程度,本书考虑一般性三国贸易情形下的出口再进口、进口再出口因素对碳转移的影响。研究结果能够刻画涉及三国的国际性碳转移路径。结果区分:(1)一国出口贸易隐含碳中的国内隐含碳及进口隐含碳部分;(2)一国中间投入品贸易中用于本国生产和其贸易伙伴最终需求的隐含碳部分;(3)一国通过中间产品贸易与最终需求品出口贸易经由其贸易伙伴转移到第三国的隐含碳部分。比如,结果可描述隐含在 A 国从 B 国

进口中间品加工后再出口到 A 国的碳排放;也可描述隐含在 A 国从 B 国进口中间品加工后出口到 C 国的碳排放。在(3.13)式的基础上,考虑到出口再进口、进口再出口的从 r 国出口到 s 国的出口贸易隐含碳,公式可改写为:

$$EXC^{rs} = \underbrace{(e^r)'L^{rr}F^{rs}}_{A} + \underbrace{(e^s)'L^{sr}F^{rs}}_{B} + \underbrace{\left[\sum_{k\neq r,s}^{n}\left((e^k)'L^{kr}\right)\right](F^{rs})}_{C}$$

$$+ \underbrace{(e^r)'L^{rs}F^{ss}}_{D} + \underbrace{(e^r)'L^{rs}F^{sr}}_{E} + \underbrace{\left[(e^r)'L^{rs}\right]\left(\sum_{k\neq r,s}^{n}F^{sk}\right)}_{F} \quad (3.14)$$

(3.14)式由六部分组成。其中,A 部分表示 r 国转移到 s 国的国内隐含碳部分;B 部分表示 s 国转移到 r 国的中间品贸易隐含碳部分,该部分通过最终消费品的形式隐含在 r 国再出口到 s 国的最终商品和服务中;C 部分表示 r 国转移到 s 国的由除 r,s 两国以外剩下的其他所有国家产生的隐含碳,该部分贸易是为满足 s 国最终需求的商品和服务贸易。本书中,金砖国家通过中间品贸易经由其他第二贸易国转移到其他第三贸易国的隐含碳可通过该部分估算分析。D 部分表示 r 国为满足 s 国国内中间投入需求产品和服务生产而产生的碳排放部分;E 部分表示隐含在 r 国中间投入生产活动中转移到 s 国的碳排放,该部分隐含碳经由 r 国以中间投入形式出口到 s 国,再经由最终需求形式再进口到 r 国;F 部分表示 r 国内产生的隐含在中间投入需求贸易中的碳排放先出口到 s 国,进而隐含在 s 国出口到除 r,s 国之外的其他国家的碳排放部分。本书中隐含在中间品贸易中的世界其他第二国出口到其他第三国,进而隐含在最终需求贸易品中再出口到金砖国家的隐含碳部分可由该部分估算得到。以分类角度不同,我们可得一国本国产生的隐含碳总量为 A+D+E+F;国外来源的隐含碳总量为 B+C。一国最终需求贸易中隐含的碳总量为 A+B+C,中间品贸易中隐含的碳总量为 D+E+F。

为方便读者理解该模型,在塞拉诺和德贝池(Serrano 和 Dietzenbacher)提出的两国模型的基础上,本书提出了三国情形下追踪分析全球经济与环境流向的模型实例。三国情形模型在分析一国进出口中不同来源的隐含碳问题时更具有一般性。(3.15)式展示了三国多区域投入产出模型的一般式,参数假设与本节第一、二小节中的基本含义一致。

$$
\begin{bmatrix} x^1 \\ x^2 \\ x^3 \end{bmatrix} = \begin{bmatrix} L^{11} & L^{12} & L^{13} \\ L^{21} & L^{22} & L^{23} \\ L^{31} & L^{32} & L^{33} \end{bmatrix} \left(\begin{bmatrix} F^{11} & F^{12} & F^{13} \\ F^{21} & F^{22} & F^{23} \\ F^{31} & F^{32} & F^{33} \end{bmatrix} w \right) \tag{3.15}
$$

以贸易隐含碳流向分析为例,三国情形下贸易隐含碳核算如(3.16)式所示:

$$
\begin{bmatrix} TC^1 \\ TC^2 \\ TC^3 \end{bmatrix} = \begin{bmatrix} (e^1)'x^1 \\ (e^2)'x^2 \\ (e^3)'x^3 \end{bmatrix} = \begin{bmatrix} (e^1)'L^{11} & (e^1)'L^{12} & (e^1)'L^{13} \\ (e^2)'L^{21} & (e^2)'L^{22} & (e^2)'L^{23} \\ (e^3)'L^{31} & (e^3)'L^{32} & (e^3)'L^{33} \end{bmatrix}
$$

$$
\left(\begin{bmatrix} F^{11} & F^{12} & F^{13} \\ F^{21} & F^{22} & F^{23} \\ F^{31} & F^{32} & F^{33} \end{bmatrix} w \right) \tag{3.16}
$$

以第 1 国向第 2 国转移的碳排放为例,三国贸易模型下 EXC^{12} 可表示为:

$$
EXC^{12} = \underbrace{\Big[\sum_{k=1}^{3} ((e^k)'L^{k1}) \Big] (F^{12})}_{EXCF} + \underbrace{[(e^1)'L^{12}] \Big(\sum_{k=1}^{3} F^{2k} \Big)}_{EXCM}
$$

$$
\underbrace{(e^1)'L^{11}F^{12}}_{A} + \underbrace{(e^2)'L^{21}F^{12}}_{B} + \underbrace{(e^3)'L^{31}F^{12}}_{C} + \underbrace{(e^1)'L^{12}F^{21}}_{D}
$$

$$
+ \underbrace{(e^1)'L^{12}F^{22}}_{E} + \underbrace{(e^1)'L^{12}F^{23}}_{F} \tag{3.17}
$$

(3.17)式中各部分隐含碳指代含义与(3.13)式、(3.14)式中指代含义一致。根据出口贸易中的隐含碳估算模型,我们可以测得隐含附加值。假设 $EXVA^{rs}$ 为从 r 国出口到 s 国的隐含附加值。为测算比较贸易利得与环境成本的关系,衡量一国在国际贸易中地位,我们假定 RC^{rs} 表示从 r 国出口到 s 国的隐含碳排放与隐含贸易利得之比,其公式为:

$$
RC^{rs} = \frac{EXC^{rs}}{EXVA^{rs}} \tag{3.18}
$$

RC^{rs} 表示从 r 国出口到 s 国的单位附加值所隐含的碳排放,该数值越大则表明某国一单位出口贸易利得的经济生产活动导致的碳排放较多,环境成本较大,暗示了该国生产技术落后、污染较为严重;该数值越小,则表明某国满足出口的经济活动较为清洁,碳排放较少,表明该国生产技术较为先进。

第二节　数据来源选取讨论及预处理

一、数据来源选取讨论

关于金砖国家投入产出数据来源,亚洲经济研究所(IDE-JETRO)2013 年公布了金砖国家(不含南非)2005 年多区域投入产出数据库①,此外该数据库包含日本、欧盟 25 国和美国,包含 7 部门与 25 部门多区域投入产出数据。经济合作与发展组织(OECD)联合 WTO 于 2013 年官方发布了投入产出数据、全球碳排放数据、贸易增加值数据②,2015 年更新了碳排放数据与贸易增加值核算方法及结果,最新公布的国家间投入产出表③(ICIO)包括 60 个世界主要经济体,该数据库将中间投入产出品与最终需求区分开来,其中贸易增加值数据与世界银行 2014 年公布的数据相比较,中国数据已更新到 2011 年。邦加(Banga)基于该数据库对金砖国家 2009 年贸易利得的研究表明金砖国家仅占全球贸易增加值的 20%,此后学术界开展了较多的类似研究。

普渡大学研究团队开发的 GTAP 数据库已于 2015 年升级到 GTAP 9 版本。该数据库被广泛应用于全球经济与环境影响评估研究当中,如一般可计算均衡模型。彼得斯和赫特威希(Peters 和 Hertwich)分析了全球 CO_2 流向及碳泄漏问题,他们得出金砖国家 2001 年基于生产者负责制原则得出的国际贸易隐含碳占国内碳排放的比例分别为中国 17.8%、印度

---

① http://www.ide.go.jp/English/Publish/Books/Io/index.html.

② http://stats.oecd.org/#.

③ http://www.oecd.org/sti/ind/input-outputtablesedition2015accesstodata.html.

6.9%、俄罗斯 21.6%、巴西 0.8%、南非 38%。另戴维斯和卡尔代拉（Davis 和 Caldeira）研究基于 GTAP 数据库与消费者责任制原则研究得出 2004 年金砖国家净 CO_2 排放全球排序为中国首位，俄罗斯第二位，南非第四位，印度第六位。南非是唯一 CO_2 净进口国。

世界投入产出数据库（WIOD）2012 年公布了包括 40 个全球主要经济体在内的 35 个部门分类的 1995—2011 年投入产出表，相应国家及行业层面的社会环境账户数据也同时公开。2015 年该数据库将其投入产出数据更新为包括 43 个国家的 56 个部门分类的 2000—2014 年投入产出表，然而其社会环境账户数据未更新导致基于新的行业分类 WIOD 数据库对全球环境问题的研究的数据缺失。博提（Boiti）基于该数据库比较分析了全球主要经济体在生产者责任制和消费者责任制原则下的贸易隐含碳，他得出在消费者责任制原则下，金砖国家在 1995—2009 年间排放了约 35 亿吨 CO_2。此外，EXIObase 数据库包括 43 个国家的以 2000 年和 2007 年为基准年份的 163 个部门分类投入产出数据以及相对部门分类的详细的环境数据。

EORA 数据库囊括了 187 个国家 1990—2011 年间的多国投入产出表数据以及更为详尽的能源消费相关的污染物的分类数据。从文献综述结果可得出与其他已有数据库相比较，目前文献中多使用 GATP 数据库与 WIOD 数据库针对全球性贸易环境问题进行分析研究。

由于 WIOD 数据库具有时间序列国家间投入产出表及能源消费、碳排放数据，多数研究选用该数据库进行连续性分析。本书在已有的多区域投入产出模型的基础上，构建了改进的全球性多区域投入产出模型（GMRIO），该模型较传统的一般性 MRIO 模型能够跟踪分析全球国际贸易条件下任一双边贸易中的进口再出口或出口再进口的隐含碳流；区分了中间投入需求与最终需求引致的全球范围内的隐含的碳流、贸易增加值流向。本书的另一个创新点体现在：考虑到金砖五国作为一个经济整体，笔者在分析整理 WIOD 数据库编写原理及已有假设的基础上，基于 UNcomtrade、UN service trade database、南非国家统计局、南非能源局、世界能源署、OECD 数据库等已有数据库，将南非从 WIOD 的其他经济体

（ROW）中分离出来，构建了新的包含有 41 个经济体的 WIOD 数据库。

本书拟定分析全球经济贸易视角下的金砖五国基于经济生产活动的 2009 年国际贸易隐含碳流向。研究中涉及的全球投入产出数据、碳排放数据均来自世界投入产出数据库（WIOD）。选择该数据库分析该年份的原因如下：

第一，WIOD 数据库具有连续时间序列的投入产出表，最新发布的 WIOD 2000—2014 年投入产出数据库因其能源、排放数据未同步更新，且该数据库的能源消耗及碳排放数据目前只更新到 2009 年。

第二，在此数据库基础上，探索编制 2009 年的包含金砖国家南非的新的全球多区域投入产出表，可应用该方法编制 2000—2009 年间包含金砖五国的新的全球多区域投入产出表。因 UNcomtrade 现有贸易数据显示，南非的海关贸易数据从 2000 年开始有记录，虽然其他数据库如世界银行也有南非贸易数据的记录，但是由于现有 WIOD 数据库是基于 UNcomtrade 数据库编制而成的，因此，为了减少数据处理带来的不确定性，选用 UNcomtrade 数据库作为辅助数据源。

第三，GTAP 数据虽然具有包含南非在内的 5 个金砖国家的投入产出数据、能源数据及碳排放数据，该数据库最新版以 2000 年、2007 年、2011 年为基准年份，但是其他年份数据需根据设定假设及基准年份数据推演得出，不利于后续开展的基于时间序列分析的研究。

第四，OECD 数据库于 2016 年 9 月更新的 ICIO 数据库中侧重分析贸易附加值，环境账户碳排放数据方面，非连续性国别级国际贸易隐含碳数据更新到了 2009 年，但无部门行业碳排放数据，若要使用该 ICIO 数据，则需从世界能源署获取能源消费数据进而转化为碳排放数据，这将导致结果不确定性加剧。若直接从 WIOD 数据获取碳排放数据，也无法直接替代，因为 WIOD 数据库和 ICIO 数据包含的国家及行业分类不同，且 ICIO 提供的跨国投入产出数据也非时间序列连续性数据。

在 WIOD 数据库中，2009 年金砖国家除南非的四国的 35 个部门投入产出数据、分行业碳排放数据可直接获取。对于南非投入产出数据的获取本书将基于以上讨论中提及的诸多数据源，将南非从 WIOD 数据库中的世界其他经济体(Row)中提取出来,构建新包含41个经济体的全球投入产出表。关于南非的碳排放数据,为减少数据加工导致的结果失真,本书从南非国家统计局公布的2009年南非综合能源平衡表,获取按部门分类的一次能源消耗数据,根据《2006年IPCC国家温室气体清单指南》提供的CO_2排放测算方法计算,具体公式为:

$$T = \sum_{i=1}^{n} \left[k_i e_i c_i O_i \div \frac{12}{44} \right] \tag{3.19}$$

其中,T为CO_2总排放量;i表示能源种类;n表示能源种类;k_i表示第i种能源消费量;e_i表示第i种能源的发热量;c_i表示第i种能源的单位热值含碳量;O_i表示第i种能源的氧化率。12/44表示碳元素占二氧化碳的重量比例。

二、编制包含南非的新世界投入产出表

基于德贝池(Dietzenbacher)等介绍的如何编制世界投入产出表的基本思路,本书在WIOD已有的2009年投入产出表的基础上,结合进口技术,首次编制了2009年42个区域的新全球投入产出表。

(一)获取南非国家层面2009年投入产出表

目前南非投入产出表可从以下数据源找到:EORA[①]、GTAP[②]和OECD[③]数据库。EORA数据库中提供了南非供给使用表(SUT),笔者将EORA中90个部门南非SUT表转化为包括35个部门(与WIOD部门分类对照相等)的投入产出表(IOT)之后,与OECD数据库提供的34个部门分类的国家层面IOT转化得到的35个部门IOT相比较得出,其他年份下,OECD数据库与WIOD数据库、UNcomtrade数据库较为吻合,且波动性较小,故采用OECD数据源2009年南非IOT。此外,德贝池等也提到WIOD数据库在处理投入产出数据时采用了OECD数据库的编制办法。GTAP 9数据库中没有2009年南非投入产出表,需从2007年或者2011

① http://worldmrio.com/.
② https://www.gtap.agecon.purdue.edu/.
③ http://stats.oecd.org/.

年基期年份数据提取,通过相关假设推演计算得出,然后将 140 个部门产业分类合并为 35 个部门,同时对相应的碳排放数据进行相应处理,这种做法的准确性较 OECD 数据来源低。为确保数据的原始性,我们选取了联合国货物贸易与服务贸易数据库、OECD 数据库来构造南非的国内投入产出矩阵、对外贸易往来矩阵。

(二) 准备产业分类与 WIOD 相同的南非国家层面投入产出数据

本书在南非统计局提供的 50 个部门南非投入产出表①与 2009 年南非统计年鉴②的基础上,结合 OECD 数据库 34 个部门南非投入产出表数据编制了与 WIOD 数据库部门分类一致的南非投入产出表。新表中南非初始投入、附加值与最终需求部门分类已调试为与原 WIOD 数据库一致,由于数据限制,该部分数据与 OECD 中的数据一致,国际运输部类数据除外。

(三) 准备南非与 WIOD 数据库中其他 40 个经济体之间的进出口贸易矩阵并嵌入新表对应位置

1. 商品货物贸易数据

本书从 UNcomtrade 数据库③获得了南非双边货物贸易原始数据。沿用 OECD 编表办法,依据联合国泛类经济类别(BEC)第三版,将 1996 年版 6 位数字 HS 编码的 5000 余种商品分为三大类,分别是中间投入使用、最终需求和资本商品。为规避 HS 分类中一种商品对应 BEC 中多种商品的情况,笔者将 HS 6 位编码商品通过权重值法赋予平均权重,将所有贸易商品分为 BEC 中的三大类下。基于工业结构中的自然关联属性与工业结构投入产出商品相似、相近性原则,笔者编制了各贸易对象层面的跨国供给使用表。该表中部门分类与 WIOD 部门分类一致,进而根据 RAS 法通过迭代法推算跨国贸易矩阵。为再次确定贸易矩阵数据的合理性,同时也采用贸易进口方的生产技术水平,限制进口商品的行业横向

---

① http://www.statssa.gov.za/? page_id=1854,PPN=D0404.1.

② http://www.gcis.gov.za/content/resourcecentre/sa-info/yearbook.

③ http://comtrade.un.org/db/default.aspx.

和纵向的投入流向。最终需求则将 WIOD 中最终需求加总为一列向量，南非与其贸易伙伴的最终需求方面的贸易也加总为一列向量，为减少数据失真度，笔者使用 OECD 数据库提供的南非的总的进口和出口行业数据作为约束，对新数据表中南非中间投入与最终需求的进出口贸易进行总量约束，其他数值缺失的个别部门，笔者采用了冯奎双（Feng）附录中提供的比例选定办法区分中间品与最终品。

2. 服务贸易数据

笔者从联合国服务贸易数据库（UN Service Trade）获取了南非与其他贸易伙伴的服务贸易数据。应用国际收支统计分类和其自然所属部门将服务贸易分为中间服务贸易与最终需求服务贸易两大类，然后将国际收支统计分类中的 20 种商业活动对应合并为 14 种服务贸易部门，以便于 WIOD 中服务贸易分类对应。采用与商品货物贸易相似的方法构造服务贸易矩阵。此外，用 OECD 数据库中的中间品贸易与最终需求品贸易总数据来约束南非与其他贸易伙伴的服务贸易总量，与货物贸易一致，将南非对其他贸易伙伴的最终需求贸易向量加总为一列向量。

3. 将南非投入产出数据及贸易数据嵌入到 WIOD 数据库

构成 42 个经济体的世界投入产出表。第一，将南非国家层面投入产出表嵌入原 WIOD 中，放于最后一个经济体美国与 Row 之间新插入的 35×35 矩阵，该矩阵也位于原 1435×1435 矩阵主对角线上；第二，将南非与其他贸易伙伴的进出口矩阵分别插入到相应位置；第三，新的 Row 与其他经济体的平衡是在原 Row 数据中减去南非与其他经济体贸易的结果；第四，新的 Row 对 Row 的矩阵，应为在原 Row 数据基础上减去南非对南非、南非对 Row、Row 对南非的贸易矩阵的结果；第五，新 WIOD 表中其他经济体的总的附加值与总产出不变，其对应的 Row 的部分应在原有基础上去除南非加入带来的影响。

三、未来编制投入产出表研究中应注意的问题

第一，应谨慎操作编表过程中的部门拆分与合并。不同数据库之间的部门分类依据、对照的分类标准有所不同，研究者在对投入产出表进行

部门拆分与合并时应该考虑该部门对应的商品分类、对应部门从其他部门、国家进出口矢量的变化与数量级,保持处理后的数据结果基本合理。在本书中,来自 UNcomtrade 的原始贸易数据与其他数据源的能源与碳排放数据均被统一处理为 35 个部门与 WIOD 处理原则。事实上,使用越多数据源参与数据处理,越多的不确定性与问题就会产生。合理的假设及可获得性较强的数据资源应在编制世界投入表过程中采用。

第二,来自 UNcomtrade 数据库的某些原始商品贸易数据与 BEC 分类中商品分类不匹配或者匹配多重分类。为了解决这一问题,研究者首先需要重新逐一检查匹配过程中出现异常值的地方,然后采用部门的投入产出过程中使用的产品来重新划分部门归类,两种或两种以上的部门产品匹配无法确定依据时,采用该部门在国民生产总值中所占比例来划分匹配此类贸易产品。

第三,新投入产出表中的"其他世界经济体(Row)"可能会出现负值。为解决中间投入产出矩阵中及 Row 中出现的负值情况,原 WIOD 数据库中用极小的正值替代。笔者在重新核实出现负值的部门的贸易流的基础上,单独计算得出该部门贸易流替代负值,原 WIOD 数据库中非对角线矩阵贸易数据也是通过 41 个经济体相互间贸易往来推演得出的。未来研究中关于对负值及 0 值的处理方法应该发展更加平滑合理的方法进行处理。

第四,诸如 EXIObase[①] 和 Eurosat[②] 以及其他合理假设和数据处理方法可被尝试性考量用于处理 WIOD 数据库中的某个经济体,或用于重新核查正确性时的参考数据库。以南非为例,在参考德贝汉等(Dietzenbacher 等)方法的基础上,HS1996 年版本的 6 位编码的南非商品贸易始于 2000 年,而 WIOD 中其他各国贸易数据则是从 1995—2009 年。因此,基于金砖国家的研究,在 WIOD 数据库中最大时间跨度的能源与碳排放研究年份为 1995—2009 年。此外,由于南非的能源消耗数据、碳排放数据 WIOD 中没有提供,故该部分数据需研究者自行整理匹配。

---

①　http://www.exiobase.eu/.The IO and bilateral trade data in 2000 and 2007 are available for multi-regional footprint analysis.

②　http://ec.europa.eu/eurostat/data/database.

第五，对于 WIOD 初始投入中南非"国际运输成本"部类数据的处理。彼得斯等（Peters 等）讨论认为国际运输成本这一列数据的处理需要更加可靠的数据源。在本书中，我们试图从 UNcomtrade 数据库中找出 2009 年该数据源，以确保 OECD 数据库与 WIOD 数据库所编制的南非投入产出数据平衡且合理，由于服务贸易中也涉及该部分数据且较大，处理不得当将导致最终产出发生较大变动，因此最后笔者将 WIOD 数据库中南非 2009 年"国际运输成本"一行设为"null"值，前提是保持南非 2009 年附加值与总产出同 OECD 数据库中一致，在后续研究中本书不涉及"国际运输成本"，悉尼大学有团队专门从事国际运输成本问题研究。

第六，对 WIOD 最终需求中南非"库存变动"门类数据的处理，笔者保留了 OECD 数据库中的该类数据，布瓦捷（Boitier）在进行此项处理时设置为"null"值，他认为对于当期经济活动来讲，"库存变动"属于前期生产活动范畴。相比布瓦捷（Boitier）的做法，笔者保留了 OECD 该数据，但 OECD 与 WIOD 中最终需求分类不同，也将导致经济平衡出现问题。总之，未来进一步研究中应着眼于更加合理、可信的数据源和处理方法。

除以上提到的问题之外，在数据处理过程中，若是处理时间序列数据，则需要通过各年份价格指数、汇率均值、通胀率来对贸易数据及国内投入产出数据作统一化处理。该研究因只涉及一年数据，南非相关贸易数据直接引用联合国相关数据库以美元计价的原始数据。

第三节　金砖国家国际贸易隐含碳测算结果分析

一、金砖国家国际贸易隐含碳概述

结果表明金砖国家在 2009 年出口贸易隐含碳总值高达 25 亿吨，进口贸易隐含碳总值为 11 亿吨，由此可得金砖国家向全球其他经济体净输出 CO_2 为 14 亿吨，金砖成员国相互间及与其他世界经济体的隐含碳流见表 3-2。该研究得出，2009 年全球基于生产活动的总的出口贸易隐含碳约为 75 亿吨，各国各项碳排放数据见表 3-3，该研究结果与已有的 OECD 公布的结果相近,同时也与布瓦捷(Boitier)得出的研究结果相近。由于模型设定与假设过程中的政策考量不同,本书的结论与文献中已有研究结果接近。

表3-2 金砖国家国际贸易隐含碳流 （单位:万吨）

国家	巴西	俄罗斯	印度	中国	南非	其他国家	总计
巴西	0	63	68	695	49	4065	4939
俄罗斯	485	0	741	4343	104	42551	48224
印度	287	329	0	1881	341	25028	27866
中国	2228	3059	5971	0	1284	144637	157178
南非	110	45	558	1640	0	9898	12251
其他国家	7476	8199	17969	49491	3898	——	
总计	10585	11695	25306	58049	5675		

数据来源:笔者整理。

注:该表中金砖成员间隐含碳流已设定为0值。行向碳流表示出口隐含碳流,列向碳流表示进口隐含碳流。比如,表中第一列第二行"4.85"表示(1)俄罗斯到巴西的出口隐含碳;(2)也表示巴西进口来自俄罗斯的进口隐含碳。

表3-3 全球国际贸易隐含碳估算结果 （单位:万吨;%）

国家	PBE	CBE	EEE	EEI	NET	RNET	ONET
澳大利亚	36906	42673	8967	14735	−5768	−1563	−4057
奥地利	5875	9323	3619	7067	−3448	−5870	−3305
比利时	11909	15238	8566	11896	−3330	−2796	−2194
保加利亚	4441	3606	2268	1433	835	1881	1215
巴西	25517	31163	4939	10585	−5646	−2213	−856
加拿大	45869	49256	17125	20512	−3387	−738	12
中国	629624	530496	157178	58049	99128	1574	107775
塞浦路斯	707	1024	152	469	−317	−4487	−320
捷克共和国	10965	10007	5622	4664	958	874	1101
德国	72457	89675	33786	51004	−17217	−2376	−16786
丹麦	8780	6788	6557	4565	1992	2269	1340
西班牙	24876	33280	8549	16953	−8404	−3378	−8941
爱沙尼亚	1507	1202	754	449	305	2025	−178
芬兰	6083	7080	2794	3792	−998	−1640	−1090

续表

国家	PBE	CBE	EEE	EEI	NET	RNET	ONET
法国	29707	47872	12080	30245	−18166	−6115	−16938
英联邦	44833	56888	16380	28436	−12055	−2689	−16320
希腊	9597	12851	1746	5001	−3254	−3391	−3881
匈牙利	5063	5633	2825	3394	−570	−1125	−1512
印度尼西亚	33612	32999	9052	8439	614	183	3524
印度	153819	151259	27866	25306	2560	166	2052
爱尔兰	3801	5641	2203	4044	−1841	−4843	−1633
意大利	36194	50476	12355	26638	−14283	−3946	−13022
日本	97974	119026	23432	44484	−21052	−2149	−23924
韩国	57010	49897	25907	18794	7113	1248	1289
立陶宛	1340	1844	747	1252	−504	−3764	−503
卢森堡	461	815	341	695	−353	−7656	−431
拉脱维亚	781	1058	339	616	−277	−3545	−335
墨西哥	37248	40081	9397	12231	−2833	−761	−4727
马耳他	287	372	132	216	−85	−2942	−96
荷兰	20115	21526	13074	14486	−1412	−702	−985
波兰	28806	26593	10034	7821	2213	768	3095
葡萄牙	5543	6779	1935	3171	−1236	−2230	−1254
罗马尼亚	7932	8540	2323	2931	−608	−767	294
俄罗斯	141049	104520	48224	11695	36529	2590	51785
斯洛伐克	4000	4223	2535	2758	−223	−556	435
斯洛文尼亚	1581	1955	897	1270	−373	−2362	−245
瑞典	5956	8671	3761	6476	−2715	−4558	−2869
土耳其	24736	27261	6614	9139	−2525	−1021	−4833
美国	423347	497112	47521	121286	−73765	−1742	−97946
南非	54050	47475	12251	5675	6576	1217	—
其他国家	634659	596553	181698	143593	38106	600	48114

数据来源:笔者整理。

注:PBE 表示生产者责任制下的 CO_2 排放;CBE 表示消费者责任制下的 CO_2 排放;EEE 表示出口贸易中隐含的 CO_2 排放;EEI 表示进口贸易中隐含的 CO_2 排放;EET 表示国际贸易中的净含碳排放(EET=EEE-EEI);RNET 表示出口贸易隐含碳排放占生产者责任制下的碳排放的比重;ONET 表示基于原 WIOD 数据库(不含南非)计算的全球贸易净隐含碳结果。该数据通过笔者对比计算获得,计算模型与 OECD 数据库模型一致。

　　从全球总碳排放量层面结果来看,本书结果比布瓦捷的略大,因为他将"库存变量"统一设定为空值。本书在模型设定中区分了中间投入与最终消费品中的隐含碳排放,该设定可能会导致结果偏大,德贝池对其原因有所论述。从国家碳排放量层面结果来看,本书的结果与已有研究相近。如与 OECD 公布的数据对比显示,本书中出口贸易隐含碳略高于OECD 2015 年最新公布的数据,原因是:(1)本书模型考虑经济生产活动中的碳排放的做法可能会导致部分行业全球范围内的重复计算。(2)OECD 数据库 2015 年更新了其 ICIO 数据库,而本研究沿用 2011 年公布的 WIOD 数据库,数据库差异也会导致估算结果有所波动。(3)将南非嵌入 WIOD 数据库的过程中,贸易矩阵的处理假设及替代假设会对其他经济体的隐含碳排放估算结果造成影响。(4)德贝池等的研究结果证实WIOD 数据库中的国家运输成本一项需更加可靠的数据来源作为基础进行估算,该项数据将直接影响总产出以及总碳排放的估算准确度。WIOD 数据库中国家层面的国际贸易净隐含碳(出口隐含碳—进口隐含碳),在嵌入南非前后的变化见表 3-5,从该表中可看出南非与其他国家直接贸易导致的碳排放的变化及与南非经贸密切的经济体,以下章节中将进行详细论述。

　　金砖国家成员国间国际贸易隐含碳转移见表 3-4。金砖国家成员国内通过贸易发生的隐含碳总和约 2.4 亿吨 CO_2。中国作为最大的 CO_2 排放总量国家,吸收的从全球其他经济体转移的碳排放责任为 9.9 亿吨,俄罗斯与印度紧随其后。同时,中国也是金砖国家中最大的碳转移接受国,印度排在第二位。需要指出的是,金砖国家中只有巴西是碳排放净进口国,由于巴西从中国、美国、德国、印度进口了碳强度较高的矿产、机械类产品。此外,南非向全球其他经济体排放了约 5600 万吨隐含碳。金砖国家内部成员国之间的碳转移呈现出的特点是,较为密集的贸易伙伴及路径往往伴随着高密度的碳排放的转移。

　　在金砖国家内部贸易的 25 对贸易关系中,隐含较多碳排放的经贸关系分别为中国—印度、俄罗斯—中国、中国—俄罗斯、中国—巴西、印度—中国经贸关系,他们之间发生的碳转移占金砖国家总碳排放的 72%。中国、印度两国作为金砖国家内部碳排放最大的中转国家,转移了来自其他国家的进口隐含碳65%的进口隐含碳和63%的出口隐含碳。巴西作为一个隐含碳净进口国家,从它与其主要贸易伙伴的双边贸易结构可以看出它吸收了更多的隐含碳。后5位碳转移较少的金砖国家经贸关系为南非—俄罗斯、巴西—南非、巴西—俄罗斯、巴西—印度、南非—巴西,由此可见,金砖国家之间的经贸关系中,中国、俄罗斯、印度三者之间的贸易往来较巴西、南非、俄罗斯更为活跃。

二、中国国际贸易隐含碳分析

研究结果表明,中国作为全球经济体量最大的发展中国家,其碳排放总量位于全球首位。中国在2009年国际贸易出口隐含碳总量约为15.71亿吨。图3-1中显示了吸收了中国国际贸易隐含碳的主要贸易伙伴。向中国转移贸易隐含碳责任主要的国家有美国,约为35410万吨,占中国当年贸易出口隐含碳总量的22.54%;其次是日本,约为14089万吨,占中

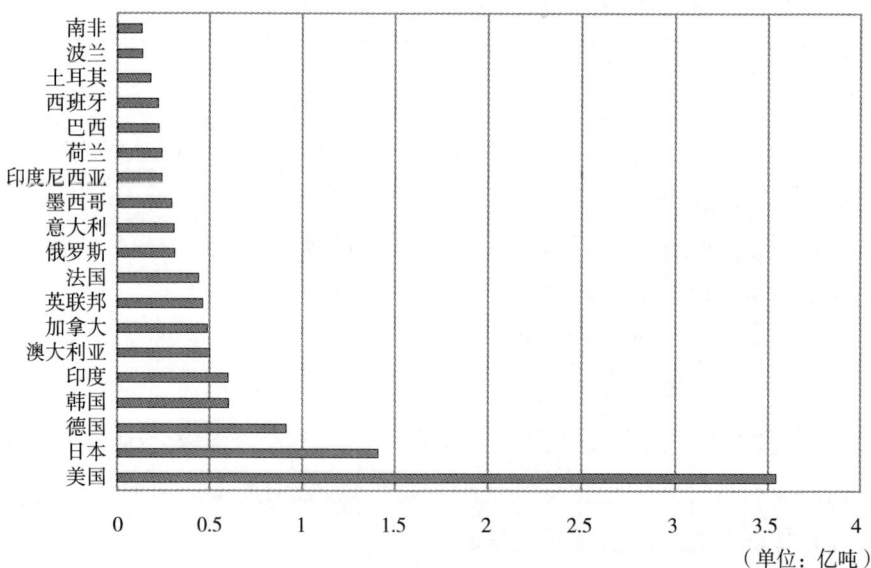

图3-1　中国国际贸易出口隐含碳主要吸收国

数据来源:笔者整理。

国当年贸易出口隐含碳总量的 8.97%；德国是中国第三大贸易隐含碳责任排移对象，其通过贸易进口来自中国的隐含碳量约为 9111 万吨，约占中国出口贸易隐含碳总量的 5.8%。此外，韩国约占 3.83%，印度约占 3.80%，澳大利亚约占 50.13%，加拿大约占 48.73%，英国约占 46.08%。研究得出，中国出口隐含碳排放责任主要来自欧美发达国家的最终需求贸易，印度作为中国在南亚主要的金砖国家伙伴国，从中国进口了较多的中间产品的隐含碳，用于再加工出口到发达国家，或再出口到中国进行深层次加工后以最终需求产品和服务形式出口到中国其他的贸易伙伴国。

图 3-2 列举了向中国出口贸易隐含碳的地区和国家。其中，韩国排在首位，向中国出口了约 5200 万吨贸易隐含碳，占中国当年贸易隐含碳进口总量的 9.05%。俄罗斯位居第二，向中国出口了约 4300 万吨出口隐含碳。美国向中国出口了约 3991 万吨隐含碳，位居第三位。日本向中国出口约 3986 万吨隐含碳，位居第四位。金砖国家成员国中，印度向中国出口隐含碳约 1800 万吨，约占 3.24%；南非出口隐含碳 1640 万吨，巴西向中国转移了约 695 万吨，约占中国当年进口总量的 1.2%。从图 3-2 中可以得出，前10 位主要贸易伙伴向中国出口的总碳排放占到中国当年进口碳排放总量的一半以上。呈现出中国与周边发达国家贸易的互补性，如与日韩经贸关系；中国与日本、美国的经贸关系在进出口方面都呈现出高隐含碳局面。中俄贸易逆差趋势表明中国从俄罗斯进口了较多的隐含碳。

中国行业层面国际贸易出口隐含碳见图 3-3。结果表明，中国隐含碳责任排在第一位的行业分别为光电设备制造业，约为 3.75 亿吨 CO_2；建筑业排在第二位，约为 1.65 亿吨隐含碳；纺织业排放第三位，约为 1.47 亿吨 CO_2；机器设备制造业位居第四位，约为 1.22 亿吨；运输设备业排在第五位，出口贸易隐含碳约为 1.01 亿吨。结果表明，中国国际贸易隐含碳责任多集中于高碳排放的光电设备制造业、机械设备制造业等重工业行业。光电设备制造业的出口隐含碳占中国当年出口隐含碳总量的 24%，进一步的分析表明中国的光电设备制造业多以高碳密集的中间投入品出口到其他发达国家或印度，经过再加工组装以最终需求贸易的形式从其贸易伙伴国出口到其他国家。

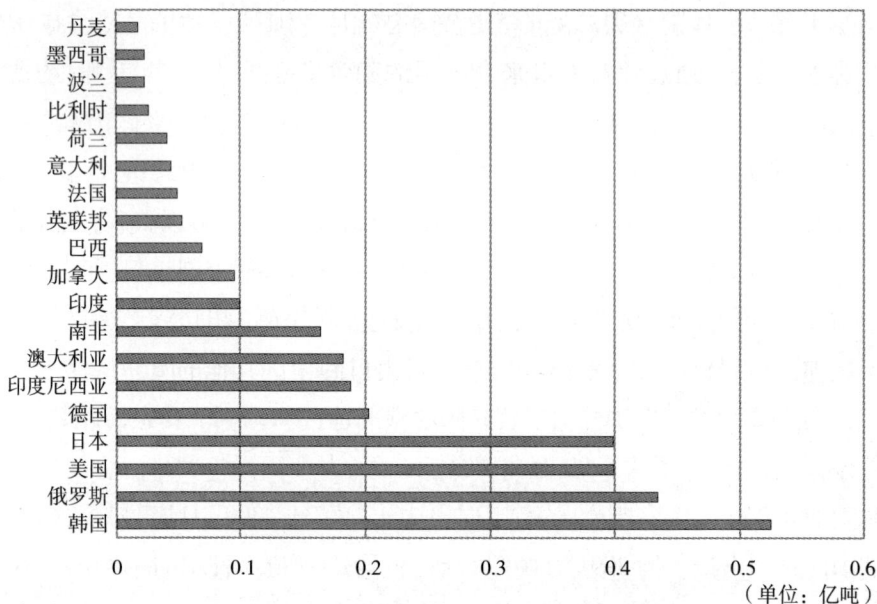

图 3-2　中国国际贸易进口隐含碳主要来源国

数据来源：笔者整理。

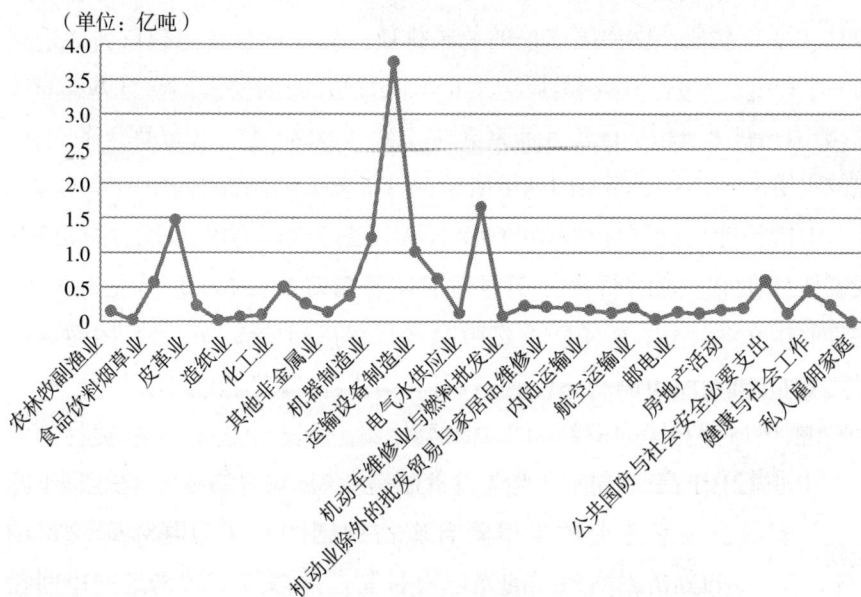

图 3-3　中国行业层面国际贸易出口隐含碳分布图

数据来源：笔者整理。

中国行业层面国际贸易进口隐含碳如图 3-4 所示。与图 3-3 中国行业层面国际贸易出口隐含碳相比较,中国进口隐含碳远低于出口隐含碳,中国处于隐含碳净流出地位,且大多数工业部门处于净流出地位。从图 3-4 分析得出进口隐含碳较多的部门分布与出口隐含碳部门分布基本一致,主要集中于金属加工业、机器设备制造业、运输设备制造业、建筑业、食品饮料烟草业、纺织业等行业。其中,排在第一位的是建筑业,约为 1.57 亿吨,而该部门总出口的隐含碳为 1.65 亿吨;光电设备制造业排在第二位,该部门约吸收了其他国家转移到中国的 1.12 亿吨隐含碳,而其出口隐含碳为 3.75 亿吨;机器设备制造业位居第三位,该部门吸收了约 0.58 亿吨贸易隐含碳。

（单位：亿吨）

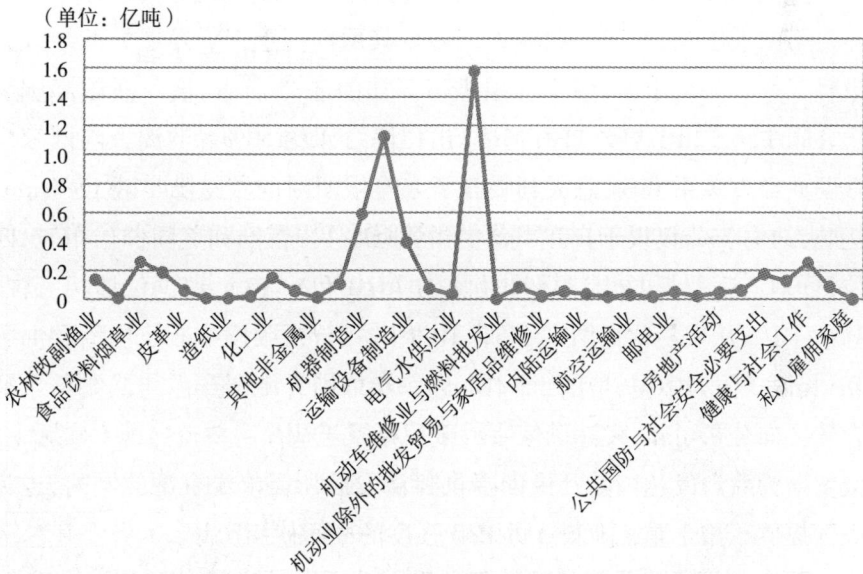

图 3-4 中国行业层面国际贸易进口隐含碳分布图

数据来源:笔者整理。

综上所述,中国作为最大的发展中国家,经济发展中的大工业体系已经建成。重工业、轻工业的合理规划发展,国内地区间的经济协调发展、产业地区间转移,产业转型升级、外贸结构的不断转型升级使得中国在国家层面、行业层面与贸易伙伴国开展区域性协同碳减排具有了可行性。

本章后续章节对中国在金砖国家内部的国际隐含碳流向进行分析以及中国在世界其他经济体与金砖国家之间碳转移的角色进行分析,这种做法有利于分析中国全球碳转移流向中的地位和角色,进而提出国际层面共同减少碳排放的政策建议。已有文献指出,由于中国经济体量较大,推行碳减排目标和方案时,需考虑中国国内不同区域间的经济发展不平衡特征、中国重工业省份与工业基础薄弱省份之间的碳排放差异性,故本书后续章节将深入分析中国国家层面与地区层面碳排放特点,有针对性地提出中国控制碳排放的可行性政策建议。

三、俄罗斯国际贸易隐含碳分析

俄罗斯国际贸易出口隐含碳总量约为 4.82 亿吨,是金砖国家中经济体量第二大国家,经济增速较为缓慢。其国内轻重工业发展失衡导致大量轻工业产品从中国、印度等国进口。如图 3-5 所示,俄罗斯国际贸易隐含碳中前 12 国总吸收额占其总出口隐含碳约 50%。欧洲大陆国家与俄罗斯经贸关系密切,意大利吸收了来自俄罗斯的贸易隐含碳,为 0.367亿吨,约占 7%,仅次于排在首位的中国(9%)。德国和美国位居第三、四位,分别占俄罗斯总出口碳排放量的 7.1% 和 6.8%。法国位居第五位,约占 4%。从贸易伙伴国来看,前 10 大碳排放吸收国中有 7 国为欧洲国家,其他 3 国为中国、美国、日本。进一步地结合中间产品与最终需求隐含碳去向分析可得,发达国家多为俄罗斯重工业品主要流向国。实际上,俄罗斯为欧洲发达国家及中国提供经济发展所需能源资源的同时,也为中国提供了用于重工业投入的高碳强度的中间使用产品。

图 3-6 展示了俄罗斯国际贸易隐含碳主要来源国。研究结果显示,俄罗斯 2009 年进口隐含碳约为 1.16 亿吨。与其出口隐含碳总量相比较可得出俄罗斯为隐含碳净流出国。俄罗斯向中国转移的隐含碳排放责任约 0.23 亿吨,占俄罗斯当年贸易隐含碳总进口量的 26%,与中国从俄罗斯进口的贸易隐含碳相比可得,俄罗斯为贸易隐含碳顺差国,顺差额度约为 0.13 亿吨。通过比较进出口隐含碳可得,意大利为俄罗斯最大隐含碳顺差国,顺差额度约为 0.33 亿吨,其次是美国,顺差额度约为 0.3 亿吨。

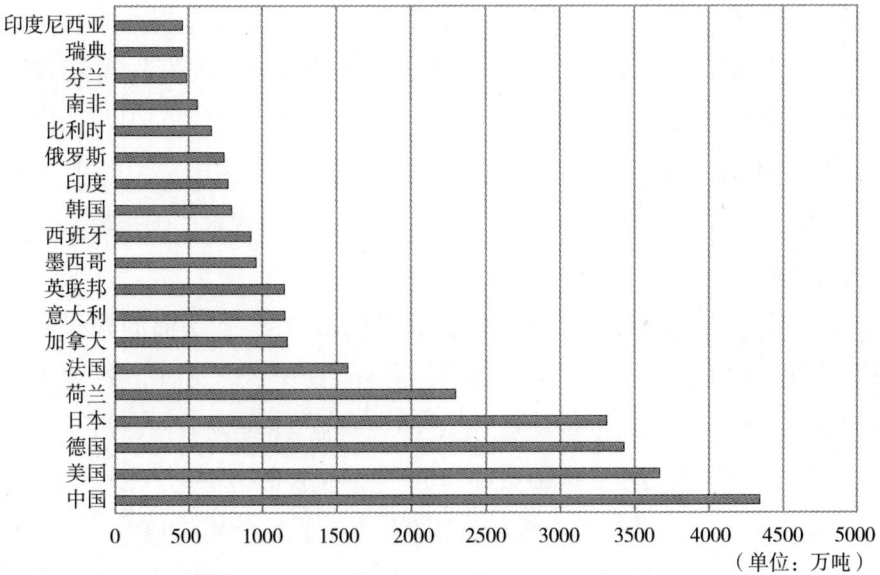

图 3-5　俄罗斯国际贸易出口隐含碳主要吸收国

数据来源:笔者整理。

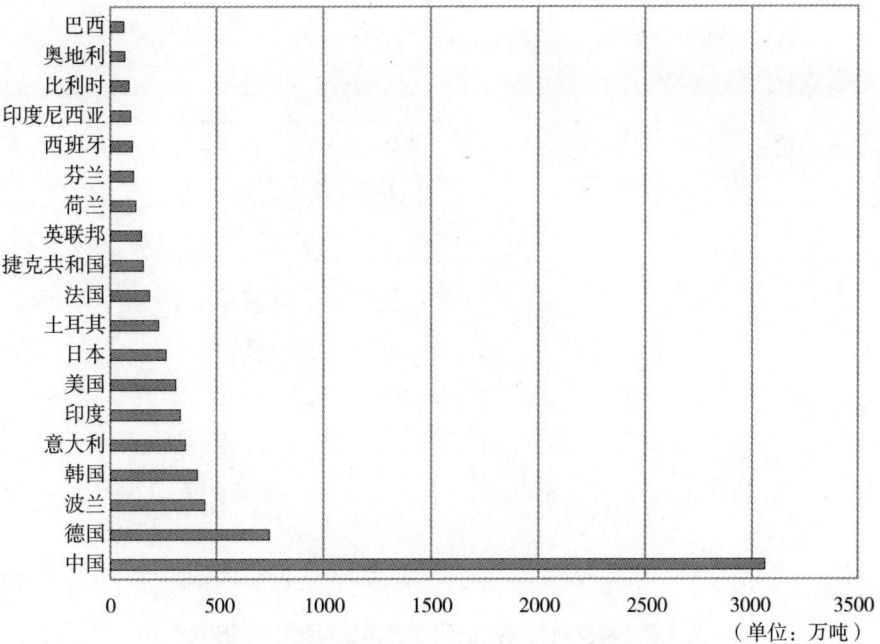

图 3-6　俄罗斯国际贸易进口隐含碳主要来源国

数据来源:笔者整理。

可见,俄罗斯与中国的贸易互补性较强,即两国在贸易结构方面互为补充。其他金砖国家,如印度,向俄罗斯出口的贸易隐含碳约为 300 万吨,而俄罗斯向印度转移的隐含碳约为 700 万吨,虽然数量较小,但从比例上看俄罗斯对印度的隐含碳顺差翻了一番。最后,俄罗斯—意大利、俄罗斯—中国、俄罗斯—德国、俄罗斯—波兰经贸关系中隐含的碳排放与俄罗斯其他经贸关系相比较多。

图 3-7 展示了俄罗斯国际贸易出口隐含碳在行业层面的分布示意图。从行业层面来看,俄罗斯出口隐含碳主要集中于燃料加工业、化工业以及机器制造业、光电设备制造业、运输设备业、水电供应业、建筑行业。具体地,前五大贸易隐含碳出口部门分别为建筑业(8500 万吨)、燃料加工业(6700 万吨)、机器设备制造业(2800 万吨)、电气水供应业(2700 万吨)、运输设备制造业(2500 万吨)。此外,俄罗斯在公共国防与社会安全方面的出口服务业占比其国内的光电设备制造业与运输设备业略低,由此可见,俄罗斯作为金砖国家中第二大经济体,出口隐含碳行业分布与中

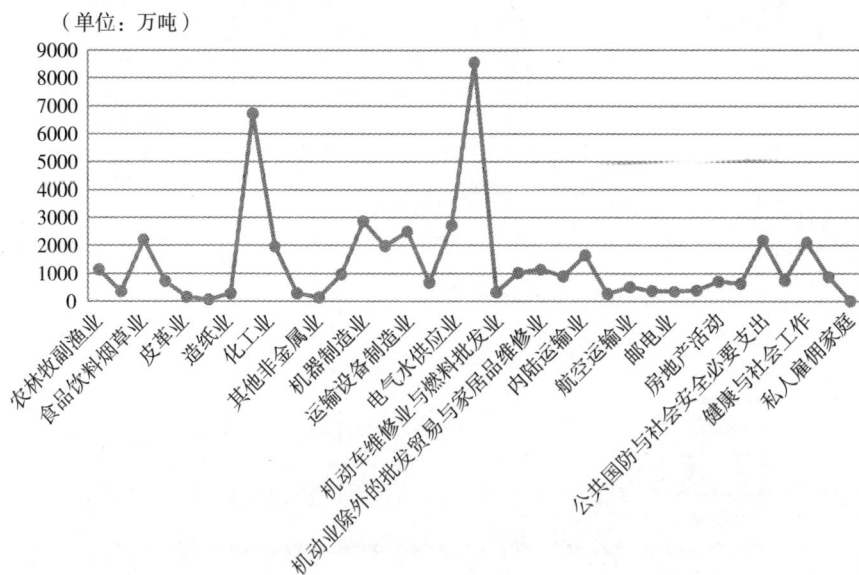

图 3-7　俄罗斯行业层面国际贸易出口隐含碳分布图

数据来源:笔者整理。

国相比虽然整体较小,但是俄罗斯在国际贸易中具有染料加工、机器设备、电气水供应业的比较优势。

　　俄罗斯国际贸易进口隐含碳分行业示意图如图3-8所示。从图中可得,俄罗斯主要进口隐含碳集中于轻工业部门,如纺织业、食品饮料烟草业、农林牧副渔业、皮革业。此外,其他吸收贸易隐含碳的行业有化工业、机器设备制造业、运输设备业、建筑业。具体地,纺织业进口隐含碳约为2672万吨,是俄罗斯进口隐含碳最多的经济部门。这表明俄罗斯轻工业经济发展滞后于重工业经济部门的发展。其次,运输设备制造业吸收的贸易隐含碳约为1086万吨,机器设备制造业吸收隐含碳约为1058万吨。俄罗斯排在前两位的建筑业、燃料加工业的净流出隐含碳较多,俄罗斯在该类型行业中居于比较优势地位。

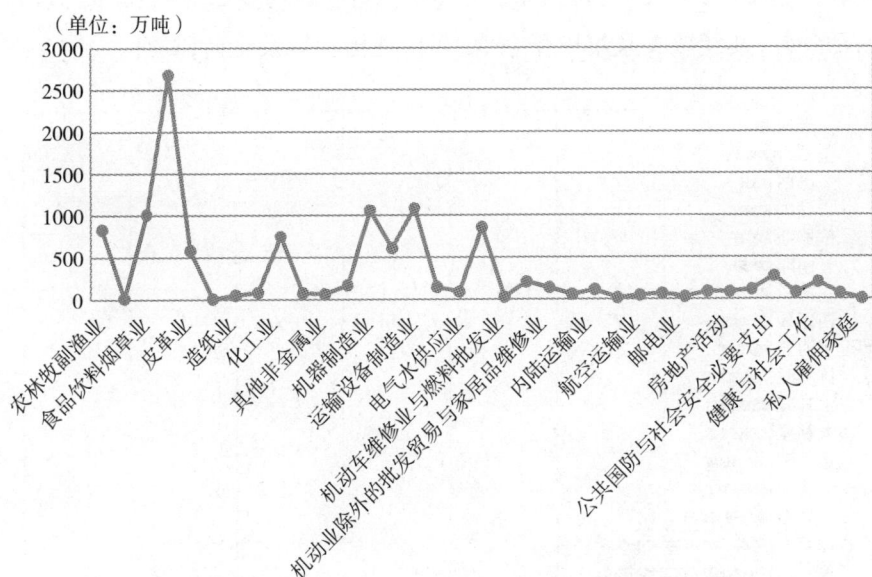

图3-8　俄罗斯行业层面国际贸易进口隐含碳分布图

数据来源:笔者整理。

四、印度国际贸易隐含碳分析

　　印度作为势头较强的发展中大国,在金砖国家中经济体量位居第三

位,其经济增速已经超过中国,位居全球首位。印度国内经济处于工业化
初级阶段,其粗放型经济增长导致的环境污染问题已引起了学术界的普
遍关注。图3-9展示了通过国际贸易吸收来自隐含在印度出口商品和
服务中的隐含碳的贸易伙伴国。研究结果表明,印度2009年通过贸易活
动向其他国家转移的碳排放总额约为2.78亿吨。其中,印度向美国转移
了最多的贸易隐含碳约为0.64亿吨,占其当年出口隐含碳的23%。中国
作为第二大印度贸易隐含碳吸收国,吸收了来自印度约为0.18亿吨
(6.77%)贸易隐含碳。此外,前5大贸易伙伴国吸收了近一半的印度出
口贸易隐含碳,分别为德国(5.58%)、英国(5.14%)、加拿大(5.12%)、
日本(2.93%)、法国(2.51%)。金砖国家中,与印度贸易往来密切的伙伴
国除中国以外,南非吸收了来自印度的贸易隐含碳约340万吨。与俄罗
斯和其他金砖国家的贸易紧密程度相比,印度除与少数发达国家开展贸
易活动外,其经贸关系集中于东亚、东南亚国家以及金砖国家。

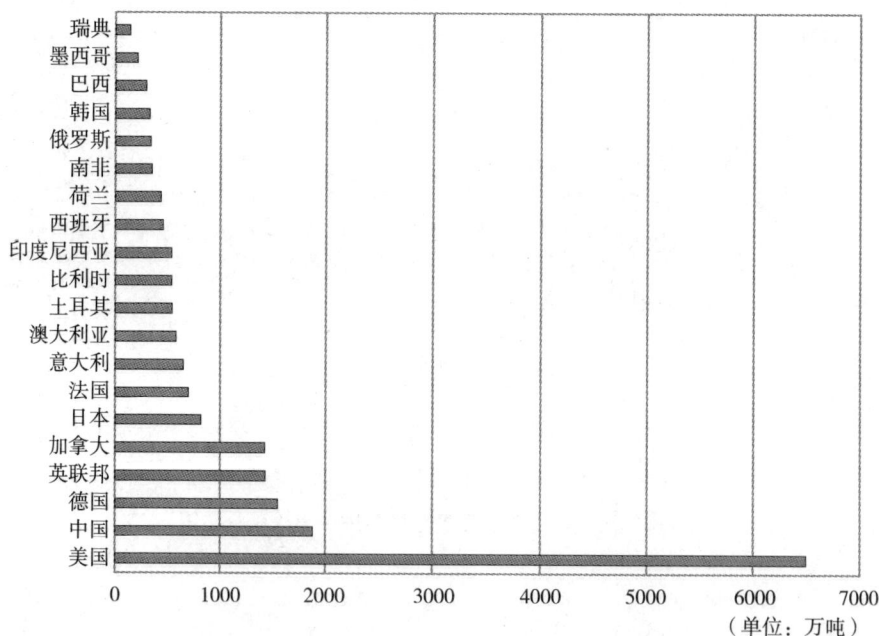

图3-9 印度国际贸易出口隐含碳主要吸收国

数据来源:笔者整理。

　　图 3-10 展示了向印度转移隐含碳的主要贸易伙伴国。研究结果得出,印度 2009 年进口隐含碳总量约为 2.53 亿吨。中国作为印度第一大进口隐含碳来源国,向印度转移了约 0.59 亿吨贸易隐含碳,占印度当年进口隐含碳总量的 23%。相当于美国(3.5%)、俄罗斯(2.9%)、南非(2.2%)、澳大利亚(1.9%)、韩国(1.7%)向印度转移的碳排放量的总和。进一步地,印度从中国进口了大量的高碳强度的中间投入品,用于生产机器设备及零部件加工制造业。通过三国贸易模型分析得出,中国以中间品贸易的形式承担了来自印度较多的碳排放责任,同时,在印度完成加工后出口到美国、中国、德国等国。也就是说,印度作为中转国,转移了大量来自中国的贸易隐含碳。此外,金砖国家中,巴西与印度经贸关系较少,转移了约 68 万吨贸易隐含碳。从贸易隐含碳国别层面来看,印度预期的后发优势较为明显,其国际贸易分工地位处于低于中国的位置,金砖国家内的深入合作对印度经济发展起到了一定的刺激作用。

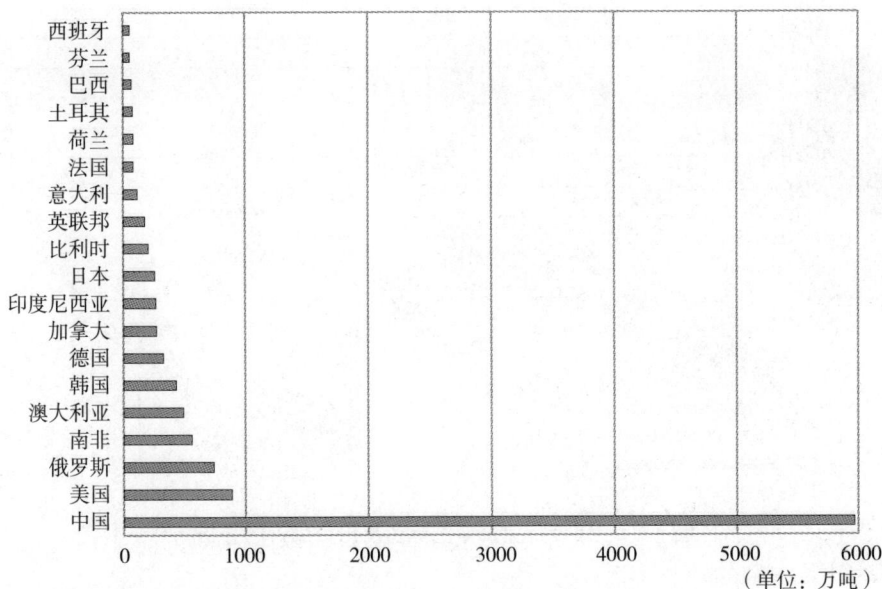

图 3-10 印度国际贸易进口隐含碳主要来源国

数据来源:笔者整理。

印度行业层面出口隐含碳如图3-11所示。该图中显示制造业与回收业为印度出口隐含碳来源最多的行业,约为4100万吨,占印度当年隐含碳总出口量的15%。近年来,印度依托于中国的钢铁重工业大力发展制造业,目前印度制造业占经济总量的16%左右,规划于2025年能够占到经济总量的25%。与中国相比,其国内廉价的劳动力、土地资源与政府配套的产业政策,使得近年来印度在该行业与中国形成竞争关系。中国国内产能过剩问题也可通过"一带一路"倡议与金砖国家内部合作机制促进印度经济的发展。除制造业外,建筑业(3100万吨)、光电设备制造业(2800万吨)、纺织业(2500万吨)、运输设备制造业(2000万吨)、基础金属与金属加工业(1300万吨)、采掘业(1200万吨)转移了印度50%的出口隐含碳。可见,印度国内偏重于重工业的发展,轻工业方面纺织业出口较多,其他轻工业则用于满足其国内消费需求。

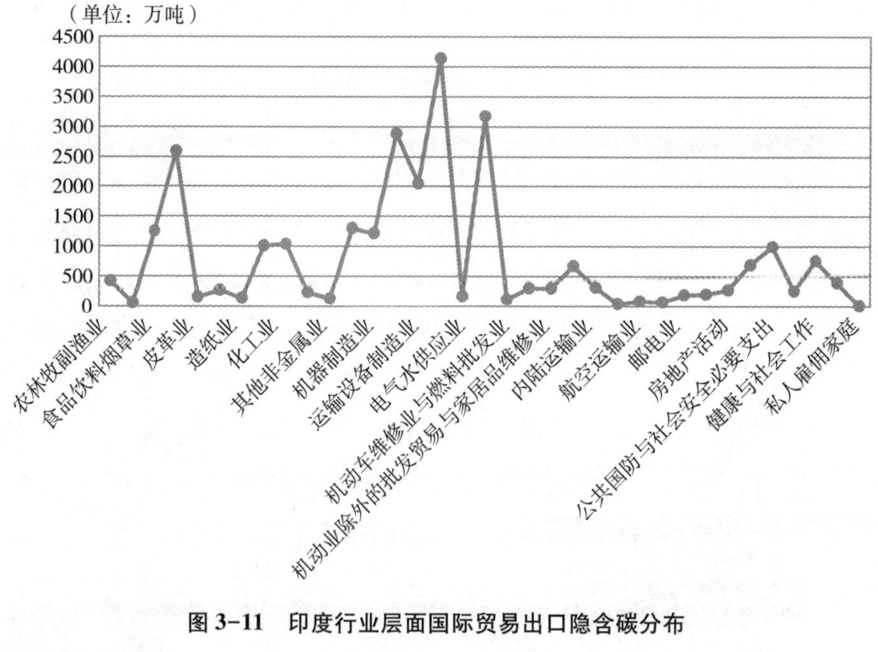

图3-11　印度行业层面国际贸易出口隐含碳分布

数据来源:笔者整理。

图3-12展示了印度分行业的进口贸易隐含碳分布图。从以上分析可以得出,印度是贸易隐含碳净流出国家。行业层面来看,进口隐含碳行

业分布较出口隐含碳行业分布更为集中。制造业与回收业排在首位,约为8100万吨,与该部门出口隐含碳相比可得出有将近一半的隐含碳被其国内消费。建筑业贸易隐含碳为净流入态势,隐含碳逆差约为700万吨。其他吸收进口隐含碳较多的行业依次为光电设备制造业、内陆运输业、纺织业、化工业。作为新兴经济体,印度发挥其比较优势,借力中国经济发展良好势头,积极发展制造业与回收业是其经济结构中的显著特点。制造业在刺激国内经济发展、满足其国内消费的同时,带来的碳排放及其他环境问题也很突出。进一步的分析可得出,印度通过从中国进口大量高能耗、高碳含量的制造业中间产品吸收了来自中国的碳排放。详细的碳流向轨迹将在本章以下小节中根据贸易路径进行深入分析。

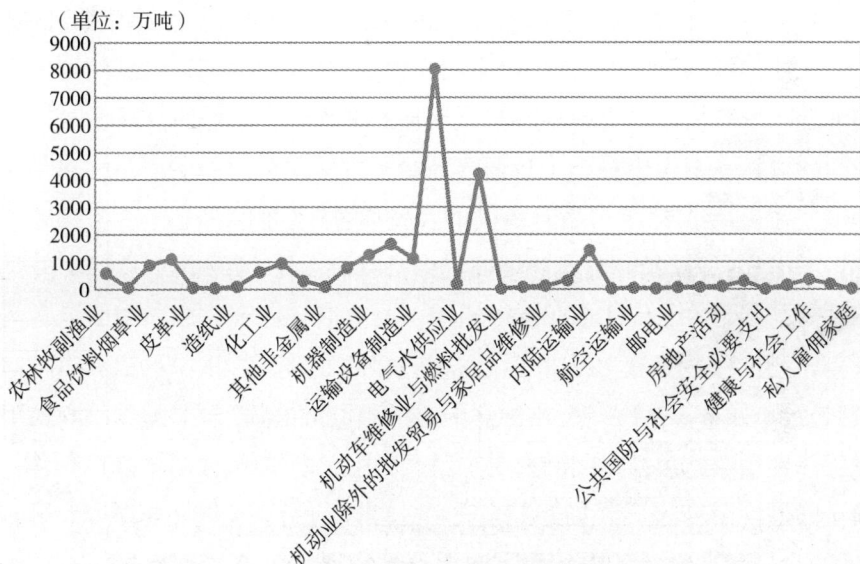

图3-12　印度行业层面国际贸易进口隐含碳分布

数据来源:笔者整理。

五、巴西国际贸易隐含碳分析

巴西在金砖国家中经济总量排在第四位,经济实力位居拉美国家首位。20世纪中叶,巴西推行工业化进程,发展进口提振经济模式,通过举借外债创造了"巴西奇迹"。之后一直困于外债和通货膨胀。21世纪以来,其国内经济逐步限于"滞涨"状态,发展缓慢,国内投资、消费的不足导致其经济增速近年来呈现负增长态势。

巴西经济体量虽较小,由于其工业化进程较早,其国内工业体系较完备。本研究测算得出2009年巴西对外出口贸易隐含碳总量约为4900万吨。如图3-13所示,中、美两国分别为巴西前两大贸易隐含碳进口国,均大于600万吨,中国进口隐含碳占其总出口隐含碳的14%,美国占13%。德国为巴西第三大贸易隐含碳进口国,约为300万吨,占6%左右。其他金砖国家如印度、俄罗斯、南非从巴西进口的隐含碳依次为68万吨、63万吨、49万吨,均小于100万吨。由此可见,巴西在出口贸易方面参与度较低,主要与中国及其他发达国家开展贸易活动。

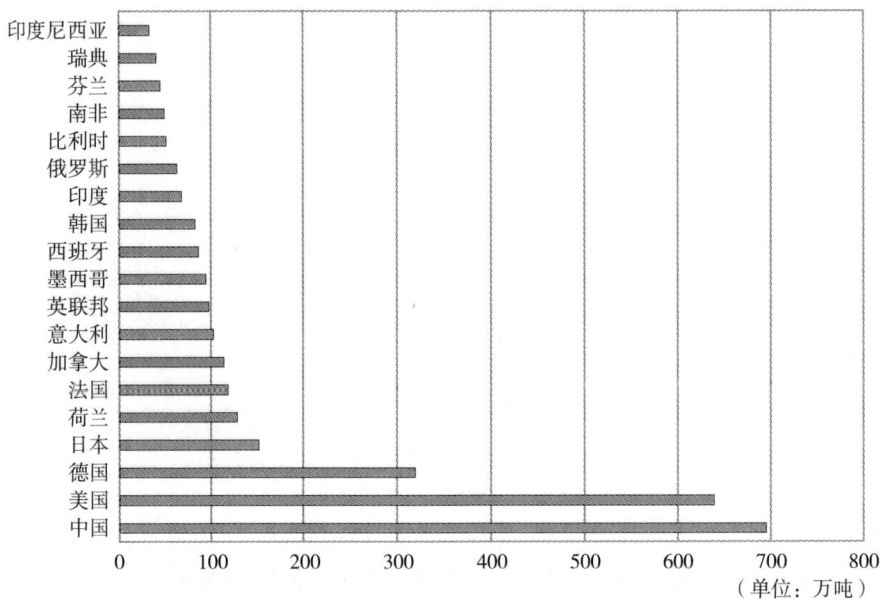

图3-13 巴西国际贸易出口隐含碳主要吸收国

数据来源:笔者整理。

巴西国际贸易进口隐含碳主要来源国如图3-14所示。研究结果得出,巴西进口隐含碳总量约为10500万吨,是其出口隐含碳的两倍。作为金砖国家唯一贸易隐含碳排放净流入国,巴西与金砖国家合作较为紧密。其中,巴西向中国转移的碳排放责任约为2200万吨,约占其当年总隐含碳进口量的21%。其他四大隐含碳来源国占到巴西总进口隐含碳的30%,俄罗斯、印度分别向巴西转移了485万吨、287万吨贸易隐含碳。此外,美国、德国、韩国、加拿大、日本向巴西转移了较多的贸易隐含碳。巴西与中国之间的贸易隐含碳逆差最大,与俄罗斯、印度经贸关系很密切,这表明金砖国家内部合作,充分提振了巴西的经济发展,同时也潜在地暗示了金砖国家之间通过经贸关系改善协同碳减排的可能性。

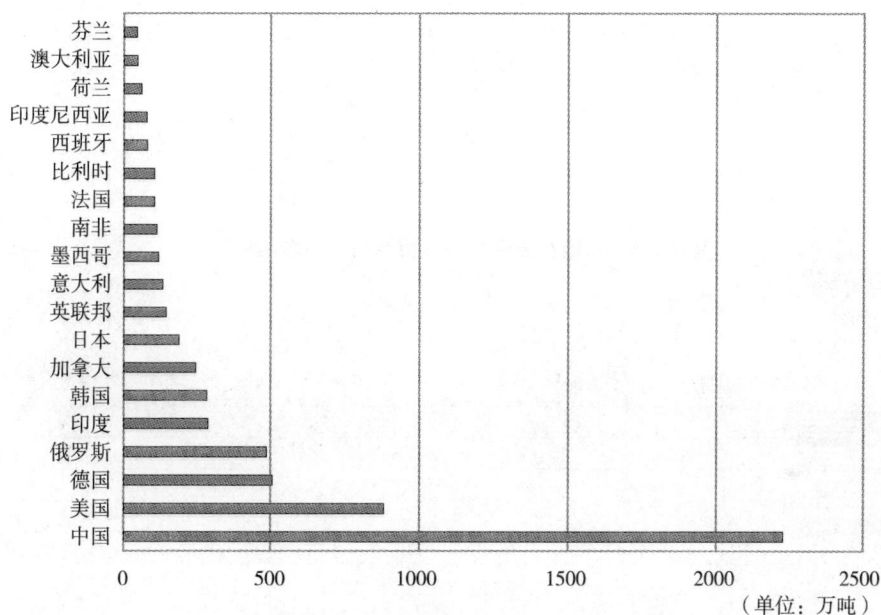

图3-14　巴西国际贸易进口隐含碳主要来源国

数据来源:笔者整理。

巴西行业层面的国际贸易出口隐含碳分布如图3-15所示。向其他国家转移最多的行业为食品饮料烟草业,其次是建筑业,机器制造业排在第三位。作为其比较优势行业,食品饮料烟草行业的出口隐含碳约为900万吨。行业层面国际贸易进口隐含碳主要来源国如图3-16所示。光电设备制造业居于首位,约为1400万吨。与该行业进口隐含碳相比较得到该部门隐含碳逆差进口约为1200万吨。进口隐含碳排在第二位的

（单位：万吨）

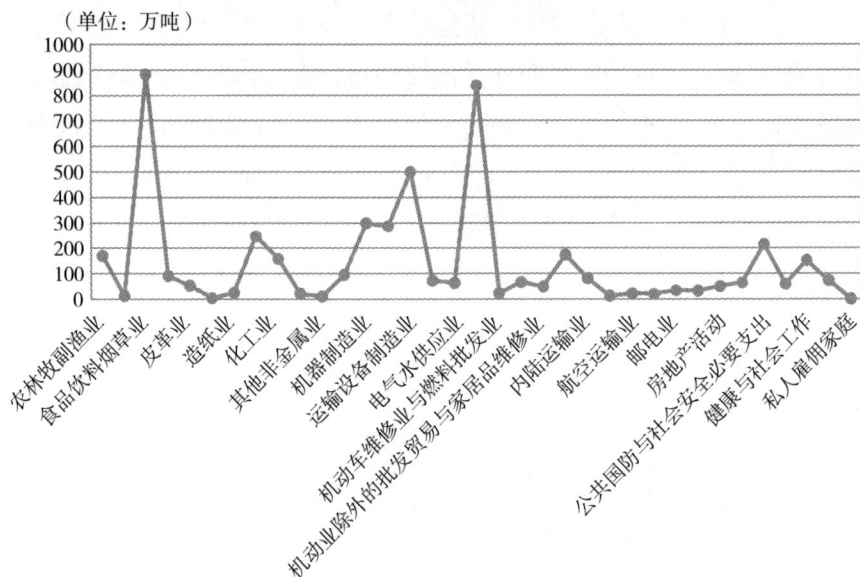

图 3-15　巴西行业层面国际贸易出口隐含碳分布图

数据来源：笔者整理。

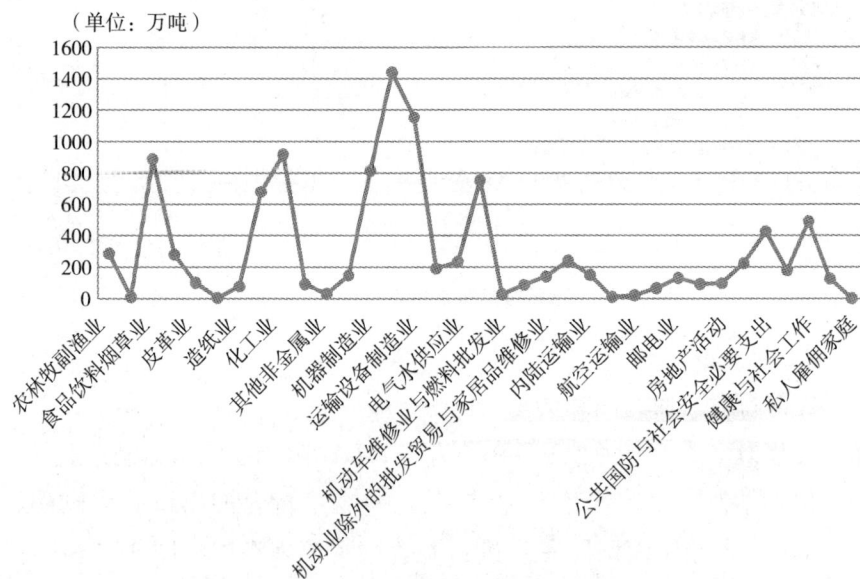

（单位：万吨）

图 3-16　巴西行业层面国际贸易进口隐含碳分布图

数据来源：笔者整理。

行业部门为运输设备业,约为1150万吨。化工业和食品饮料烟草业分别位于第三、四位。比较巴西行业层面贸易隐含碳可得出,该国进出口贸易隐含碳行业分布较为一致,主要分布于食品饮料烟草业、化工业、机器制造业、运输设备业、建筑业这五大行业。

六、南非国际贸易隐含碳分析

南非作为金砖国家中经济体量最小的国家,是非洲最大的经济体之一,占非洲经济总量的20%。据国家货币基金组织2016年公布的数据显示,南非2015年国内生产总值超过尼日利亚,位居非洲第一位,再次成为非洲经济领头羊。近年来,金砖国家内部合作深入开展,中非合作不断深化。双边贸易数据显示,中国已成为南非最重要的贸易伙伴。印度在金砖国家框架内与南非的经贸合作日益密切。俄罗斯与南非经贸关系较少,巴西较俄罗斯与南非贸易更为密切。

南非国际贸易中的出口隐含碳主要进口国如图3-17所示。研究结

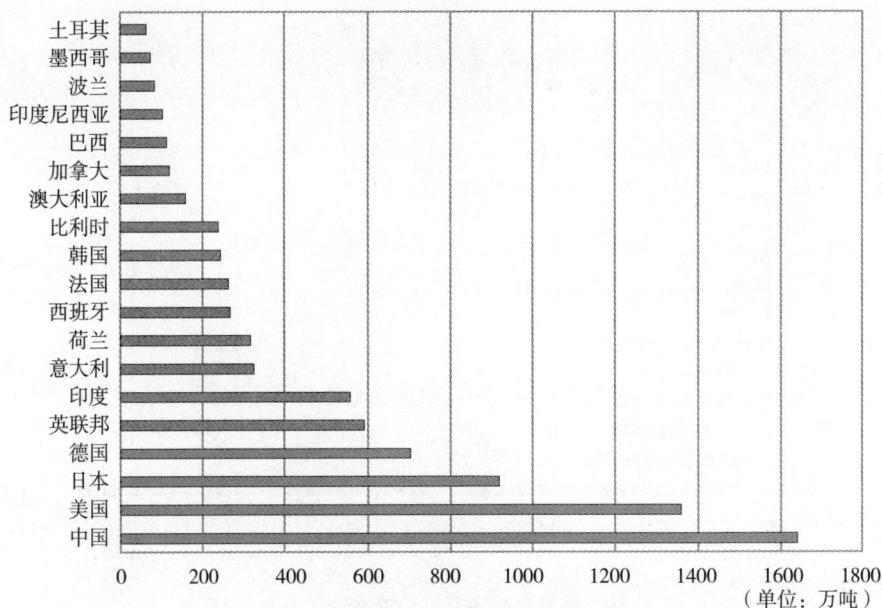

图3-17　南非国际贸易出口隐含碳主要吸收国

数据来源:笔者整理。

果表明,南非 2009 年的出口隐含碳总量约为 1.22 亿吨。其中,中国作为南非最大的出口国吸收了来自南非的约 1640 万吨隐含碳,占南非当年总出口隐含碳的 13%。美国排在第二位,吸收了南非出口隐含碳约 1300 万吨。日本位居第三,吸纳了南非约 900 万吨出口隐含碳。前三个国家共占南非当年隐含碳总出口量的 30%。此外,德国、英国、印度、荷兰吸收了来自南非的隐含碳约占其隐含碳总出口量的 20%。前 7 大贸易伙伴吸收了南非当年出口隐含碳的 50%。

南非国际贸易进口隐含碳主要来源国如图 3-18 所示。研究结果显示,南非 2009 年的总贸易进口隐含碳约为 5600 万吨。这表明南非为隐含碳净流出国家。中国作为南非最大的贸易伙伴,通过国际贸易承担了南非近 1300 万吨隐含碳排放责任,占其当年总进口隐含碳比重约 23%。印度是南非第二大隐含碳进口来源国,向南非转移了约 340 万吨隐含碳。其次是美国、德国、日本、韩国。前 8 大贸易伙伴向南非转移其总进口隐

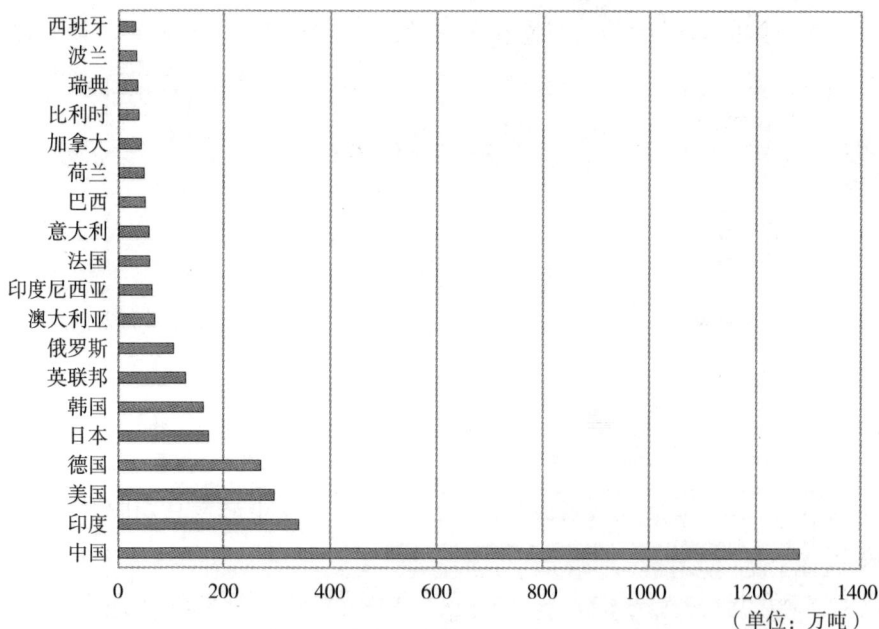

图 3-18　南非国际贸易进口隐含碳主要来源国

数据来源:笔者整理。

含碳的一半。金砖国家中,俄罗斯向南非转移了104万吨隐含碳,巴西则转移了49万吨,占比不到1%。由此可见,中国作为金砖国家主要的经济体,是其体内其他成员国的主要贸易伙伴。

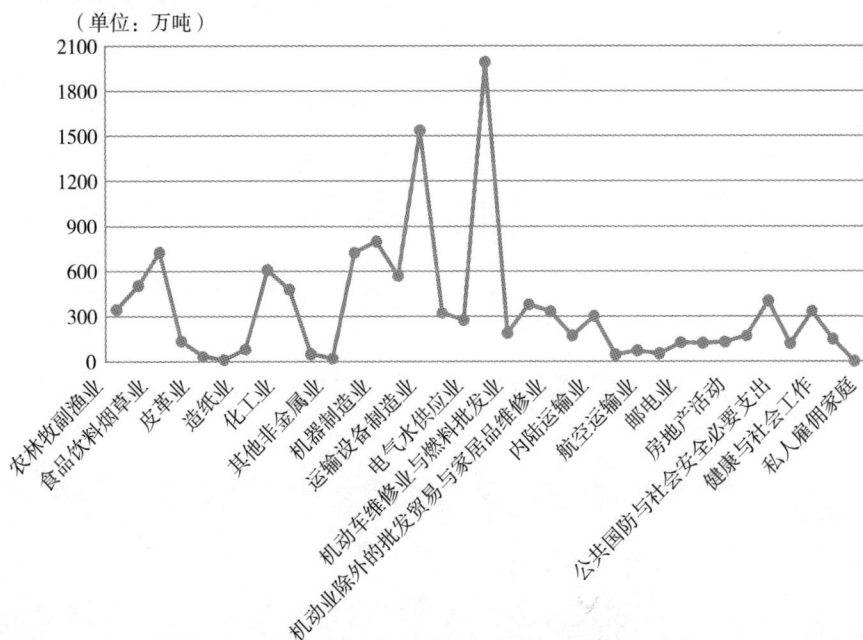

图3-19 南非行业层面国际贸易出口隐含碳分布图

数据来源:笔者整理。

南非行业层面国际贸易出口隐含碳如图3-19所示。单行业出口隐含碳最高的是建筑业,约为2000万吨,其次是运输设备制造业,约为1500万吨,第三是设备制造业,约为796万吨。此外,光电设备制造业、食品饮料烟草业、燃料加工业、机器制造业较其他产业部门,通过出口转移了较多的隐含碳。进一步的分析表明,南非隐含碳主要隐含在重工业产品中间品出口,用于满足其贸易伙伴国国内中间投入需求的产品和服务贸易。图3-20展示了南非行业层面进口隐含碳分布情况。从图中可以看出,进口层面比出口层面单部门隐含碳较小。其中,主要集中于建筑业、光电设备制造业、运输设备制造业、机器制造业、燃料加工业行业。与其他金砖国家相比较,南非经济贸易隐含碳体量很小,但是其国家工业体系较为完善,金属、机械、光电、运输设备类型重工业以其本国和非洲大陆为经济腹地,由于其经济发展粗放式增长导致其单位国民生产总值的环境成本较高。

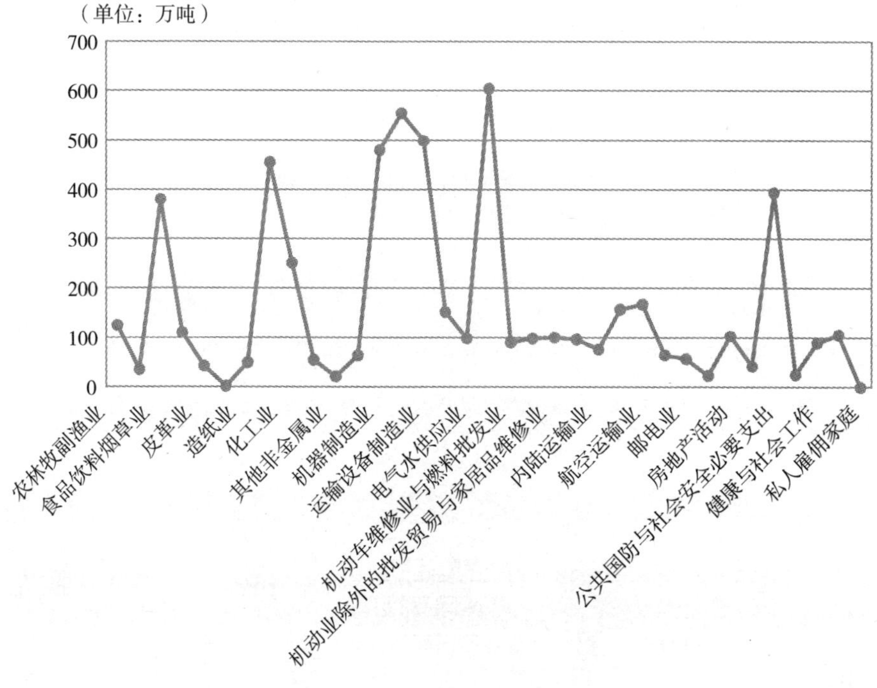

图3-20 南非行业层面国际贸易进口隐含碳分布图

数据来源:笔者整理。

七、金砖国家与世界其他经济体贸易隐含碳转移分析

金砖国家出口隐含碳去向前20的来源国示意图见图3-21(a)。金砖国家通过贸易向其他经济体转移的碳排放,主要去向为美国(20%)、日本(7%)、德国(6%)、英国(3%)和意大利(3%)。其中,中国的前5大隐含碳进口来源国分别为美国、日本、德国、韩国和加拿大。俄罗斯的隐含碳主要流向了欧洲国家。印度作为第二大隐含碳流出国家主要去向为美国(6000万吨),流向中国的则为3800万吨。南非和巴西相比较,南非比巴西向世界其他经济体转移了更多的隐含碳。金砖国家出口贸易隐含

碳占其各自总出口贸易隐含碳的 80% 都转移到了金砖国家之外的世界其他经济体,可见,金砖成员国之间的贸易紧密程度有进一步提升的空

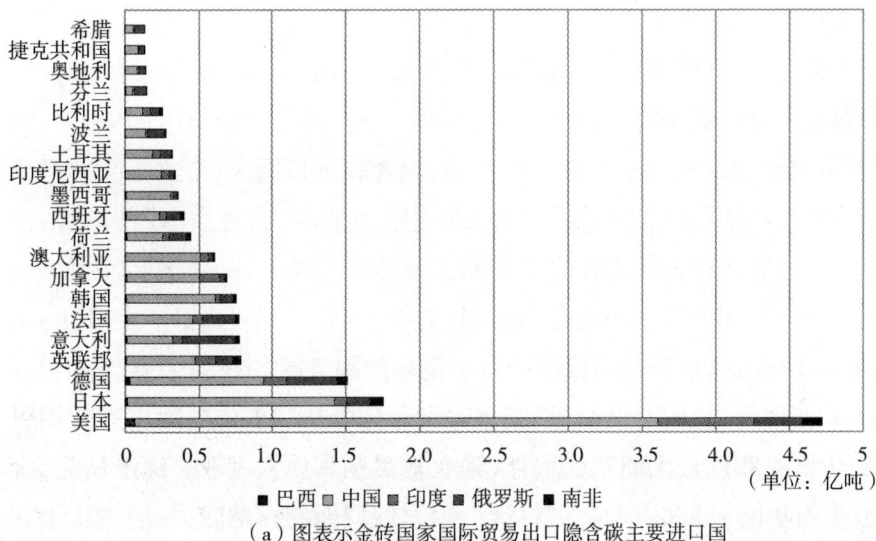

（a）图表示金砖国家国际贸易出口隐含碳主要进口国

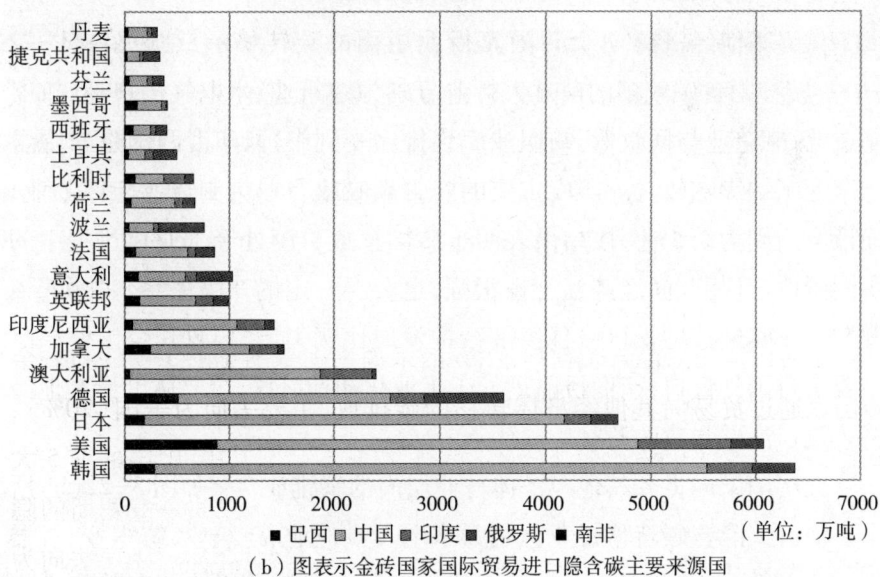

（b）图表示金砖国家国际贸易进口隐含碳主要来源国

图 3-21　金砖国家与世界其他经济体之间国家层面的贸易隐含碳转移

数据来源:笔者整理。

间。其中,中国和印度是承担了世界其他经济体 90% 碳排放责任,中国作为最大的碳排放责任承担者,通过出口贸易负担了世界其他经济体转移了 14 亿吨碳责任。总之,金砖国家的出口隐含碳主要来自中国、印度与俄罗斯三国。

金砖国家进口隐含碳去向前 20 的来源国示意图见图 3-21(b)。金砖国家主要的贸易隐含碳来源国(地区)为韩国(7%)、美国(7%)、日本(5%)和德国(4%)。中国作为最大的隐含碳进口国家,影响了金砖国家进口隐含碳的走向。目前,中国的外贸结构呈现"大进大出"的趋势,由于其已经发展成为拥有较为完善的工业体系大国,其经济运转需要进口大量的来自其他国家的能源原材料、初级产品、中间投入品。此外,与出口隐含碳相比,俄罗斯和巴西进口了更多的隐含碳,主要隐含碳来源国为美国、澳大利亚、印度尼西亚、加拿大和德国。从印度的国际贸易数据可知,中国是印度最大的贸易伙伴,其次是美国和澳大利亚。综上所述,金砖国家的出口隐含碳走势主要受中国和俄罗斯的影响较大,而进口隐含碳则受中国影响较大。

世界其他经济体向金砖国家行业层面的碳转移示意图见图 3-22(a)。转移隐含碳较多的前五大行业分别为建筑业、水电气供应业、机器制造业、制造业与回收业、纺织业。该排序受到中国、印度两国进口隐含碳产业结构影响较大。印度主要的隐含碳吸收行业为制造业与回收业,而俄罗斯则为纺织业,该结果表明金砖国家成员国处于工业化过程中的不同阶段,且相互间经济互补性很强,也存在一定的竞争关系。比如,俄罗斯由于其经济增长缓慢且经济结构发展比例失调,导致其轻工业产品主要来自国外进口;印度目前正处于工业化初期阶段,主要从世界其他经济体进口高碳含量的商品。

金砖国家向世界其他经济体行业层面的碳排放转移如图3-22(b)所示。前五大隐含碳转移行业分别为水电气供应业、建筑业、纺织业、机器制造业、运输设备制造业。金砖国家出口隐含碳转移行业分布趋势受中国出口隐含碳行业分布的影响较大。与整体趋势不同,印度前两大出口隐含碳行业为制造业与回收业、纺织业;而俄罗斯则为建筑业、燃料加工业。巴西作为碳净进口国,进口隐含碳的主要部门为光电设备制造业、运输设备制造业、食品饮料烟草业、化工业。结合金砖国家向其他经济体转移的隐含碳结果可得,由于地理位置分布等原因,南非和巴西与其他经济体的贸易往来较与中国、俄罗斯、印度之间的贸易活动更为频繁,其主要贸易对象分布在北美洲。

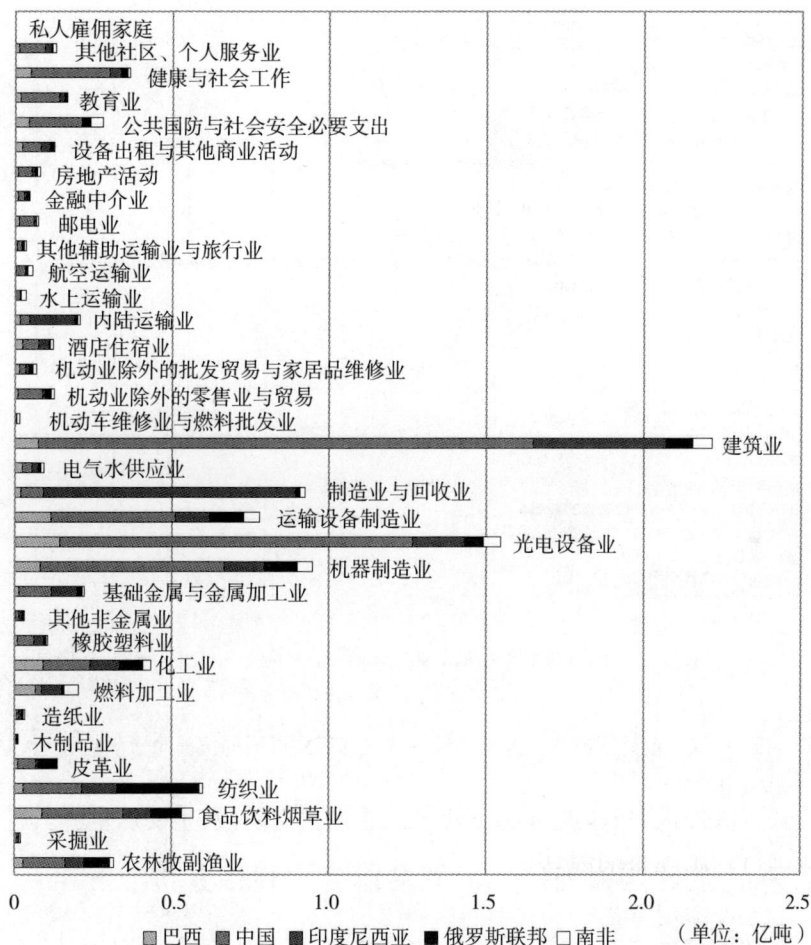

（a）图表示金砖国家国际贸易进口隐含碳

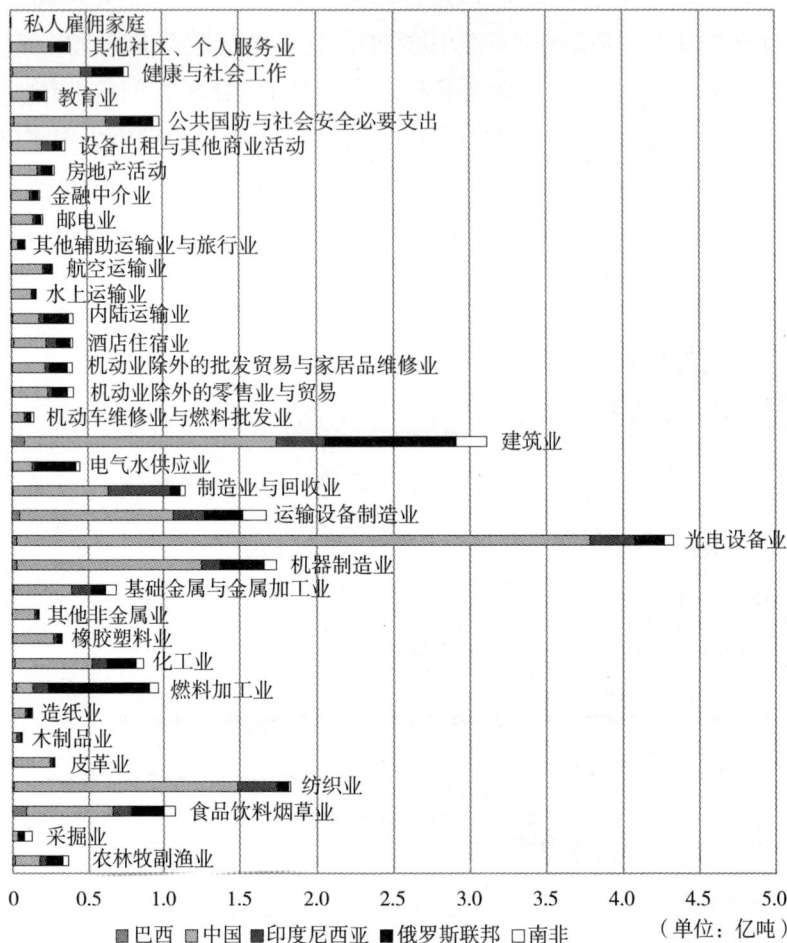

（b）图表示金砖国家国际贸易出口隐含碳

图 3-22　金砖国家与世界其他经济体之间行业层面的贸易隐含碳转移

数据来源：笔者整理。

八、金砖国家内部国际贸易隐含碳转移分析

金砖国家内部贸易隐含碳转移见表 3-4。从图中可以看出，最繁忙的前三条隐含碳转移路径为：中国—印度、俄罗斯—中国、中国—巴西。总计 2.7 亿吨碳排放在金砖国家内部发生转移，其中，30% 隐含在最终需求中，70% 隐含在中间品贸易中。表 3-4 罗列了 6 种不同碳排放来

源的金砖国家内部隐含碳流向情形。从表3-4中可以计算得出,约有27%的贸易隐含碳是各成员国国内生产有隐含在最终需求中为满足其他成员国需求。

表3-4 金砖国家内部贸易隐含碳转移情况 （单位:万吨）

	国家	巴西	俄罗斯	印度	中国	南非	总计
A 部分	巴西	0	35	4	13	12	64
	俄罗斯	6	0	14	117	27	164
	印度	94	234	0	231	91	650
	中国	931	2038	2059	0	387	5415
	南非	19	0	102	107	0	228
	总计	1050	2307	2179	468	516	6521
B 部分	巴西	0	1	0	2	0	3
	俄罗斯	0	0	0	1	0	1
	印度	0	2	0	30	0	32
	中国	2	18	7	0	1	28
	南非	0	0	1	3	0	4
	总计	2	20	8	36	2	68
C 部分	巴西	0	10	1	6	5	23
	俄罗斯	0	0	1	4	1	6
	印度	16	32	0	85	12	145
	中国	129	208	224	0	40	601
	南非	2	0	11	10	0	23
	总计	148	251	237	105	58	799
D 部分	巴西	0	16	54	566	29	666
	俄罗斯	453	0	626	10	67	1156
	印度	167	60	0	1277	217	1720
	中国	1099	767	2744	0	784	5393
	南非	83	42	391	1275	0	1791
	总计	1801	885	3816	3128	1097	10726
E 部分	巴西	0	0	0	2	0	2
	俄罗斯	1	0	2	18	0	20
	印度	0	0	0	7	1	8
	中国	2	1	30	0	3	36
	南非	0	0	0	1	0	2
	总计	3	1	32	28	4	68

续表

	国家	巴西	俄罗斯	印度	中国	南非	总计
F 部分	巴西	0	0	8	106	3	117
	俄罗斯	25	0	98	4192	9	4325
	印度	10	2	0	251	20	283
	中国	66	27	906	0	69	1067
	南非	6	2	53	243	0	304
	总计	107	32	1066	4792	100	6096

注:表中 A 到 F 部分所指代含义与(3.14)式中一致。

数据来源:笔者整理。

从表 3-4 中 A 部分可以看出,其他金砖国家向中国转移的责任隐含碳责任占金砖国家总碳转移量的 83%,占据首位;对应地,中国从其他金砖成员国进口了最少份额的隐含碳,这是因为受 2008 年金融危机的影响,2009 年全球需求虽有所减弱,但是中国仍出口了较多的高碳密集型商品和服务,同时进口了相对较少的隐含碳。从中国与其他金砖国家行业层面的碳转移趋势可以看出,大量的碳排放隐含在光电设备制造业、运输设备制造业、建筑业中。相应地,作为一个碳排放净吸收国,俄罗斯吸收了较多的来自其他金砖国的隐含碳,其中,主要来自中国。从本研究结果来看,印度是第二大隐含碳吸收国,主要集中于光电设备制造业、制造业与回收业、建筑业。

金砖国家内部双边贸易隐含碳的排放见表 3-4 中 B 和 E 部分。这两部分互为转置关系。该部分研究的是涉及金砖成员国两国的碳转移,如,印度—中国—印度路径下的碳转移。研究表明,与其他成员国不同,印度作为中国中间投入品隐含碳的最大吸收国(见 B 部分),在国内进行再加工后,再次通过最终需求隐含碳的方式将该部分碳排放出口到中国(见 E 部分)。以此类推,诸如此类再出口、再进口的贸易隐含碳可通过此种对照效应测算得出。通过分析,笔者得出该反馈效应下的印度—中国贸易往来关系中转移的碳排放,较其他金砖成员国之间的贸易关系转移了较多的碳排放;巴西和南非通过双边贸易转移到中国的隐含碳要多于他们转移到印度的碳排放。

　　金砖国家双边贸易中隐含在中间品贸易中为满足其进口国最终需求的隐含碳转移情况见表3-4中D部分。分析可知,其他金砖成员国通过最终需求隐含碳方式向中国转移碳排放责任最多。印度则是最大的吸收国,巴西紧随其后。俄罗斯作为中国最大的碳排放吸收国,向中国出口了最少的隐含在最终需求中的碳排放。行业层面,通过制造业与回收业、建筑业、内陆运输业这三个行业中国承担了来自印度大量的隐含碳排放责任。有趣的是,南非和巴西进口自中国的隐含碳远大于俄罗斯进口自中国的隐含碳。这表明了中国—巴西—南非之间的贸易分工生产链条要长于中国—俄罗斯之间的生产链。进一步地,若对巴西和南非的贸易碳流向趋势进行分析,南非在光电设备制造业与建筑业方面与中国和印度的贸易往来要多于巴西,而巴西则是进口了较多来自其他金砖成员国的碳排放,这与巴西近年来国内的"滞涨"状态有关,投资不足导致的经济乘数效应下降,引发了经济的负增长,进而市场信息不足,经济生产活动停滞不前。

　　金砖国家涉及世界其他经济体的开放式"三国贸易"碳流向情形如表3-4中C和F部分所示。研究结论显示,总体上金砖国家隐含碳吸入量小于输入量。也就是说金砖国家整体上出口了较多的用于最终消费的高碳密度产品和服务,而进口了较少的隐含在中间投入品中的碳排放,且加工后作为最终需求品用于本国和其他经济体。从世界其他经济体流入金砖国家的隐含碳方面,中国作为世界工厂从世界其他经济体进口了更多的碳排放,该部分碳排放进而出口给了其他金砖成员国。具体地,较多的来自世界其他经济体的碳排放主要经由中国的光电设备制造业流向了印度和俄罗斯。同时,俄罗斯是最大的隐含碳吸收国,该部分隐含碳经由其他金砖成员国隐含在最终需求中,最后流向了俄罗斯。中国和南非是排在倒数第一和第二位的碳排放中转国,其原因从两国各自的双边贸易结构可以看出,中国国内最终需求的不断增长和来自其他国家的需求的增长,而南非作为非洲经济的增长极,虽然经济规模较小,但其经济腹地为非洲大陆,与中美两国特殊的贸易结构导致其出口了大量的原材料、初级工业品,而进口较多最终消费品用于本国消费。对金砖国家流出到世界其他经济体的碳排放方面进行研究,发现俄罗斯经由其他金砖成员国向世界其他经济体转移了该部分碳排放总和的70%,其中大部分经由中国转移到了其他经济体。印度作为第二大中转国,则转移了大量的来自中国的隐含在中间投入品的隐含碳。中国则是第一大中转国,向世界其他经济体转移了来自其他金砖成员国的隐含碳。

金砖国家内部封闭式的"三国贸易"碳流向情形见表3-5。该贸易隐含碳流向与表3-4中所示的出口再进口部分不同,研究者可以通过该路径来分析任意金砖成员国三国之间的碳转移,如,巴西—俄罗斯—印度之间的碳链条长度,用以分析贸易疏密程度。研究表明,俄罗斯通过该类型贸易向其他金砖国家转移了较多的碳排放,而中国恰恰相反,转移了相对最少的碳排放。从双边贸易的行业层面贸易数据来看,金砖国家贸易隐含碳的主要部分则从俄罗斯经由中国向其他金砖成员国甚至世界主要经济体转移的碳排放较多。此外,印度作为中国贸易隐含碳的最大分流国,在金砖经济体内趋向于将更多的碳排放再次转移到俄罗斯。笔者总结了该贸易类型下的前五对转移隐含碳最多的经贸关系,分别为俄罗斯—中国—印度(28.9万吨)、印度—俄罗斯—中国(20.4万吨)、俄罗斯—中国—巴西(11.7万吨)、南非—中国—印度(10.3万吨)、巴西—俄罗斯—中国(10.1万吨),分析得出中国和印度作为金砖国家内部两大工业化大国,已成为该经济体中两大最繁忙的承担转移碳排放责任的国家。

表3-5　金砖国家内部封闭式"三国贸易"情形下碳流向（单位:万吨）

国家 I	国家 II	国家 III					
		巴西	俄罗斯	印度	中国	南非	总计
巴西	巴西	0.000	0.000	0.000	0.000	0.000	0.000
	俄罗斯	0.000	0.000	0.723	10.180	0.061	10.965
	印度	0.000	0.098	0.000	4.355	0.200	4.653
	中国	0.000	3.614	6.591	0.000	1.053	11.259
	南非	0.000	0.005	0.570	3.852	0.000	4.428
	总计	0.000	3.718	7.885	18.388	1.313	31.304

续表

国家 I	国家 II	国家 III					
		巴西	俄罗斯	印度	中国	南非	总计
俄罗斯	巴西	0.000	0.000	0.200	4.042	0.292	4.533
	俄罗斯	0.000	0.000	0.000	0.000	0.000	0.000
	印度	1.018	0.000	0.000	9.640	0.642	11.299
	中国	11.707	0.000	28.943	0.000	3.953	44.604
	南非	0.214	0.000	1.071	6.472	0.000	7.757
	总计	12.939	0.000	30.215	20.154	4.887	68.194
印度	巴西	0.000	0.299	0.000	3.243	0.218	3.761
	俄罗斯	0.114	0.000	0.000	20.494	0.343	20.951
	印度	0.000	0.000	0.000	0.000	0.000	0.000
	中国	4.363	6.973	0.000	0.000	3.872	15.207
	南非	0.169	0.011	0.000	8.625	0.000	8.805
	总计	4.645	7.284	0.000	32.362	4.434	48.725
中国	巴西	0.000	1.587	0.462	0.000	1.156	3.206
	俄罗斯	0.578	0.000	3.029	0.000	0.639	4.247
	印度	3.812	8.649	0.000	0.000	3.515	15.977
	中国	0.000	0.000	0.000	0.000	0.000	0.000
	南非	0.669	0.084	4.287	0.000	0.000	5.040
	总计	5.059	10.320	7.778	0.000	5.311	28.469
南非	巴西	0.000	0.138	0.067	0.668	0.000	0.871
	俄罗斯	0.291	0.000	0.605	3.866	0.000	4.762
	印度	0.588	0.677	0.000	2.721	0.000	3.986
	中国	4.778	6.318	10.386	0.000	0.000	21.482
	南非	0.000	0.000	0.000	0.000	0.000	0.000
	总计	5.657	7.133	11.058	7.255	0.000	31.103

注:该表显示的是金砖国家再出口(再进口)的碳转移路径,基于(3.14)式中的 C 和 F 部分分解得到。
是金砖国家内闭合的三国贸易碳转移模型。比如,由巴西(国家 I)生产为满足俄罗斯(国家 II)
国内中间生产需求,进而再出口到印度(国家 III)以满足印度最终需求的贸易路径所转移的隐含
碳为 7.23 千吨,该数值位于表中数据部分第二行第三列。其他涉及一国国内使用、一国出口再
进口的三国贸易类型该表中都已设为 0 值,仅有三国贸易类型显示数值。

数据来源:笔者整理。

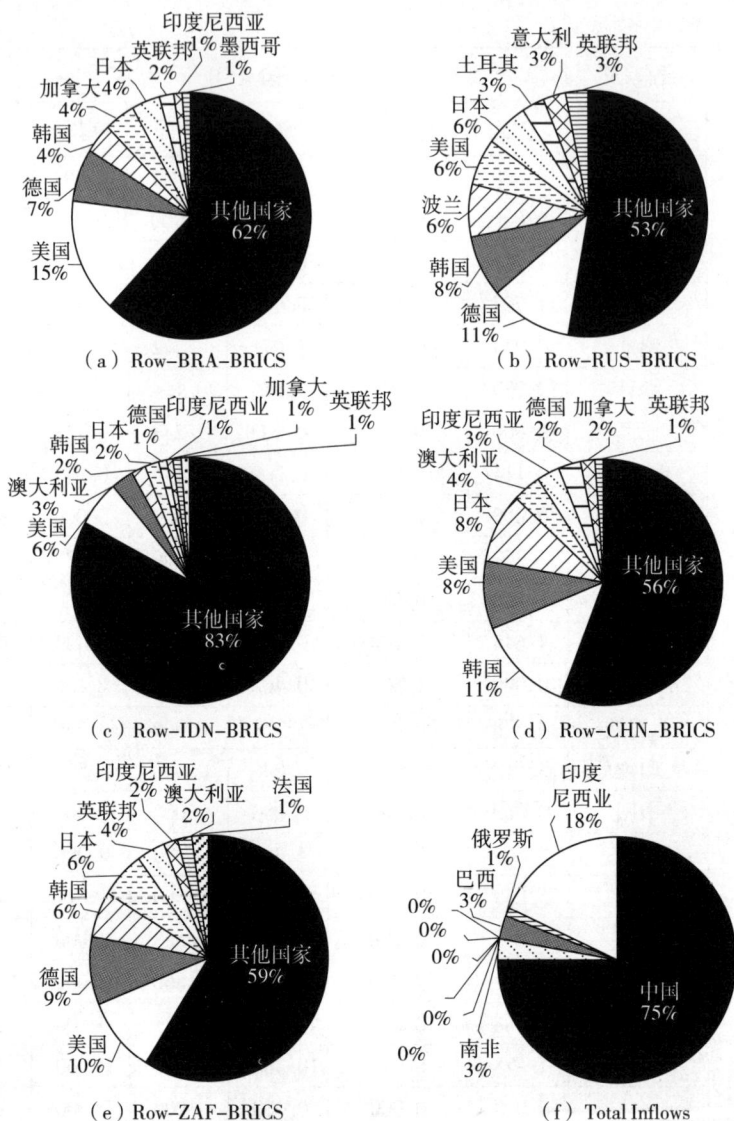

图3-23　经由金砖国家成员国向其他金砖国家转移
隐含碳的主要经济体

注:该图中(a)部分显示的经由巴西流入其他四个金砖成员国隐含碳的十大世界经济体。百分比为
　　各自经由巴西转移的碳排放占所有世界其他经济体经由巴西转移给其他金砖国家碳排放的总
　　和。(b-e)含义同(a)图。(f)图表示经由每个金砖成员国流向其他金砖国家的隐含碳的总和占
　　金砖国家碳排放总转移量的比重。图中其他国家为WIOD数据库中42个经济体减去金砖国家5
　　个经济体及各国中的10个经济体所得。

数据来源:笔者整理。

图 3-24 显示的是前十大经由中间投入品隐含碳方式从世界其他经济体转移到金砖国一国进而流入其他金砖成员国的贸易隐含碳。如,美

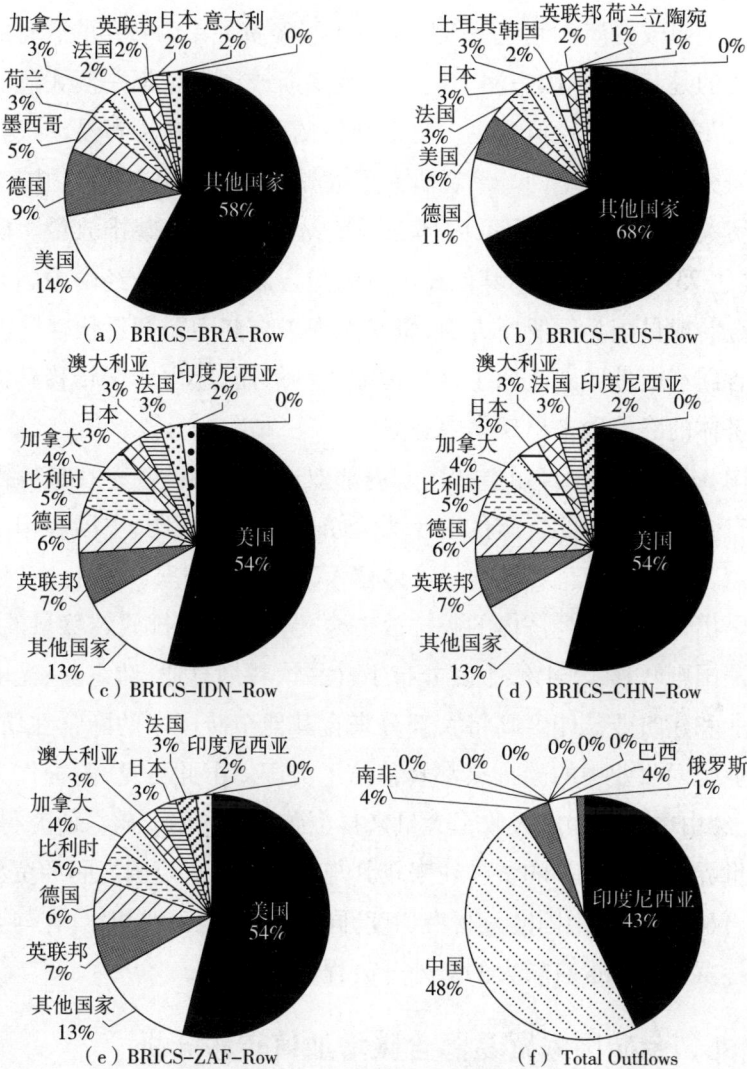

图 3-24 前十大经由金砖国家内部双边贸易流向世界
其他经济体的隐含碳吸收国

注:该图解读方法通过图 3-23 下方注解类推可得。

数据来源:笔者整理。

国—巴西—中国经贸关系的隐含碳则表示美国经由巴西转移到中国的碳排基于表 3-5 中 C 和 F 部分,笔者继续深入分析金砖国家涉及世界其他经济体的开放式"三国贸易"碳流向情形。比如,澳大利亚—中国—俄罗斯经贸关系或者澳大利亚—俄罗斯—中国经贸关系中转移的碳排放。需要说明的是,诸如中国—澳大利亚—俄罗斯或者俄罗斯—澳大利亚—中国经贸关系贸易路径包含更多复杂交错的贸易流,该种贸易模式与本书中的研究模型有所不同。笔者研究了世界其他经济体与金砖国家的 925 对经贸关系(排除金砖国家内部三国贸易情形)中的碳排放量。研究发现,高达 75% 的来自世界其他经济体的隐含碳排放责任经由中国转移到其他金砖成员国。俄罗斯方面,研究发现来自其主要贸易伙伴欧洲国家的隐含碳经由俄罗斯流向了金砖国家内。然而,经由印度转移到世界其他经济体的隐含碳未出现集中态势。

图 3-24 展示了经由金砖国家内部双边贸易吸收隐含在最终需求中的来自金砖国家的隐含碳的前十大经济体。结果表明,中国和印度是金砖国家中前两位向世界其他经济体输入碳排放的国家。其他金砖四国经由中国出口到其他经济体的碳排放占金砖国家总碳排放转移量的 25%,而向美国则转移了 34%,主要分布于食品饮料烟草业、纺织业、光电设备制造业和建筑业。印度则将大部分来自其他金砖国家的隐含在纺织业、制造业与回收业中的碳排放都转移给了美国。由此可见,美国作为消费大国,经由中国和印度吸收了大量来自金砖国家的隐含碳。研究得出,南非与世界其他经济体的贸易往来较其与金砖国家成员国之间的贸易更为密切,仅次于它与中国的贸易密切度,同时,南非与巴西相比,在与金砖国家的经贸往来中也有较大的对外开放程度。

九、金砖国家贸易隐含碳增加值转移分析

根据上一章中的隐含碳测算模型,估算了隐含在国际贸易中的贸易增加值。结果显示 2009 年全球出口隐含碳增加值总值为 11 万亿美元。该结论与 OECD 2015 年公布的最新跨国投入产出数据库(ICIO)投入产出数据库最新公布的数据较为接近,但偏小于已有研究结果。可能的原因为:(1)

本研究焦点集中于全球生产活动导致的贸易增加值部分;(2)本研究模型设定的可能导致重复计算出现;(3)高附加值的居民消费品贸易路径的加入可能会导致国际层面贸易附加值计算的波动。本书对于贸易附加值的计算是基于区分考虑中间品贸易与最终需求贸易的 GMRIO 模型与 OECD 中对于增加值贸易的定义测算得出的。此外,将南非从世界其他经济体中拆分出来组成新的世界投入产出表的做法分析金砖国家整体的贸易增加值,为今后研究金砖国家相关贸易话题提供了一个新的视角。

表 3-6 展示了金砖国家增加值流向具体数据结果,从表中可以得出金砖国家的总贸易增加值流出量为 1.8 万亿美元,总流入量为 1.5 万亿美元。其中,总流出量中中国占 64%、俄罗斯占 14%、印度占 10%。总流入量中中国占 57%、印度占 16%、俄罗斯占 12%。中国、俄罗斯、印度三国向世界其他经济体转移了高达 90% 的金砖国家总的贸易增加值。中国吸收的贸易增加值占金砖国家总吸收额度的 60%。由此可得,中国虽然是一个贸易增加值流入流出量大国,但仍是一个增加值净流出国。

表 3-6　金砖国家贸易增加值流向情况　　（单位:10 亿美金）

国家	巴西	俄罗斯	印度	中国	南非	其他国家	总流出
巴西	0.00	2.22	1.92	17.69	1.27	123.14	146.24
俄罗斯	1.97	0.00	3.23	20.89	0.44	231.30	257.83
印度	1.51	2.18	0.00	9.09	1.81	175.58	190.17
中国	15.62	26.99	42.27	0.00	8.51	1063.62	1157.01
南非	0.49	0.17	2.34	6.26	0.00	46.42	55.68
其他国家	130.53	160.30	190.46	805.81	54.47	0.00	
总流入	150.11	191.86	240.22	859.73	66.51		

注:表中国内增加值部分已设定为 0 值。读表注解可参照表 3-2 推演得出。
数据来源:笔者整理。

从表 3-6 中可得,巴西、印度、南非是金砖国家中的贸易增加值净流入国,而中国和俄罗斯则是净流出国。印度是金砖国家流入其他世界经济体增加值最多的国家。通过分析印度与其主要贸易伙伴的双边贸易数据可得,印度约有 70% 的增加值来自其他金砖国家,绝大多数来自中国的光电设备制造业。巴西则向金砖国家转移了来自世界其他经济体的增加值;与之相反,南非则呈现吸收增加值趋势。最后,从金砖国家内部贸易层面看,金砖国家内部贸易增加值发生额共计 1660 亿美元,其中中国进口隐含碳增加值份额为 56%,而出口增加值份额为 31%,由此可得中国在与其他金砖国家贸易过程中处于贸易增加值净流出地位。表 3-7 中展示了不同来源情形下金砖国家内部成员国家的贸易增加值流向情况。该表中最显著的特征为来自本国层面的隐含在中间品贸易中的增加值方面,中国是最大的增加值进口国和出口国,印度则是第二大进口国。巴西则通过光电设备制造业与建筑业向中国转移了较多的增加值。该表中其他来源的增加值流向不再一一赘述了。

表 3-7 金砖国家内部贸易增加值流向分流情况(单位:10 亿美金)

	国家	巴西	俄罗斯	印度	中国	南非	总计
A 部分	巴西	0.00	1.53	0.16	0.58	0.43	2.70
	俄罗斯	0.03	0.00	0.08	0.74	0.16	1.01
	印度	0.51	1.50	0.00	1.51	0.62	4.16
	中国	6.65	18.40	15.12	0.00	2.91	43.09
	南非	0.12	0.00	0.64	0.74	0.00	1.51
	总计	7.32	21.44	16.01	3.58	4.12	52.47
B 部分	巴西	0.00	0.00	0.00	0.01	0.00	0.01
	俄罗斯	0.00	0.00	0.00	0.01	0.00	0.01
	印度	0.00	0.01	0.00	0.22	0.00	0.23
	中国	0.04	0.08	0.03	0.00	0.00	0.16
	南非	0.00	0.00	0.00	0.02	0.00	0.02
	总计	0.04	0.10	0.04	0.25	0.01	0.43
C 部分	巴西	0.00	0.14	0.02	0.10	0.06	0.32
	俄罗斯	0.00	0.00	0.01	0.07	0.02	0.10
	印度	0.15	0.30	0.00	0.76	0.12	1.34
	中国	1.90	3.14	3.20	0.00	0.57	8.81
	南非	0.02	0.00	0.12	0.13	0.00	0.27
	总计	2.08	3.59	3.35	1.06	0.78	10.85

续表

	国家	巴西	俄罗斯	印度	中国	南非	总计
D 部分	巴西	0.00	0.52	1.53	14.24	0.72	17.01
	俄罗斯	1.83	0.00	2.71	0.05	0.24	4.82
	印度	0.79	0.36	0.00	5.44	0.97	7.56
	中国	6.63	5.17	17.19	0.00	4.60	33.59
	南非	0.32	0.16	1.37	4.50	0.00	6.35
	总计	9.57	6.21	22.79	24.22	6.52	69.32
E 部分	巴西	0.00	0.00	0.00	0.04	0.00	0.04
	俄罗斯	0.00	0.00	0.01	0.08	0.00	0.10
	印度	0.00	0.00	0.00	0.03	0.00	0.04
	中国	0.01	0.01	0.22	0.00	0.00	0.25
	南非	0.00	0.00	0.00	0.00	0.00	0.01
	总计	0.01	0.01	0.23	0.16	0.02	0.43
F 部分	巴西	0.00	0.01	0.21	2.72	0.06	3.01
	俄罗斯	0.10	0.00	0.43	19.94	0.03	20.50
	印度	0.05	0.01	0.00	1.12	0.09	1.27
	中国	0.40	0.18	6.51	0.00	0.40	7.49
	南非	0.02	0.01	0.20	0.87	0.00	1.10
	总计	0.56	0.22	7.35	24.65	0.58	33.36

注:该表读表注解见表 3-4 下方注解。表中 A 到 F 部分所指代含义与(3.14)式中一致。
数据来源:笔者整理。

图 3-25 中展示了金砖国家与世界其他经济体直接的贸易增加值流入流出情况。中国的贸易增加值流向很大程度上影响了金砖国家整体贸易增加值走向。前五大吸收来自金砖国家增加值的经济体为美国(23%)、日本(8%)、德国(7%)、英国(4%)、法国(4%)。此外,仍有大量的贸易增加值从中国流向加拿大、澳大利亚、韩国,从俄罗斯流向意大利和法国。金砖国家贸易增加值流出方面,受中国出口贸易影响,韩国和澳大利亚取代了德国和英国,跻身金砖国家前五大贸易附加值吸收国。日本向其主要贸易伙伴中国转移的隐含附加值则超过美国。俄罗斯的主要增加值贡献国依次为日本、德国、意大利、法国。巴西的增加值主要贡献

国则依次为美国、德国、英国、意大利。印度的增加值除了前五大来源国之外,主要来自德国、加拿大、印度尼西亚。相比之下,巴西比南非从发达国家进口了较多的隐含增加值。

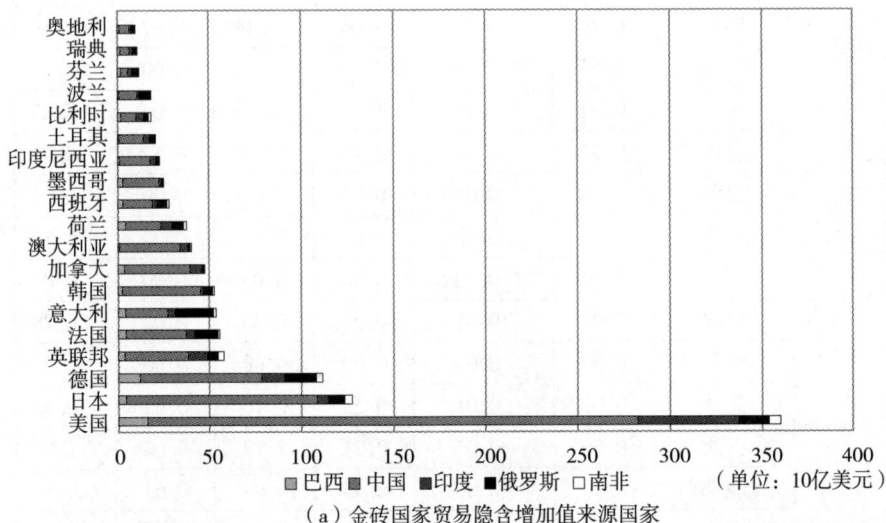

（a）金砖国家贸易隐含增加值来源国家

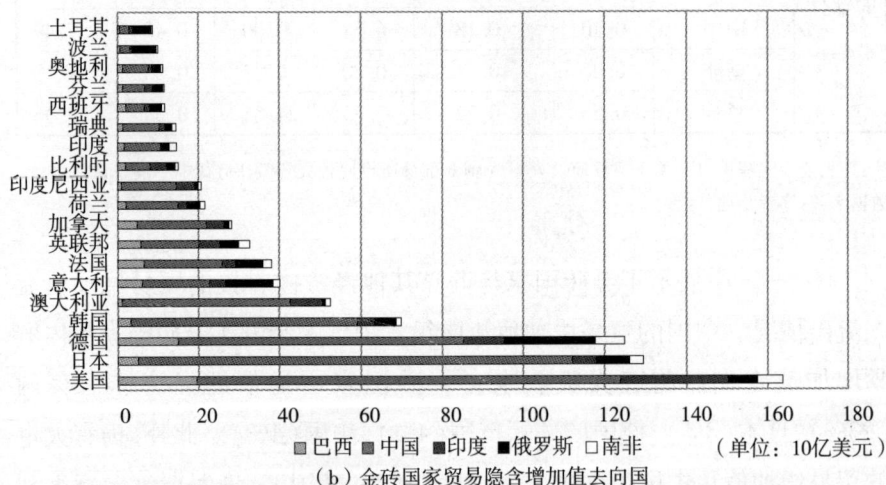

（b）金砖国家贸易隐含增加值去向国

图 3-25　与金砖国家贸易隐含增加值最多的国家

数据来源:笔者整理。

金砖国家与世界其他经济体之间行业层面的国际贸易隐含增加值流向如图 3-26 所示。可以看出,除了制造业与回收业受印度进口影响较强之外,金砖国家行业层面国际贸易增加值转移受中国影响较强。其中,前五大进口隐含增加值行业为建筑业、光电设备制造业、机器设备制造业、运输设备制造业、食品饮料烟草业。俄罗斯由于轻工业发展落后,其进口增加值较大的部门为纺织业,主要进口自中国和印度两国。国际贸易增加值出口方面,金砖国家通过光电设备制造业向其他经济体出口了大量的贸易增加值。同时,中国光电设备制造业呈现最大净流出趋势,受

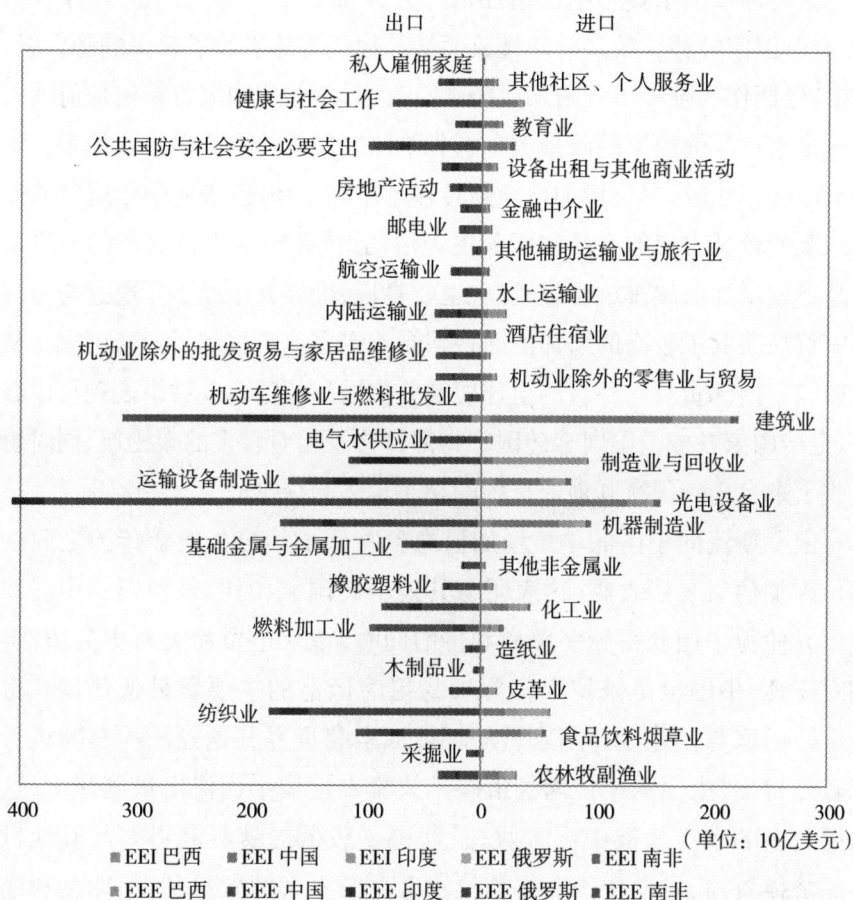

图 3-26 金砖国家与世界其他经济体之间行业层面贸易增加值流向图

注:EEE 表示金砖国家向其他经济体出口贸易方向隐含增加值;EEI 为金砖国家从其他经济体进口贸易方向隐含增加值。

数据来源:笔者整理。

俄罗斯纺织业进口影响,中国贸易增加值第二大净出口行业为纺织业。俄罗斯由于其长期以出口化石能源为主,其主要贸易增加值净流出行业为燃料加工业。巴西则通过食品饮料烟草业向美国转入了大量的贸易增加值。

十、金砖国家单位贸易增加值隐含碳含量分析

金砖国家国家贸易单位增加值隐含碳如表 3-8 所示。从全球层面看,金砖国家转移了较多的碳排放而从其他经济体吸收了较少的隐含碳,其中,巴西作为唯一单位附加值净碳吸收国,其单位国家贸易增加值吸入了更多来自其他国家的碳排放。南非单位增加值转出的碳排放最多。中国与印度相比较,单位增加值净碳转移量略高于印度,表明中国进口的产品和服务较其出口的产品和服务更为清洁;金砖国家出口的产品较进口产品单位增加值碳排放含量较高,也就是说,世界其他经济体通过与金砖国家贸易获取了较高的增加值而将碳排放更多地转移到了金砖国家。从金砖国家内部贸易与各自的全球贸易单位增加值隐含碳结果表现可以看出,金砖国家各成员国向金砖国家内部转移了相对较多的碳排放,同时也吸收了来自金砖国家其他成员国的相对较多的碳排放。

俄罗斯流向中国的单位增加值隐含碳低于其与其他金砖国之间的单位附加值贸易隐含碳,这表明与其他金砖国家相比,俄罗斯—中国双边贸易使得中国获得较多贸易利得的同时,该双边贸易关系更为清洁。相对应地,中国也是俄罗斯国际贸易更为清洁的主要贸易伙伴国。将各金砖国家与其他金砖国家贸易环境成本与世界其他经济体总和进行比较可得出,中国的单位增加值碳排放流入量最小而流出量则最大,这表明更多的碳排放被中国吸收,且获得了较低的贸易利得。与其他世界经济体贸易,可使中国获得均值意义上的更大的贸易利得,印度和南非紧随其后。从表 3-8 中可以看出各个金砖国家与其他金砖成员国、世界其他经济体、全球经济体总和层面的平均贸易所得隐含的碳排放,在此不再一一赘述。

表3-8 金砖国家单位贸易增加值碳排放含量（单位：千克/美元）

国家	巴西	俄罗斯	印度	中国	南非	金砖国家总和	其他国家	世界总和
巴西	n	0.28	0.35	0.39	0.38	0.38	0.33	0.34
俄罗斯	2.47	n	2.29	2.08	2.35	2.14	1.84	1.87
印度	1.91	1.51	n	2.07	1.88	1.95	1.43	1.47
中国	1.43	1.13	1.41	n	1.51	1.34	1.36	1.36
南非	2.25	2.63	2.39	2.62	n	2.54	2.13	2.20
金砖国家总和	1.59	1.11	1.47	1.59	1.48			
其他国家	0.57	0.51	0.94	0.61	0.72	——		
世界总和	0.71	0.61	1.05	0.68	0.85			

注：表中国内单位增加值隐含碳排放已设为0值；金砖国家总和表示一国与其他金砖国家的总国际贸易隐含碳增加值与总国际贸易碳排放之比；其他国家表示一国与除金砖国家之外的世界其他经济体的总国际贸易隐含增加值与总国际贸易碳排放之比；世界总和表示一国与全世界经济体的总国际贸易隐含碳增加与总国际贸易碳排放之比。

数据来源：笔者整理。

通过表3-2和表3-8推算可以得出金砖国家内部不同来源的单位增加值隐含碳实证结果。研究显示，单位中间投入品贸易增加值隐含的碳排放最多。在金砖国家内部贸易中，俄罗斯出口贸易中单位增加值隐含的碳排放较其他四国偏低，俄罗斯—中国的贸易体量很大但单位附加值隐含碳较小。有趣的是南非—俄罗斯的单位增加值隐含碳要比南非—中国的偏高。一般地，中间品贸易中的单位增加值隐含碳要比最终品单位增加值隐含碳高。

金砖国家内部的三国贸易模式（一国出口再进口闭合模式下）中单位附加值隐含碳含量最高的前四对贸易关系为：俄罗斯—中国—俄罗斯、印度—俄罗斯—印度、南非—印度—南非。分析世界其他经济体参与的金砖国家开放式三国贸易模式下单位附加值隐含碳含量结果可得出，中国和俄罗斯是将世界其他经济体隐含碳转移到金砖国家内部较多的两大经济体。单位增加值隐含碳流入方面，排在前三位的是南非、印度、俄罗斯。最后需要指出的是，随着贸易链条的增长，贸易额经由间接贸易效应不断变小，随之而来的溢出与反馈逐渐变弱，本研究中涉及其他经济体的金砖国家三国贸易情形下的单位附加值碳排放隐含量也随之变小。加之,目前的研究以直接贸易转移的碳排放为主,以便对国际层面碳责任划分进行政策影响。

十一、金砖国家国际贸易隐含碳概述

根据以上模型结果分析与研究讨论,本章对基于考虑区分中间投入与最终需求的全球多区域投入产出模型分析的金砖国家国际贸易隐含碳研究得出以下主要结论。

第一,改进的全球多区域投入产出模型考虑区分中间投入品和最终需求产品与服务贸易两种情形下的贸易隐含碳,较传统的以最终需求隐含碳为核算基础的多区域投入产出模型,更能深入细致地分析中间品贸易隐含碳流向趋势。区分中间品贸易与最终需求中的全球贸易隐含碳分析,可以更加有针对性地对一国在生产和消费阶段碳排放提供有效的政策建议。同时,未来的研究中应该注意该方法中存在的不确定性与改进的可能。

第二,本书中介绍的投入产出编表办法将南非从 WIOD 数据库中世界其他经济体中分离出来,嵌入到已有的 WIOD 数据库,构成新的世界投入产出表的数据库的做法可为未来的研究所借鉴。通过对已公布的数据库进行比较可得,本书构建的新的投入产出表较为稳定合理。以后的研究中基于金砖国家的研究中涉及全球背景的投入产出分析的研究可在已有的 WIOD 的基础上,尝试编制 2000—2009 年时间序列的新的投入产出表。同时,研究者需注意在将 UNcomtrade 货物贸易与服务贸易数据库中获取的原始 HS 编码的贸易数据分类与 BEC 编码的数据进行匹配,进而对接相应部门中出现的数据不对称性、缺失、对应项重复问题。

第三,中国和俄罗斯作为全球两大主要经济体,是金砖国家中主要的碳排放经流国家。中国在吸取大量碳排放的同时也承担了较多的来自其他金砖成员国和世界其他主要贸易伙伴的碳排放责任,如美国、日本、德国、英国等。印度作为金砖国家第二大经济增速最快的国家,其工业化处于上升阶段,与中国制造业领域的贸易频繁,向其他金砖国家及世界经济体转移了大量的来自中国的贸易隐含碳。巴西与南非的经济体量较小，由于地理位置原因两国与其他金砖成员国的贸易往来有待进一步提升。

第四，金砖国家大量贸易隐含碳通过最终需求品贸易出口到了美国、德国、澳大利亚、日本等发达国家。同时，金砖国家内部则呈现为从中国、印度流向其他金砖国家，中印两国之间的进口再出口、出口再进口量较大。这表明，发达国家消费来自新兴经济体的商品和服务时，将碳排放责任转移到了这些产品出口国，同时贸易分工将新兴经济体置于全球价值链较低位置。因此，发达经济体有责任向新兴经济体转移清洁能源生产技术；金砖国家内部方面中国应加大研发清洁能源、清洁生产技术，加强与其他金砖成员国的跨国能源安全与碳减排合作。

第五，中印就制造业与回收业，中俄就纺织业与采掘业、燃料加工业，印俄就纺织业方面可开展跨国产业合作、降低生产成本、协同在中间投入过程及最终消费需求过程中，谋求开展金砖国家协同碳减排合作可能性。巴西虽近年来由于经济出现"滞涨"发展趋势导致经济连年负增长，在金砖国家中经济增速处于垫底位置；其经济贸易结构及对象与南非在金砖经济体中存在竞争关系，如中国与印度两国同世界其他经济体的贸易关系类似，但是巴西、南非两国并未建成完备的工业生产体系，其外贸隐含碳集中于个别工业原材料、食品及加工业部门。

研究表明，中国是金砖国家中最大的隐含碳流入流出国，作为全球碳排放第一大国，其人均排放量与历史排放量均处于较低水平。工业化高速发展的今天，中国在碳减排方面应主动承担起大国责任。若对中国一国进行整体层面分析，虽可看出它与其主要贸易伙伴之间的国家层面、行业层面的隐含碳溢出与反馈效应，但无法追踪分析该部分隐含碳来自中国国内哪个地区或省份。由于地域性经济发展不平衡，中国不同省份的能源消费需求不同、能源强度不同、碳排放强度也各异，各省区市制定的碳减排目标和责任、措施也应因地制宜。因此，下一章通过将构建全球多国多区域投入产出模型（MCMRIO），将中国30个省区市嵌入到WIOD数据库中，对中国省区市贸易隐含碳进行国际国内层面的追踪分析，深入分析中国省区市与金砖国家间的贸易隐含碳流向。

第四章　中国省域对其他金砖国家国际贸易隐含碳分析

第一节　中国省域国际贸易隐含碳测算模型亟待改进

中国虽已成为世界碳排放第一大国,在碳减排方面应主动承担起大国责任。若对中国一国进行整体层面分析,虽可看出它与其主要贸易伙伴之间的国家层面、行业层面的隐含碳溢出与反馈效应,但无法追踪分析该部分隐含碳来自中国国内哪个地区或省份。文献综述表明,中国区域层面的国际贸易隐含碳研究较少,特别是基于中国 30 个省区市的全球性贸易隐含碳流向文献较少。要开展此研究需要有中国 30 个省区市间投入产出表;若要从世界层面研究开放经济条件下中国区域层面的能源消耗、碳排放问题,则需要将中国 30 个省区市投入产出表嵌入到世界投入产出表数据库中,同时也要将中国 30 个省区市分行业能源消耗数据、碳排放数据与世界投入产出表分部门对照调整处理。

目前,学术界开展过此项研究的有孟渤、冯奎双、关大博、米志付等。他们将 2007 年中国区域性投入产出表嵌入到了 2007 年基准年份的 GTAP 数据库中,构建了包含中国 30 个省区市的全球投入产出表,研究了中国的区域性碳排放问题。冯奎双等将 2007 年中国 30 个省区市(26个省份和 4 个直辖市)42 个部门的投入产出表嵌入了包括 129 个国家(地区)的 GTAP 8 数据库中,最后形成了 30 个部门分类的投入产出表。对于碳排放数据,笔者基于中国省区市能源消耗数据与 IPCC 提供的碳排放折算方法推算出了中国各省区市碳排放。

本书将在前人研究的基础上,论述构建多国多区域投入产出模型(Multi-country and Multi-region Input-output Model,MCMRIO Model)过程,将2009年中国30个省区市投入产出表嵌入到WIOD数据库中,对包含中国30个省区市在内的全球隐含碳及隐含能源全球流向进行分析,同时分析中国省区市层面与其他金砖国家之间的贸易隐含碳流向问题。此外,从现有数据源看,编制时间序列的包含中国30个省区市的世界投入产出表无法精确地实现,因为中国30个省区市投入产出表目前只公布了1996年、2002年、2007年、2009年、2012年版,而仅有WIOD数据库有与能源消耗、碳排放数据部门分类相一致的时间序列性世界投入产出表。GTAP数据库为基准年份数据,而EORA数据库将中国区域数据插入引起的不确定性将大于WIOD数据库,因此本书选取了WIOD数据库进行处理。该研究思路对未来研究中拆分大型经济体(如美国、印度、日本、英国等)嵌入世界层面数据库的模型构建、数据处理过程有一定的启示意义。

考虑中国各省区市层面的金砖国家贸易隐含碳将有利于其他金砖国家及中国内部的碳减排目标的制定和实施。近年来,随着能源消费数据、分部门生产消费经济数据的不断完善,中国各省区市与世界其他经济体贸易数据的不断整理更新,使得基于中国省区市层面的能源消费、碳排放等能源环境问题的深入研究具有了很强的可行性。本书将重点分析中国30个省区市的碳排放在国内区域间贸易的相互转移以及与世界其他经济体开展贸易活动中的碳转移路径。同时,由于能源消费是导致经济活动中碳排放的主要原因,也将涉及分析中国30个省区市的全球层面经济活动中的隐含能源转移路径,该分析将有助于中国区域性能源消费结构调整、碳减排策略的制定实施。

本书将尝试回答以下问题:中国国内主要的碳排放生产区域有哪些,碳排放消费区域有哪些?中国出口碳排放主要分布在哪些区域,主要出口去向是哪些国家和地区?中国的隐含能源的全球流向如何?中国省区市层面与其他金砖成员国之间的隐含碳如何?中国与其他金砖四国应该如何在区域层面、行业层面开展协同减排技术合作及其可能性如何?金砖国家合作框架下的中国能源安全问题如何？

第二节　环境型多国多区域投入产出模型
贸易隐含碳测算模型构建

一、多国多区域投入产出模型一般式

　　本节在上一章中全球投入产出模型（GMRIO）的基础上，构建基于全球层面的扩展的环境型多国多区域投入产出模型（MCMRIO），用于测算将一国拆分为多区域情形下的多国多区域的国际贸易隐含碳。模型假设全球共有 N 个国家，即全球多区域投入产出表由 N 个国家组成，将其中某一个国家 U 拆分为 M 个区域，假设每个区域为一个独立经济体，同时与其他 $M-1$ 个区域和 $N-1$ 个国家开展经济贸易活动。模型中 C 表示国家，R 表示某国拆分后得到的 M 个区域，分别在右上角对不同国家（区域）进行区分，通过 $q,s \in N(N=1,2,3,...,n)$ 表示。新的全球投入产出表结构图见表4-1。

　　表4-1中与表3-1相同的部分所表示的含义与表3-1下方的注解对应相同。此外，Zr^{qs} 表示嵌入 M 个新增经济体对原有经济体的中间投入使用矩阵；Rz^{qs} 表示嵌入 M 个原有经济体对新增经济体的中间投入使用矩阵；R^{qs} 表示新增 M 个经济体内部的中间投入产出使用矩阵；Fr^{qs} 表示嵌入 M 个新增经济体对原有经济体的最终需求矩阵；Rf^{qs} 表示嵌入 M 个原有经济体对新增经济体的最终需求矩阵；Rr^{qs} 表示新增 M 个经济体内部的最终需求矩阵；xr^s 表示加入的 M 个经济体的最终总产出列向量；$(xr^s)'$ 表示加入的 M 个经济体的总投入行向量。

　　假设每个经济体中有 W 个产业部门，通过 $i,j \in W(W=1,2,3,...,w)$ 在每个中间投入产出矩阵与最终需求向量右下方表示跨国跨行业的产业部门投入产出关系。表4-1中与表3-1相同的部分，其含义与表3-1中注解对应相同。嵌入 M 个经济区形成多国多区域投入产出结构表后，其中，Zr_{ij} 表示 r 区域 j 部门从原世界投入产出表 Z 经济体 i 部门进口的满

表4-1　全球多国多区域投入产出表结构图

	中间使用											最终需求											总产出
	C^1	C^2	C^3	⋯	R^1	R^2	R^3	⋯	R^m	⋯	C^n	C^1	C^2	C^3	⋯	R^1	R^2	R^3	⋯	R^m	⋯	C^n	
中间投入 C^1	Z^{11}	Z^{12}	Z^{13}	⋯	R^{11}	R^{12}	R^{13}	⋯	R^{1m}	⋯	Z^{1n}	F^{11}	F^{12}	F^{13}	⋯	Rf^{11}	Rf^{12}	Rf^{13}	⋯	Rf^{1m}	⋯	F^{1n}	x^1
C^2	Z^{21}	Z^{22}	Z^{23}	⋯	R^{21}	R^{22}	R^{23}	⋯	R^{2m}	⋯	Z^{2n}	F^{21}	F^{22}	F^{23}	⋯	Rf^{21}	Rf^{22}	Rf^{23}	⋯	Rf^{2m}	⋯	F^{2n}	x^2
C^3	Z^{31}	Z^{32}	Z^{33}	⋯	R^{31}	R^{32}	R^{33}	⋯	R^{3m}	⋯	Z^{3n}	F^{31}	F^{32}	F^{33}	⋯	Rf^{31}	Rf^{32}	Rf^{33}	⋯	Rf^{3m}	⋯	F^{3n}	x^3
⋮	⋮	⋮	⋮		⋮	⋮	⋮		⋮		⋮	⋮	⋮	⋮		⋮	⋮	⋮		⋮		⋮	⋮
R^1	Zr^{11}	Zr^{12}	Zr^{13}	⋯	R^{11}	R^{12}	R^{13}	⋯	R^{1m}	⋯	Zr^{1n}	Fr^{11}	Fr^{12}	Fr^{13}	⋯	Rr^{11}	Rr^{12}	Rr^{13}	⋯	Rr^{1m}	⋯	Fr^{1n}	xr^1
R^2	Zr^{21}	Zr^{22}	Zr^{23}	⋯	R^{21}	R^{22}	R^{23}	⋯	R^{2m}	⋯	Zr^{2n}	Fr^{21}	Fr^{22}	Fr^{23}	⋯	Rr^{21}	Rr^{22}	Rr^{23}	⋯	Rr^{2m}	⋯	Fr^{2n}	xr^2
R^3	Zr^{31}	Zr^{32}	Zr^{33}	⋯	R^{31}	R^{32}	R^{33}	⋯	R^{3m}	⋯	Zr^{3n}	Fr^{31}	Fr^{32}	Fr^{33}	⋯	Rr^{31}	Rr^{32}	Rr^{33}	⋯	Rr^{3m}	⋯	Fr^{3n}	xr^3
⋮	⋮	⋮	⋮		⋮	⋮	⋮		⋮		⋮	⋮	⋮	⋮		⋮	⋮	⋮		⋮		⋮	⋮
R^m	Zr^{m1}	Zr^{m2}	Zr^{m3}	⋯	R^{m1}	R^{m2}	R^{m3}	⋯	R^{mm}	⋯	Zr^{mn}	Fr^{m1}	Fr^{m2}	Fr^{m3}	⋯	Rr^{m1}	Rr^{m2}	Rr^{m3}	⋯	Rr^{mm}	⋯	Fr^{mn}	xr^m
⋮	⋮	⋮	⋮		⋮	⋮	⋮		⋮		⋮	⋮	⋮	⋮		⋮	⋮	⋮		⋮		⋮	⋮
C^n	Z^{n1}	Z^{n2}	Z^{n3}	⋯	Rz^{n1}	Rz^{n2}	Rz^{n3}	⋯	Rz^{mn}	⋯	Z^{nn}	F^{n1}	F^{n2}	F^{n3}	⋯	Rf^{n1}	Rf^{n2}	Rf^{n3}	⋯	Rf^{mn}	⋯	F^{nn}	x^n
其他初始投入	⋯	⋯	⋯		⋯	⋯	⋯		⋯		⋯												
附加值	v^1	v^2	v^3	⋯	vr^1	vr^2	vr^3	⋯	vr^m	⋯	v^n												
总投入	$(x^1)'$	$(x^2)'$	$(x^3)'$	⋯	$(xr^1)'$	$(xr^2)'$	$(xr^3)'$	⋯	$(xr^m)'$	⋯	$(x^n)'$												

注：表中大写黑体字母表示矩阵；小写黑体字母表示向量。为显示将任何一国标分为 M 区域并嵌入全球投入产出表的操作过程，本表保留最后 N 个经济体。图中蓝色部分为嵌入 M 个区级经济体后的总产出（总投入）向量。

完整性，未将 $N-1$ 个经济体与 M 个经济体进行叠加表示。从纵向国家列可以看出，该表中共有 $(N-1)+M$ 个经济体，M 个区级经济体嵌入 M 个区级经济体后的中间投入矩阵；红色部分为嵌入 M 个经济体后的最终消费矩阵；灰色部分为嵌入 M 个区级经济体后的中间投入矩阵。

足其中间投入产出活动的商品和服务；Rz_{ij} 表示原世界投入产出表 Z 经济体 j 部门从新嵌入的 r 区域 i 部门进口的为满足其国内中间生产投入所需的商品和服务；R_{ij} 表示嵌入的新经济体内部的部门间的中间投入产出关系；Fr_{ij} 表示 r 区域 j 部门从投入产出表 Z 经济体 i 部门进口的为满足最终消费的商品和服务产品；Rf_{ij} 表示投入产出表 Z 经济体 j 部门从新嵌入的 r 区域 i 部门进口的为满足其最终消费需求的商品和服务；Rr_{ij} 表示嵌入的新经济体内部的部门间最终需求的部门间投入关系。

　　将表4-1中，右侧上、下所标识的系数组合后可得到多国多区域情形下的国家（区域）之间的部门间的投入产出关系。如表中 R_{ij}^{qs}（Rr_{ij}^{qs}）则表示同属于第 U 国拆分得到的 m 个经济区域的第 s 经济区域第 j 部门从第 q 经济区域第 i 部门进口的中间投入品（最终需求产品和服务）；Rz_{ij}^{qs}（Rf_{ij}^{qs}）则表示除 U 国外的第 z 国第 j 部门为满足其中间投入（最终需求）从第 U 国拆分得到的 m 个经济区域的第 q 经济区域第 i 部门进口的商品和服务；Zr_{ij}^{qs}（Fr_{ij}^{qs}）则表示属于第 U 国拆分得到的 m 个经济区域的第 s 经济区域第 j 部门从除 U 国外的第 z 国第 i 部门进口的中间投入品（最终需求产品和服务）。x^s（xr^s）向量的元素由 x_j^s（xr_j^s）组成，表示第 s 国（第 U 国拆分得到的 m 个经济区域）j 部门的总产出。

　　结合表前文中多国多区域投入产出表模型结构定义可以得出，全球多国多区域投入产出模型中的中间投入产出矩阵为 $[W \cdot ((N-1) \cdot M)] \times [W \cdot ((N-1) \cdot M)]$ 维数的方阵；最终需求矩阵为 $[W \cdot ((N-1) \cdot M)] \times [(N-1) \cdot M]$ 维数的矩阵；总产出向量为 $[W \cdot ((N-1) \cdot M)] \times 1$ 的列向量。为便于最后的结果分析，该研究对各国（区域）最终需求进行简化假设，假设每个经济体的最终需求只有一种，实际数据处理过程中，将 WIOD 数据库中列出的 4 种最终需求合并为一种。若用 TZ 表示中间投入产出矩阵，TF 表示最终需求矩阵，TX 表示总产出向量，则多国多区域投入产出模型下它们可以表示为：

$$TZ = \begin{bmatrix} Z^{11} & Z^{12} & Z^{13} & \cdots & Rz^{11} & \cdots & Rz^{1m} & \cdots & Z^{1n} \\ Z^{21} & Z^{22} & Z^{23} & \cdots & Rz^{21} & \cdots & Rz^{2m} & \cdots & Z^{2n} \\ Z^{31} & Z^{32} & Z^{33} & \cdots & Rz^{31} & \cdots & Rz^{3m} & \cdots & Z^{3n} \\ \vdots & \vdots & \vdots & \ddots & \vdots & \ddots & \vdots & \ddots & \vdots \\ Zr^{11} & Zr^{12} & Zr^{13} & \cdots & R^{11} & \cdots & R^{1m} & \cdots & Zr^{13} \\ \vdots & \vdots & \vdots & \ddots & \vdots & \ddots & \vdots & \ddots & \vdots \\ Zr^{m1} & Zr^{m2} & Zr^{m3} & \cdots & R^{m1} & \cdots & R^{mm} & \cdots & Zr^{13} \\ \vdots & \vdots & \vdots & \ddots & \vdots & \ddots & \vdots & \ddots & \vdots \\ Z^{11} & Z^{n2} & Z^{n3} & \cdots & Rz^{n1} & \cdots & Rz^{nm} & \cdots & Z^{nn} \end{bmatrix} \quad (4.1)$$

$$TF = \begin{bmatrix} F^{11} & F^{12} & F^{13} & \cdots & Rf^{11} & \cdots & Rf^{1m} & \cdots & F^{1n} \\ F^{21} & F^{22} & F^{23} & \cdots & Rf^{21} & \cdots & Rf^{2m} & \cdots & F^{2n} \\ F^{31} & F^{32} & F^{33} & \cdots & Rf^{31} & \cdots & Rf^{3m} & \cdots & F^{3n} \\ \vdots & \vdots & \vdots & \ddots & \vdots & \ddots & \vdots & \ddots & \vdots \\ Fr^{11} & Fr^{12} & Fr^{13} & \cdots & Rr^{11} & \cdots & Rr^{1m} & \cdots & F^{1n} \\ \vdots & \vdots & \vdots & \ddots & \vdots & \ddots & \vdots & \ddots & \vdots \\ Fr^{m1} & Fr^{m2} & Fr^{m3} & \cdots & Rr^{m1} & \cdots & Rr^{mm} & \cdots & F^{mn} \\ \vdots & \vdots & \vdots & \ddots & \vdots & \ddots & \vdots & \ddots & \vdots \\ F^{n1} & F^{n2} & F^{n3} & \cdots & Rf^{n1} & \cdots & Rf^{nm} & \cdots & F^{nn} \end{bmatrix} \quad (4.2)$$

$$TX = \begin{bmatrix} x^1 \\ x^2 \\ x^3 \\ \vdots \\ xr^1 \\ \vdots \\ xr^m \\ \vdots \\ x^n \end{bmatrix} \quad (4.3)$$

(4.1—4.3)式中将行业分类叠加后分别变形为 TZ_{ij}^{rs}，TF_{ij}^{rs}，TX_{j}^{s}，可参考(3.2)式得出他们的具体表达式。根据上一章中给出的多区域投入产出模型一般式可得，多国多区域模型下的全球总投入产出平衡关系为：

$$TX = [\,I - (TZ \cdot \hat{TX}^{-1})\,] \otimes (TF \cdot w) \qquad (4.4)$$

(4.4)式中，I 为主对角线元素为 1 的单位矩阵；$\otimes$ 表示矩阵相乘符号；· 表示矩阵与向量相乘符号；w 表示单位向量用来将原始数据库中的最终需求矩阵求和为向量。

二、考虑单一经济体拆分的环境型多国多区域投入产出模型构建

本章中所构建的环境型 MCMRIO 模型以碳排放为例。基于前文中公式中对碳排放因子的假设，本章假设 MCMRIO 模型条件下，TC 向量是与总产出 TX 具有同等维度的全球各经济体和行业在生产过程中导致的总的碳排放列向量。全球总碳排放因子向量为 TE，则其表达式可以写成：

$$TE_{j}^{s} = \frac{TC_{j}^{s}}{TX_{j}^{s}} \qquad (4.5)$$

若用矩阵表示，则 MCMRIO 模型下的全球碳排放总量为：

$$TC = TE' \otimes TX = TE' \otimes [\,I - (TZ \cdot \hat{TX}^{-1})\,] \otimes (TF \cdot w) = TE' \otimes B \otimes (TF \cdot w) \qquad (4.6)$$

(4.6)式中，$B = [\,I - (TZ \cdot \hat{TX}^{-1})\,]$ 为完全消耗系数。本书在核算一国(区域)碳排放时，采用目前学术界较为认可的生产者责任制原则。为了较为清晰地说明 MCMRIO 模型下碳排放核算模型，以三国模型为例，以下给出三国情形下全球总碳排放表达式：

$$TC = \begin{bmatrix} C^{aa} & C^{ab} & C^{ad} \\ C^{ba} & C^{bb} & C^{bd} \\ C^{ca} & C^{cb} & C^{cd} \end{bmatrix}$$

$$= diag \begin{bmatrix} (TE^a)' \\ (TE^b)' \\ (TE^d)' \end{bmatrix} \otimes \begin{bmatrix} B^{aa} & B^{ab} & B^{ad} \\ B^{ba} & B^{bb} & B^{bd} \\ B^{ca} & B^{cb} & B^{cd} \end{bmatrix} \otimes \begin{bmatrix} TF^{aa} & TF^{ab} & TF^{ad} \\ TF^{ba} & TF^{bb} & TF^{bd} \\ TF^{ca} & TF^{cb} & TF^{cd} \end{bmatrix} \tag{4.7}$$

(4.7)式中，C^{ab} 表示从 a 国出口到 b 国的最终消费品中的隐含碳，TC 中的其他贸易隐含碳流向可推演得出。本章中测算国际贸易隐含碳与上一章的不同之处在于，本章以多数文献中的最终需求为基准变量的碳排放，而上一章则考虑了中间产品和最终需求品中的贸易隐含碳。将三国模型应用于多国多区域情形时全球总碳排放表达式可以写为：

$$TC = \begin{bmatrix} C^{11} & C^{12} & C^{13} & \cdots & Cr^{11} & \cdots & Cr^{1m} & \cdots & C^{1n} \\ C^{21} & C^{22} & C^{23} & \cdots & Cr^{21} & \cdots & Cr^{2m} & \cdots & C^{2n} \\ C^{31} & C^{32} & C^{33} & \cdots & Cr^{31} & \cdots & Cr^{3m} & \cdots & C^{3n} \\ \vdots & \vdots & \vdots & \ddots & \vdots & \ddots & \vdots & \ddots & \vdots \\ Rc^{11} & Rc^{12} & Rc^{13} & \cdots & R^{11} & \cdots & R^{1m} & \cdots & Rc^{1n} \\ \vdots & \vdots & \vdots & \ddots & \vdots & \ddots & \vdots & \ddots & \vdots \\ Rc^{m1} & Rc^{m2} & Rc^{m3} & \cdots & R^{m1} & \cdots & R^{mm} & \cdots & Rc^{mn} \\ \vdots & \vdots & \vdots & \ddots & \vdots & \ddots & \vdots & \ddots & \vdots \\ C^{n1} & C^{n2} & C^{n3} & \cdots & Cr^{n1} & \cdots & Cr^{nm} & \cdots & C^{nn} \end{bmatrix} \tag{4.8}$$

(4.8)式中，Cr^{qs} 表示从 q 国出口到 s 经济区域（s 经济区包含于第 U 国拆分后的 m 个经济区）的总贸易隐含碳；Rc^{qs} 表示从 s 经济区域出口到 q 国的总贸易隐含碳；R^{qs} 表示第 U 国内拆分后的 m 个经济体之间的内部隐含碳贸易往来。由(4.8)式我们可以得出第 U 国拆分后的某个经济区域 q 流向 U 国其他经济区域的隐含碳总量表达式为：

$$TC_{\frac{q \to U}{(q \in U)}} = R^{q1} + R^{q2} + R^{q3} + \cdots + R^{q(q-1)} + R^{q(q+1)} + \cdots + R^{qm} = \sum_{s=1}^{m} R^{qs}(s \neq q) \tag{4.9}$$

从 U 国其他经济区域流向第 U 国拆分后的某个经济区域 q 流向的隐含碳总量表达式为：

$$TC_{\frac{U \to q}{(q \in U)}} = R^{1q} + R^{2q} + R^{3q} + \cdots + R^{(q-1)q} + R^{(q+1)q} + \cdots + R^{mq} = \sum_{s=1}^{m} R^{sq}(q \neq s) \tag{4.10}$$

从第 U 国拆分后的某个经济区域 q 流向除 U 国之外的世界其他经济区域的隐含碳总量表达式为：

$$TC_{\frac{q \to W}{(U \notin W)}} = Rc^{q1} + Rc^{q2} + Rc^{q3} + \cdots + Rc^{q(U-1)} + Rc^{q(U+1)} + \cdots Rc^{qn}$$

$$= \sum_{s=1}^{n} Rc^{qs}(s \neq U) \tag{4.11}$$

从除 U 国之外的世界其他经济区域流向第 U 国拆分后的某个经济区域 q 流向的隐含碳总量表达式为：

$$TC_{\frac{W \to q}{(U \notin W)}} = Cr^{1q} + Cr^{2q} + Cr^{3q} + \cdots + Cr^{(U-1)q} + Cr^{(U+1)q} + \cdots Cr^{nq}$$

$$= \sum_{s=1}^{n} Cr^{sq}(s \neq U) \tag{4.12}$$

通过以上分析可得出从第 U 国拆分得到的第 q 区域流出的总隐含碳量为：

$$TC_{q\_export} = TC_{\frac{q \to U}{(q \in U)}} + TC_{\frac{q \to W}{(U \notin W)}} \tag{4.13}$$

通过以上分析可得出从第 U 国拆分得到的第 q 区域流入的总隐含碳量为：

$$TC_{q\_import} = TC_{\frac{U \to q}{(q \in U)}} + TC_{\frac{W \to q}{(U \notin W)}} \tag{4.14}$$

根据彼得斯（Peters）在建模过程中的解释和补充说明，若将该模型中的碳排放因子替换为能源消耗因子，如煤炭消耗，则估算结果为全球范围内由于贸易活动引起的隐含煤资源的流动。以此类推，研究者可测算隐含水、隐含土地利用、隐含能源、隐含污染物的全球流向。

第三节 数据来源选取讨论及预处理

一、数据源选取讨论

该研究使用的投入产出表是在本书第三章编制的 2009 年新世界

投入产出表的基础上,将原表中的中国拆分为30个省区市,然后由于数据可获得性的限制原因,本研究将已有的2010年中国30个省区市投入产出表与2009年中国国民生产总值与分行业总产出数据推算出了2009年中国30个省区市多区域投入产出表嵌入到已有的世界投入产出表中,最后形成了全球层面的20个部门分类和包含中国30个省区市的全球71个区域的多国多区域世界投入产出表。据悉,未来五年印度将公布其国内的区域性投入产出表数据,届时可将诸如中国、印度、日本、美国、欧盟等大经济体区域性投入产出表嵌入到世界投入产出数据库中,更加具体地分析一国(区域)发展的全球经济环境效应。

　　文献综述表明,目前已有学者对中国各省区市贸易隐含碳的基础性数据处理工作进行了研究。孟渤等(Meng等)将2007年中国8个区域投入产出表嵌入到WIOD 2007年世界投入产出表中分析了中国国内生产的全球影响,该文介绍了如何将区域拆分嵌入全球投入产出表的过程;孟渤等将中国与日本的国内多区域投入产出表嵌入OECD ICIO表中,对比分析了区域经济发展的全球价值链延伸。王亚菲等(Wang等)构建了以EORA为基础的跨区域性投入产出数据库。本书在结合已有文献方法的基础上,构建了2009年包含中国30个省区市的新的世界投入产出表。本研究主要数据源有:中国30个省区市投入产出表、WIOD中2009年多区域投入产出表、海关统计署的中国分区域分行业的涉及具体国家、行业的省区市以CIF(FOB)计价的进(出)口原始数据;2009年各国分行业价格调整指数,汇率指数,国内国际交通运输费用,税费数据(如进口税与商品税),同时为了简便考虑将最终需求加总为一种。

　　该研究中使用的能源数据及碳排放数据主要来自WIOD数据库,主要涉及27种能源使用数据35个部门分类;中国国家统计局发布的能源统计年鉴,其中涉及30个省区市44个行业的能源使用数据;中国省区市能源统计年鉴则是18种能源数据38个行业分类。本书中根据中国30个省区市能源消耗数据与全国分部门能源使用数据整合,最后统一为 20 个部门分类的 4 大类能源(煤炭、石油、天然气、其他能源)消耗数据,再通过 IPCC 2006 年的核算方法核算出 20 个部门分类的国内生产碳排放数据。需要指出的是,本书在核算全球能源消耗与中国区域能源消耗时,为了防止重复计算,剔除了电、热力供给行业的能源消耗与碳排放数据;保留了电热力部门一次能源的投入;剔除了煤炭大类下投入原煤所生产得到的焦煤。在结果分析部分,本书为了对比分析各个不同区域的能源利用与碳排放特点,将 30 个经济区域合并为 8 个经济带。

二、编制包含中国 30 个省区市的新世界投入产出表

在已有研究的基础上,本书引用前人模型方法,构建了 2009 年世界 71 个区域多区域投入产出表。假设:(1)最终需求只有一种类型;(2)各个经济体分别有 3 个经济部门;(3)只对当前世界经济体中的某一个经济体进行拆分,则三国情形下将一国拆分后嵌入到世界多区域投入产出表之后构成的 MCMRIO 表结构见表 4-3。该表中中国各省区市分国别的进出口贸易数据分别按照 BEC 分类分为三大类,数据处理过程中的参数假设及基本假设见表 4-2。

表 4-2　模型参数假设

参数范围	含义
部门 $i,j \in \{1,2,\cdots,ns\}$	ns 表示部门数量
次级经济体 $r,s \in Ct\{1,2,\cdots,nr\}$	nr 表示某经济体拆分为 nr 个次级经济体
经济体 $R,S \in \{1,2,\cdots,Ct,\cdots,nc\}$	R,S 表示单个经济体,Ct 由 nr 个次级经济体组成
ig	商品货物行业
is	服务行业部门
x_{ij}^{RS}	被拆分经济体之外的经济体之间中间投入贸易矩阵变量

参数范围	含义
xd_{ij}^{rs}	被拆分经济体内的次级经济体之间中间投入贸易矩阵变量
y_{ik}^{RS}	被拆分经济体之外的经济体之间最终需求贸易矩阵变量
yd_{ik}^{rs}	被拆分经济体内的次级经济体之间最终需求贸易矩阵变量
X_i^R	除被拆分经济体之外经济体的总产出
XD_i^r	被拆分经济体的总产出
XE_i^R	多国多区域投入产出表中总产出变量,包括 X_i^R、XE_i^r
Y_k^S	除被拆分经济体之外的经济体之间最终需求列向求和
YD_k^s	被拆分经济体的次级经济体最终需求列向求和
YE_k^S	多国多区域投入产出表中最需求列向求和,包括 Y_k^S、YE_k^s
V_j^S	除被拆分经济体之外经济体的总增加值
VD_j^s	被拆分经济体的总增加值
VE_j^S	多国多区域投入产出表中总增加值,包括 V_j^S、VE_j^s
$xe_{ij}^{RS}(R,S \neq Ct)$	多国多区域投入产出表中间投入产出矩阵变量,包含 x_{ij}^{RS}、xe_{ij}^{rS}、xe_{ij}^{Rs}、xe_{ij}^{rs}
$ye_{ij}^{RS}(R,S \neq Ct)$	多国多区域投入产出表最终需求矩阵变量,包含 y_{ij}^{RS}、ye_{ij}^{rS}、ye_{ij}^{Rs}、ye_{ij}^{rs}
MX_j^s,MY_k^s,EX_i^r	次级经济体与世界其他经济体分部门的进口行向量,出口列向量
mx_{ig}^{Rs}	s 次级经济体从 R 国进口满足其部门中间投入的贸易
$my_{ig,k}^{Rs}$	s 次级经济体从 R 国进口满足其部门最终需求的贸易
ex_{ig}^{rS}	r 次级经济体出口到 S 国满足其部门中间投入的贸易
$ey_{ig,k}^{rS}$	r 次级经济体出口到 S 国满足其部门最终需求的贸易

表 4-3 三国三部门情形的世界多国多区域投入产出表模型

MCMRIO			中间产出													最终需求							总产出
			国家1			国家2									国家3		国家1	国家2				国家3		
			部门1	部门2	部门3	区域1			区域2			区域3			部门1	部门2 部门3	总和	区域1 总和	区域2 总和	区域3 总和	总和	总和	
						部门1	部门2	部门3	部门1	部门2	部门3	部门1	部门2	部门3									
中间投入	国家1	部门1	D1			E1									B1		D2	E2				B2	
		部门2																					
		部门3																					
	国家2 区域1	部门1				A1									C1			A2				C2	
		部门2																					
		部门3																					
	国家2 区域2	部门1																					
		部门2																					
		部门3																					
	国家2 区域3	部门1																					
		部门2																					
		部门3																					
	国家3	部门1																					
		部门2																					
		部门3																					
附加值																							
其他初始投入																							
总投入																							

注：该模型图参考孟渤等文（Meng等）的研究，与孟渤等文中的两图情形不同，本书给出了三国三部门行业情形下的MRIO表的分别形式。表中A1部分表示拆分后嵌入世界投入产出表中间中间投入区域同区域内区域间最终需求（最终需求）的贸易关系；A2部分表示拆分后嵌入世界投入产出表的某国国内到国内区域间最终需求分配关系；B1，E1（B2，E2）表示某国各区域出口到世界其他经济体的满足其国内中间需求（最终需求）的贸易往来；C1，D1（C2，D2）则表示某国各国各区域从世界其他区域进口的满足其国内中间需求（最终需求）的贸易往来。

本研究基于混合方法（调查与非调查方法）编制完成了多国多区域投入产出表，如某些地区之间的商品和服务贸易由调查数据获得。基于目前可获取的统计数据存在的优势与缺陷，不同类型的重力模型被用来估计跨区域贸易矩阵分布，如中国次级经济区域与世界其他经济体之间的贸易往来，重力模型中的参数确定都是基于可获取的官方公布的数据。结果的不确定性讨论将在下一小节进行梳理。

通过以上基于数据推算的指标定义和具体假设，中国国内区域间投入产出表与最后构建完成的世界多国多区域投入产出表的存在的关系式可表示为：

$$\hat{xe}_{ij}^{rs} = \sum_i \sum_j x_{ij}^{CtCt} \times \frac{xd_{ij}^{rs}}{\sum_i \sum_j \sum_r \sum_s xd_{ij}^{rs}} \tag{4.15}$$

$$\hat{ye}_{ik}^{rs} = \sum_i \sum_k y_{ik}^{CtCt} \times \frac{yd_{ik}^{rs}}{\sum_i \sum_k \sum_r \sum_s yd_{ik}^{rs}} \tag{4.16}$$

$$\hat{XE}_i^r = \sum_i X_i^{Ct} \times \frac{XD_i^r}{\sum_i \sum_r XD_i^r} \tag{4.17}$$

$$\hat{VE}_j^r = \sum_j V_j^{Ct} \times \frac{VD_j^r}{\sum_j \sum_r VD_j^r} \tag{4.18}$$

$$\hat{YE}_k^s = \sum_k Y_k^{Ct} \times \frac{YD_k^r}{\sum_k \sum_s YD_k^r} \tag{4.19}$$

中国区域次级经济体从其他国家进口的中间投入品和服务，最终需求品和服务的贸易矩阵，在已有海关数据的基础上可通过重力模型嵌入全球多国多区域投入产出表。由于数据缺失，本书在从原有 WIOD 数据库获取中国分行业的总进口数据的基础上，使用次级经济体商品贸易结构来估算同一经济体的服务贸易数据。

对应地，中国区域层面出口贸易数据也做了类似的处理，出口贸易非对角线上的矩阵同时采用了中国国内总的出口贸易结果作为参考处理，该数据来源于中国 2009 年国内多区域投入产出表。综上所述，中国次级经济体与其他经济体之间的贸易往来矩阵可由以下方式估算得到,进口方面见(4.20—4.23)式;出口方面见(4.24—4.27)式:

$$\hat{xe}_{ig,j}^{Rs} = \left(\sum_j x_{ig,j}^{R,Ct} \times \frac{mx_{ig}^{Rs}}{\sum_s mx_{ig}^{Rs}} \right) \times \frac{\sum_r xd_{ig,j}^{rs}}{\sum_j \sum_r xd_{ig,j}^{rs}}, (R \neq Ct) \qquad (4.20)$$

$$\hat{xe}_{is,j}^{Rs} = \left(\sum_j x_{is,j}^{R,Ct} \times \frac{\sum_{ig} mx_{ig}^{Rs}}{\sum_s \sum_{ig} mx_{ig}^{Rs}} \right) \times \frac{\sum_r xd_{is,j}^{rs}}{\sum_j \sum_r xd_{is,j}^{rs}}, (R \neq Ct) \qquad (4.21)$$

$$\hat{ye}_{ig,k}^{Rs} = \left(\sum_k x_{ig,k}^{R,Ct} \times \frac{my_{ig}^{Rs}}{\sum_s my_{ig}^{Rs}} \right) \times \frac{\sum_r yd_{ig,k}^{rs}}{\sum_k \sum_r yd_{ig,k}^{rs}}, (R \neq Ct) \qquad (4.22)$$

$$\hat{ye}_{is,k}^{Rs} = \left(\sum_k y_{is,k}^{R,Ct} \times \frac{\sum_{ig} my_{ig}^{Rs}}{\sum_s \sum_{ig} my_{ig}^{Rs}} \right) \times \frac{\sum_r yd_{is,k}^{rs}}{\sum_k \sum_r yd_{is,k}^{rs}}, (R \neq Ct) \qquad (4.23)$$

$$\hat{xe}_{ig,j}^{rS} = x_{ig,j}^{CtS} \times \frac{ex_{ig}^{rS}}{\sum_r ex_{ig}^{rS}}, (S \neq Ct) \qquad (4.24)$$

$$\hat{xe}_{is,j}^{rS} = x_{is,j}^{CtS} \times \frac{\sum_r ex_{ig}^{rS}}{\sum_r \sum_{ig} ex_{ig}^{rS}}, (S \neq Ct) \qquad (4.25)$$

$$\hat{ye}_{ig,k}^{rS} = y_{ig,k}^{CtS} \times \frac{yx_{ig}^{rS}}{\sum_r ey_{ig}^{rS}}, (S \neq Ct) \qquad (4.26)$$

$$\hat{ye}_{is,k}^{rS} = y_{is,k}^{CtS} \times \frac{\sum_r ey_{ig}^{rS}}{\sum_r \sum_{ig} ey_{ig}^{rS}}, (S \neq Ct) \qquad (4.27)$$

(4.20)式、(4.22)式分别是进口中间品和最终需求的商品部分;(4.21)式、(4.23)式分别是进口中间品和最终需求的服务消费品部分;(4.24)式、(4.26)式分别是出口中间品和最终需求的商品部分;(4.25)式、(4.27)式分别是出口中间品和最终需求的服务消费品部分。

中国国内区域间中间品与最终需求品之间的贸易矩阵可由以下线性

规划方程估计得出。估算原理为最小化估计值与原始值之差。(4.29)式给出了中间投入产出矩阵行向约束条件;(4.33)式给出了最终需求矩阵行向约束条件;(4.30)式给出了中间投入产出矩阵列向约束条件;(4.34)式给出了最终需求矩阵列向约束条件;(4.31)式和(4.35)式给出了行业层面的中间产品转移矩阵与最终需求转移矩阵总量约束条件;(4.32)式和(4.36)式为次级经济体层面的中间产品转移矩阵与最终需求转移矩阵总量约束条件;(4.37)式为部门总产出约束条件;(4.38)式为增加值约束条件;(4.39)式为最终需求约束条件。

Minfunction =

$$
\frac{1}{2}\left[
\begin{array}{l}
\sum_r \sum_s \sum_i \sum_j \frac{(xe_{ij}^{rs} - \hat{xe}_{ij}^{rs})^2}{\hat{xe}_{ij}^{rs}} + \sum_r \sum_s \sum_i \sum_k \frac{(ye_{ik}^{rs} - \hat{ye}_{ik}^{rs})^2}{\hat{ye}_{ik}^{rs}} \\
+ \sum_r \sum_i \frac{(xe_i^r - \hat{xe}_i^r)^2}{\hat{xe}_i^r} + \sum_r \sum_j \frac{(ve_j^r - \hat{ve}_j^r)^2}{\hat{ve}_j^r} + \sum_r \sum_k \frac{(ye_k^r - \hat{ye}_k^r)^2}{\hat{ye}_k^r}
\end{array}
\right]
$$

$$(4.28)$$

S.t.

$$
\sum_s \sum_j xe_{ij}^{rs} = \sum_j x_{ij}^{CtCt} \times \frac{\sum_s \sum_j xd_{ij}^{rs}}{\sum_r \sum_s \sum_j xd_{ij}^{rs}}
\tag{4.29}
$$

$$
\sum_r \sum_i xe_{ij}^{rs} = \sum_i x_{ij}^{CtCt} \times \frac{\sum_r \sum_i xd_{ij}^{rs}}{\sum_r \sum_s \sum_i xd_{ij}^{rs}}
\tag{4.30}
$$

$$
x_{ij}^{CtCt} = \sum_r \sum_s xe_{ij}^{rs}
\tag{4.31}
$$

$$
\sum_j \sum_i xe_{ij}^{rs} = \sum_i \sum_j x_{ij}^{CtCt} \times \frac{\sum_j \sum_i xd_{ij}^{rs}}{\sum_r \sum_s \sum_i \sum_j xd_{ij}^{rs}}
\tag{4.32}
$$

$$
\sum_s \sum_k ye_{ik}^{rs} = \sum_k y_{ik}^{CtCt} \times \frac{\sum_s \sum_k yd_{ik}^{rs}}{\sum_r \sum_s \sum_k yd_{ik}^{rs}}
\tag{4.33}
$$

$$\sum_r \sum_i ye_{ik}^{rs} = \sum_i y_{ik}^{CtCt} \times \frac{\sum_r \sum_i yd_{ik}^{rs}}{\sum_r \sum_s \sum_i yd_{ik}^{rs}} \qquad (4.34)$$

$$y_{ik}^{CtCt} = \sum_r \sum_s ye_{ik}^{rs} \qquad (4.35)$$

$$\sum_k \sum_i ye_{ik}^{rs} = \sum_i \sum_k y_{ik}^{CtCt} \times \frac{\sum_k \sum_i yd_{ik}^{rs}}{\sum_r \sum_s \sum_i \sum_k yd_{ik}^{rs}} \qquad (4.36)$$

$$X_i^{Ct} = \sum_r XE_i^r; \qquad (4.37)$$

$$V_j^{Ct} = \sum_r VE_j^r; \qquad (4.38)$$

$$Y_k^{Ct} = \sum_r YE_k^r; \qquad (4.39)$$

最后,本书用类似线性规划方式对拆分后的次级经济体与世界其他经济体之间的进出口贸易矩阵通过最优化处理得出。为了再次确认拆分后的多国多区域投入产出表的平衡性,最后需要加入约束条件使得拆分后的次级经济体的分行业的贸易净流出的加总与未拆分的经济的分行业的贸易净流出相等。

三、未来此类研究中应注意的问题

在文献综述的基础上,本书采用了目前学术界惯用的编制多国多区域投入产出表的模型方法将中国30个省市多区域投入产出表嵌入到了世界投入产出表中。已有研究中有作者处理了以 WIOD 数据库、GTAP数据库为基础的2007年中国多区域投入产出表,也有作者以 EORA 数据库为基础处理了时间序列的跨国多区域投入产出数据。本书则是以 WIOD 数据库为基础编制了2009年含中国30个区域的世界71个区域投入产出表,同时,对应相同行业分类的能源,碳排放数据进行了相应预处理。现将处理过程中遇到的主要问题及较为可行的应对方法进行简要梳理。

(一) 数据库之间的部门分类对应的产品分类有所不同

首先,对中国公布的多区域投入产出数据部门分类与 WIOD 中部门对应合并与拆分时应注意这两个数据库分部门对应包含的产品分类的差异性。中国现有的 2010 年多区域投入产出表为 30 个省区市 30 个部门，WIOD 中部门分类为 35 个部门。由此可见部门分类数量不同。其次，两个数据库中有部门名称完全一致，但是对应产值相去甚远的问题。这表明中国在编制部门×部门投入产出表之前需编制的部门×产品供给使用表与 WIOD 中的部门×产品供给使用表有所不同，即最初划分部门生产所需的上下游对应投入产出的产品和服务分类有所差异，研究者需找出这两个数据库最初的产品部门分类对照表进行调整。本书采用的处理办法是以 WIOD 数据库分类为标准，来调整中国的部门产品对照表。这种做法可以避免以中国分类为准，而调试 WIOD 数据库导致的较大的工作量。

（二）数据库之间总体、具体数值的差异性

笔者将调整后的中国 30 个省区市 20 个部门多区域投入产出表进行加总，得到的中国国家层面的投入产出表，经过汇率转化为百万美元后与将 WIOD 中 2009 年中国国家层面部门调整合并后的 20 个部门投入产出表结果不一致且个别部门差异较大。具体地，笔者将中国国内中间投入矩阵与国内多区域投入产出表加总后的中间投入矩阵进行对比，结果也不一致；最终需求、增加值、总产出都存在这个问题。总体结果为 WIOD 中中国的这几部分数据通常比加总后的中国国家层面结果略大一些，其中，个别部门中间投入、最终需求、总产出差距较大。这说明不能直接将中国国内多区域投入产出表直接嵌入到 WIOD 数据库中；个别部门的贸易数据需要查阅海关数据与部门产品对照品进行重新调整划分；WIOD 中中国的经济活动数据要比中国当前公布的数据略大。研究者应注意这一问题。

（三）中国国内区域间贸易数据、中国区域层面对外贸易数据的缺失及对策

经过数据整理得出，中国国内 30 个省区市之间的贸易数据缺失较为严重且不一致。比如，将中国省区市国民经济总产值相加与中国国家层面不一致；中国省际的贸易数据缺失严重，特别是服务贸易方面。本书的解决办法是针对数据缺失较为严重的省份,采用其区域内部投入产出关系来约束其进口的产品和服务;若某区域出口到其他区域用进口区域的投入产出结构来约束其投入去向。针对中国区域层面对外贸易数据缺失的情况,本书采用重力模型,在获取纵向与横向总量控制的基础上,首先假设该非对角贸易矩阵的投入产出结构与进口方一致,然后使用 RAS 方法对该矩阵进行最优处理。针对有些非对角线贸易矩阵中间投入与最终需求划分比例问题,本书假设最终需求比例与中间投入品进出口比例相同的方法进行处理,该做法有待进一步改进。

(四) 结果中双边贸易的非对称问题

该问题是指最后编制的多国多区域投入产出表中两个经济体之间的贸易数据不对等问题。即中国次级经济区域从另一国的进口数据总和与其出口数据总和不等,其中包括中间品贸易与最终需求贸易。这一问题可能由以下原因造成:两个经济体之间的贸易统计方式口径不一致;数据处理过程中没有对纵向加总与横向加总进行同时控制,纵向表示该经济体行业层面的分行业的进口及投入去向,横向为该经济体单一部门吸收外来进口的总量;RAS 方法作为一种最优处理工具并不能真实刻画非对角线矩阵的贸易投入产出关系。双边贸易最后配平的办法可在最后加入约束条件,使得次级经济体分部门进出口贸易与合并后的总的国家层面的进出口贸易数据一致,这种做法虽然能确定双边贸易对称,但并不是其真实贸易往来数据。

(五) 能源数据、碳排放数据预处理过程中的问题

结合中国省级经济区域与国家层面的能源消费数据,得到中国 30 个省区市行业层面的能源使用数据,分为四种能源使用种类:煤炭、石油、天然气、其他能源。该四种能源消耗加总后与 WIOD 数据库中对于能源加总后的结果不一致,且后者略大。某些部门的差异较为显著。引起这一差异的原因可能是两个数据库中统计的分部门的能源使用种类有所差异。本书的处理办法是将中国国家统计局公布的能源数据预处理后代入到 WIOD 环境类数据库中作为能源消耗因子,用以测算中国省区市层面的全球能源流向;同时,基于 IPCC 公布的碳排放测算模型对 2009 年中国

省区市层面的分行业的碳排放进行了推算,用以测算中国省区市与其他经济体开展国际贸易活动导致的贸易隐含碳的国际性交互流动。

综上所述,虽然学术界将大型经济体拆分并嵌入到世界性投入产出表已有所研究,但由于支撑数据的可获得性不强,且数据质量较差,进行多次价格处理、同一化处理、部门合并与拆分、汇率折算、假设推演等技术处理之后,原始数据的可利用率会有所下降,未来研究中应在获取更多数据的基础上,减少模型假设来确保最后编制出不确定较小、合理的世界性跨区域投入产出表。

第四节　中国省区市层面对其他金砖国家
国际贸易隐含碳分析

一、中国省区市国内国际贸易隐含碳概述

中国30个省区市层面通过国内区域之间的商品和服务贸易与(同世界其他经济体)国际贸易隐含的碳排放见表4-5和表4-6。结果表明,本书所研究的省区市内部自己生产且用于本区域内中间投入和最终需求消费的产品和服务的碳排放约为30亿吨,其中山东省为该部分首位隐含碳排放省份。全球背景下的各省区市从其他省区市通过国内省际贸易与省区市自身国际贸易进口的隐含碳低于用于本身生产和消费的隐含碳,广东省为第一大进口隐含碳省份,江苏省排在第二位,这两个省份在加工出口贸易方面较其他省份发展更为迅速,即两省在与其他世界经济体贸易过程中吸纳的碳排放较其他内陆省份更多。中国区域层面通过国内贸易与国际贸易承担了其他省份和国家(地区)的隐含碳排放责任总和约为38亿吨,较用于本区和进口的隐含碳总量都多,这表明中国各省区市之间存在着很强的经济发展互补性、各省区市积极参与国际贸易分工与世界其他经济体开展贸易合作。其中,山东省、安徽省、河南省的隐含碳责任承担较多;相应地,这三个省份从其他省份或世界经济体通过进口吸收的隐含碳总和都较少,由此可见,这三个省份为国内隐含碳净流入省份,

吸纳了来自其他省份与国家较多的贸易隐含碳。此外,就国内层面碳排放而言,从表4-4可以看出,整体上生产责任制原则下的各区域碳排放总和要大于消费责任原则下的各区域碳排放总和,这一趋势与已有文献中计算得出的中国国家层面的不同责任制核算原则下的结果一致。

表4-4　中国省区市层面不同用途隐含碳排放分布　　(单位:万吨)

	reguse	regim70	regex70		reguse	regim70	regex70
北京	4490	20253	4909	河南	13627	13299	22712
天津	4078	13561	7651	湖北	11462	5028	10645
河北	15602	17738	31705	湖南	13346	7098	11287
山西	17198	6731	22880	广东	13065	21386	19821
内蒙古	16465	9942	29228	广西	5532	7138	5236
辽宁	15526	11675	16135	海南	2076	602	1296
吉林	7685	12667	8842	重庆	6344	4517	5470
黑龙江	9321	8479	10704	四川	13138	5583	11901
上海	5992	14710	11346	贵州	7014	3211	10889
江苏	17531	22383	32818	云南	7501	5526	8632
浙江	10766	17035	17336	陕西	6379	9169	11862
安徽	8283	8034	11627	甘肃	5845	2947	4907
福建	5773	6030	6004	青海	3013	1333	2714
江西	10235	5527	10091	宁夏	4016	2086	4064
山东	32257	21287	31508	新疆	7234	4631	5382

备注:reguse 表示本区域内部中间产品和最终需求碳排放;regim70 表示隐含在本区域进口来自其他国内省区市以及世界其他经济体的产品和服务中的碳排放总和;regex70 表示隐含在本区域向国内其他省区市以及世界其他经济体出口贸易的产品和服务的中的碳排放总和。
数据来源:笔者整理。

中国各省区市总的碳排放及隐含碳流入、流出分布图见图4-1。从流经单区域的总的碳排放分布来看,山东省(8.5亿吨)、江苏省(7.1亿吨)、河南省(6.5亿吨)、内蒙古自治区(5.5亿吨)、广东省(5.4亿吨)为前5位三种用途隐含碳总和流经最多的省份。其中,山东省为全国首位区域内部隐含碳使用量最多的省份,江苏省、山东省、广东省从其他经济区域或世界其他经济体吸收的国内、国际贸易隐含碳也较多。

　　北京市(3亿吨)作为北方的大型城市之一,其从其他省份和经济体进口的最终消费品较多,该区域内工业较少,因此由本区域内生产的用于本区域中间投入和最终消费的隐含碳较少,其转移到其他省区市或国家的隐含碳责任也较少,而其流入隐含碳较多。山东省作为工业大省,其工业结构较为发达,与江苏省类似,这两个省份在从其他省区市或国家进口、出口的贸易隐含碳都是大进大出的特点,都为隐含碳净流出省份。河北省为隐含碳净流出省份,该区域承担的国内其他省份和国外经济体转移的隐含碳责任约为3.1亿吨,而从其他省区市或经济体吸收的隐含碳约为1.7亿吨,从省区市双边贸易数据来看,河北省作为北京市的经济腹地,其国内贸易隐含碳较多地流向了北京市、天津市,而北京市、天津市的主要隐含碳来源省区市除了河北省,还有内蒙古自治区、山西省和东北三省。

(单位:亿吨)

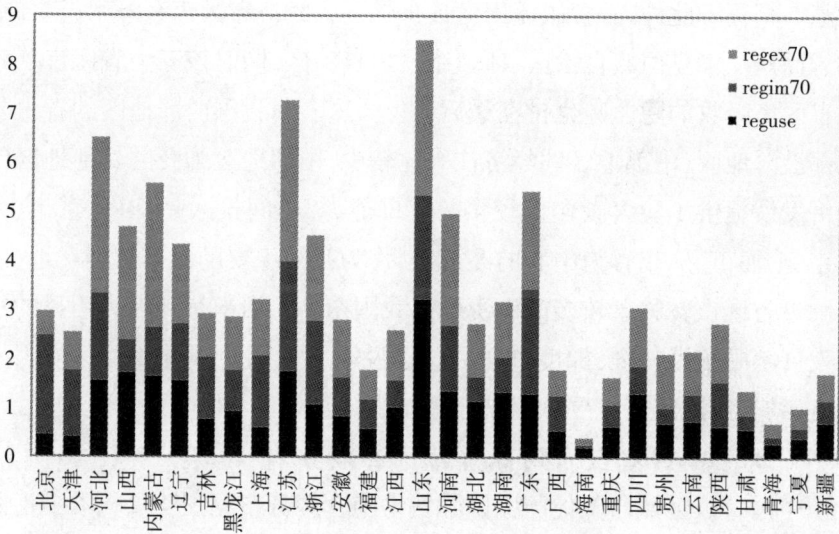

图4-1　中国各省区市综合碳排放分布

注:reguse 表示本区域内部中间产品和最终需求碳排放;regim70 表示隐含在本区域进口来自其他国内省区市以及世界其他经济体的产品和服务中的碳排放总和;regex70 表示隐含在本区域向国内其他省区市以及世界其他经济体出口贸易的产品和服务的中的碳排放总和。

数据来源:笔者整理。

（一）中国省区市国内贸易隐含碳分析

中国国内各省区市之间区域层面的隐含碳流入、流出情况见图4-1。内蒙古自治区、河北省、湖南省、山西省、江苏省为前五大中国国内省区市间贸易隐含碳转出省份。其中，内蒙古自治区、河北省为国内隐含碳净流出省份。广东省、江苏省、山东省、河北省、上海市为前五大国内区域贸易隐含碳净流入省份。这表明流出省份均为工业、能源为突出比较优势的省份，而流入省份则较多隐含在中间投入品中用于最终消费生产的产品和服务中。山西省和内蒙古自治区作为净流入隐含碳前两位的省份，通过国内省区市间贸易将隐含在初始能源中的隐含碳转移到了华北沿海经济区；北京市、上海市、天津市作为前三位净隐含碳流入较多的直辖市，通过国内贸易的方式向其他省区市转移了较多的碳排放责任。流入流出隐含碳基本持平的省区市有陕西省、重庆市、云南省、黑龙江省四个经济区，这表明这四个经济区与国内其他经济区之间的隐含碳总量转出量与转入量基本相等。此外，隐含碳流出量最少的五大经济省区市有海南省、甘肃省、青海省、宁夏回族自治区、新疆维吾尔自治区，同时该五个省区市从其他省区市吸收的隐含碳也排在最后5位。这表明我国西部地区的省份与东部沿海地区、中部地区的经济往来比较少；中部地区为我国其他地区的经济发展提供了隐含碳含量较多的基础能源、中间投入品；以北京市、天津市、上海市、广东省为中心的经济区，作为我国主要的碳排放消费地，向其临近省区市转移了较多的碳责任。我国东、中、西部呈现较为明显的经济发展不平衡性特征，梯度鲜明。这也说明了全国性碳排放目标应因地制宜，结合当地经济发展状况来合理制定。

（二）中国省区市国际贸易隐含碳分析

中国省级区域与其他国家国际贸易隐含碳分布见图4-2。本书汇总了中国各省区市与除中国其他29个省区市之外的其他41个世界经济体国际贸易进出口隐含碳的总体分布图。从图中可以看出，江苏省是承担国际贸易隐含碳责任最多的省份，其净流出隐含碳也排在第一位。这说明了江苏省通过中间产品和服务出口贸易从世界其他经济体转移进来最多的碳排放责任，也说明了与国内其他省份相比较，江苏省参与国际贸易

（单位：亿吨）

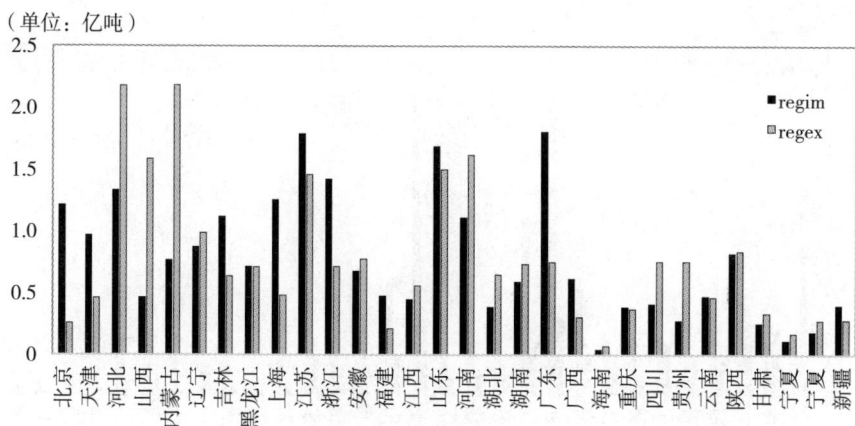

图 4-2　中国各省区市与国内其他省市贸易隐含碳总和分布

注：regim 表示隐含在本区域进口来自其他国内省区市的产品和服务中的碳排放总和；regex 表示隐含在本区域向国内其他省区市出口贸易的产品和服务的中的碳排放总和。

数据来源：笔者整理。

特别出口贸易的程度较大。其次，山东省为我国第二大承担出口贸易隐含碳责任的省份。广东省、河南省、浙江省紧随其后。结果显示，中国省区市层面从世界其他经济体进口的隐含碳较少，也较低。其中，北京市从世界其他经济体进口约 0.8 亿吨 CO_2，是我国进口隐含碳最多的经济区。北京市主要从其他经济区进口了大量隐含在最终需求产品和服务中的隐含碳。其他隐含碳净进口的省区市经由天津市。国内其余 28 个省区市均为隐含碳净出口经济区。

河南、江苏、山东三省份进口隐含碳均位于 0.4 亿吨以上，他们进口的主要隐含碳隐含在中间投入品中。除此之外，通过国际贸易向其他世界经济体转移了较多隐含碳的省份为山西、内蒙古自治区、辽宁、上海、湖南五大省份。我国西部地区的净出口隐含碳体量较小，但与各自出口隐含碳对照比较后可知，西部省份如甘肃省、青海省、宁夏回族自治区、新疆维吾尔自治区几乎为净隐含碳进口省区市。海南省是除西部省份之外，与国内其他省区、与国外经济体贸易较少的省。由此可见，我国西部地区与工业落后的南部省份不仅与国内其他省区市贸易较少，与世界其他经济区域的贸易量也很少。中部工业省份与长江三角洲经济区、珠江三角

（单位：亿吨）

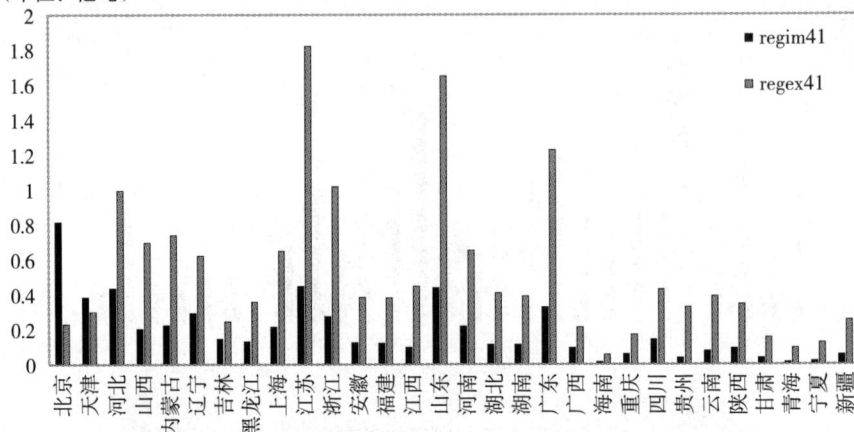

图 4-3　中国 30 个省区市与世界其他经济体国际贸易隐含碳总和分布

注：regim41 表示隐含在本区域进口来自世界其他经济体的产品和服务中的碳排放总和；regex41 表示隐含在本区域向世界其他经济体出口贸易的产品和服务的中的碳排放总和。

数据来源：笔者整理。

洲经济区、北部沿海经济带与国外贸易较为频繁。

（三）中国省区市层面国际贸易隐含碳流向分析

中国 30 个省区市层面的国际贸易出口隐含碳主要流向国家见表 4-5。美国、日本、德国、印度和韩国是中国区域层面加总后的前 5 大贸易伙伴国。其中，美国转移的隐含碳责任省份主要依次为江苏省（0.43 亿吨）、山东省（0.37 亿吨）、广东省（0.28 亿吨）、浙江省（0.22 亿吨）、河南省（0.22 亿吨）等地；日本的隐含碳责任主要转移到江苏省、山东省、浙江省、内蒙古自治区等地；德国的隐含碳责任主要转移到江苏省、山东省、浙江省、河南省。印度作为金砖国家中与中国合作较为密切的发展中国家，位居第四位，主要向山东省、江苏省、广东省、河南省等地转移了碳排放责任。此外，从分国别的 20 个贸易隐含碳吸收情况来看，江苏省是贸易隐含碳责任吸收省，排在首位；其次是山东省、广东省、浙江省、河南省。韩国的隐含碳责任主要转移到了江苏省、山东省、广东省、河南省等省份。来自韩国的隐含碳主要流向的地区依次为北京市、江苏省、河南省、山东省、天津市等地；日本的隐含碳责任流向地区为北京市、河南省、江苏省、天津市、浙江省等地;俄罗斯的隐含碳责任主要流向了北京市、山东省、河南省、江苏省等地。美国的隐含碳责任主要流向了北京市、江苏省、河南省等地。此外,金砖国家中,南非与巴西相比较向中国出口了较多的隐含碳。该小节研究为最后提供中国区域层面跨国开展贸易隐含碳综合协同减排提供了理论依据。

表 4-5 中国省区市国际贸易出口隐含碳前 10 大进口贸易伙伴

（单位:万吨）

	美国	日本	德国	印度尼西亚	韩国	澳大利亚	加拿大	英联邦	俄罗斯	法国
北京	508	188	115	78	105	94	78	74	45	59
天津	678	259	167	106	117	100	94	88	72	83
河北	2204	830	548	392	375	325	307	295	276	275
山西	1572	582	373	293	267	218	227	210	178	189
内蒙古	1598	638	412	274	300	267	229	219	198	204
辽宁	1322	539	335	262	260	203	205	177	163	163
吉林	492	221	134	90	110	95	78	72	65	65
黑龙江	748	317	192	145	154	130	111	107	96	97
上海	1458	541	359	220	255	223	195	194	168	183
江苏	4343	1488	1030	620	598	517	552	548	525	529
浙江	2282	842	560	400	330	298	306	321	388	298
安徽	901	308	211	207	128	116	117	121	117	110
福建	886	312	204	179	130	107	117	117	120	109
江西	1017	379	250	181	166	149	139	135	130	127
山东	3727	1405	887	800	584	473	513	492	459	453
河南	1479	529	352	293	243	193	200	194	176	180
湖北	906	345	230	150	158	138	127	123	120	113
湖南	875	335	216	139	152	137	120	119	118	111
广东	2870	1014	714	440	425	355	391	365	338	354
广西	505	174	119	89	74	63	66	63	53	60
海南	117	52	31	17	25	23	17	16	14	16
重庆	381	136	99	66	61	54	51	51	48	47
四川	1013	351	237	173	151	128	133	131	129	123
贵州	774	276	189	123	123	111	102	98	79	94

续表

	美国	日本	德国	印度尼西亚	韩国	澳大利亚	加拿大	英联邦	俄罗斯	法国
云南	904	303	254	158	133	104	130	113	89	113
陕西	784	292	195	127	134	119	109	104	90	97
甘肃	346	130	88	59	60	54	47	45	38	43
青海	214	84	56	38	40	39	29	28	22	27
宁夏	280	106	68	51	50	41	40	38	32	35
新疆	529	222	133	92	91	79	77	81	97	72

数据来源:笔者整理。

中国省区市国际贸易进口隐含碳主要来源经济体见表4-6。将中国省区市层面进出口国际贸易隐含碳相比较可得出,中国为隐含碳净出口国家,且多数省区市为隐含碳净出口区域,少数地区如北京市、天津市为隐含碳净流入区域。从图中可以看出,向中国出口隐含碳的主要经济体有韩国、日本、俄罗斯、美国等。国内进口贸易隐含碳较多的经济区域为北京市、河南省、江苏省、天津市、山东省、广州市、四川省等。

表4-6 中国省区市国际贸易进口隐含碳主要进口贸易伙伴

(单位:万吨)

	韩国	日本	俄罗斯	美国	德国	印度尼西亚	南非	澳大利亚	加拿大
北京	785	869	498	729	479	255	209	142	132
天津	366	395	258	331	211	125	100	80	65
河北	396	425	319	360	219	146	123	105	76
山西	169	179	161	160	93	71	63	69	41
内蒙古	190	195	180	177	99	78	73	73	44
辽宁	260	263	229	238	133	94	87	75	52
吉林	122	124	119	115	62	47	47	44	27
黑龙江	116	109	110	107	55	42	43	36	23
上海	210	190	169	183	91	63	71	47	36
江苏	442	405	354	341	173	137	141	97	72
浙江	242	225	229	210	102	87	104	73	48
安徽	103	96	109	98	44	39	44	36	23

续表

	韩国	日本	俄罗斯	美国	德国	印度尼西亚	南非	澳大利亚	加拿大
福建	111	100	100	99	45	36	41	27	22
江西	82	78	95	68	32	36	37	34	19
山东	371	328	386	305	135	135	133	120	83
河南	174	166	194	162	73	72	78	69	42
湖北	91	83	102	91	38	37	44	34	22
湖南	92	85	105	88	38	38	42	36	23
广东	324	272	274	245	107	96	113	76	60
广西	79	72	87	73	30	33	37	28	18
海南	13	9	16	13	5	4	6	3	3
重庆	49	46	54	47	20	20	24	20	12
四川	104	96	133	104	41	49	53	55	30
贵州	30	25	39	28	11	13	16	14	8
云南	59	55	74	54	23	25	32	24	14
陕西	68	57	95	61	24	32	36	42	21
甘肃	29	24	42	28	10	14	15	15	9
青海	8	8	17	8	3	5	6	7	3
宁夏	15	12	20	13	5	7	9	8	4
新疆	39	29	62	37	13	21	23	34	14

数据来源:笔者整理。

由于本章研究是基于中国区域性和世界其他经济体四种用于生产的综合性能源燃烧产生的全球碳排放研究。针对包含中国 30 个省区市的全球国际贸易隐含能源的进一步研究,有助于更加全面地分析研究中国地区性能源消费及碳排放分析研究;同时对中国区域性能源结构调整与跨国能源与碳减排合作研究有积极的作用。基于本研究结果可得出,将中国 30 个省区市嵌入到世界层面后全球能源流向更加碎片化,可以看出河南省、山东省、内蒙古自治区、江苏省、广东省的总隐含碳资源的流量大于有些国家,特别是欧洲国家的隐含碳资源。这表明中国地区性能源安全的全球性考量视角,同时也暗示了中国地区性隐含碳减排工作,从生产和消费视角寻求国际横向合作的政策和技术可能性。

二、中国—俄罗斯国际贸易隐含碳流向分析

中国对俄罗斯出口隐含碳各省区市的结果见图4-4。本书计算结果显示,俄罗斯是中国省区市层面加总后出口贸易隐含碳的第九位贸易伙伴。从图中可以看出,向俄罗斯出口较多的隐含在产品和服务中的贸易隐含碳的主要省份依次为江苏省、山东省、浙江省、广东省、河北省。大多数省区市分布于东部沿海地区。此外,北部沿海地区、南部沿海的省份城市向俄罗斯出口的贸易隐含碳较少,且中部地区的省份城市较西部地区的省区市向俄罗斯出口了较多的贸易隐含碳。进一步地,参考前文分析结果,中国向世界其他国家出口国际贸易隐含碳的结果可以得出,中国向俄罗斯出口的贸易隐含碳主要隐含于水电气供应业、基础金属与金属加工业、其他非金属行业、化工业、交通运输业等。

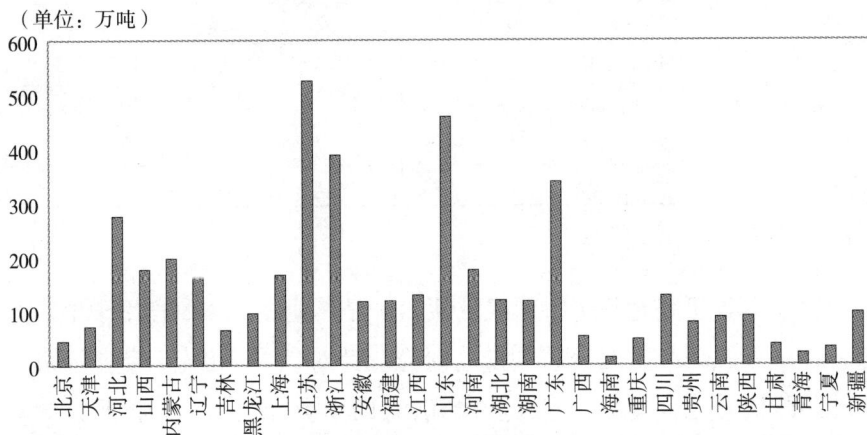

（单位：万吨）

图 4-4　中国各省区市对俄罗斯出口贸易隐含碳分布

数据来源:笔者整理。

图4-5显示了中国各省区市从俄罗斯进口的贸易隐含碳的分布情况。从总体结果看,俄罗斯是中国国际贸易进口隐含碳第三位贸易伙伴国。从图中可以看出,从俄罗斯进口贸易隐含碳较多的省份及城市依次为北京市、山东省、江苏省、河北省、广东省、天津市、辽宁省、浙江省等省份。北京市作为中国北方大型城市,通过直接和间接的贸易方式从俄罗

斯进口了较多的贸易隐含碳,山东省与江苏省作为东部经济带工业较为发达的省份吸收了来自俄罗斯较多的贸易隐含碳。结合前文分析结果可以得出,从俄罗斯进口的主要贸易隐含碳来自采掘业、化工业、机械设备制造业等能源资源行业与重工业制造类行业。

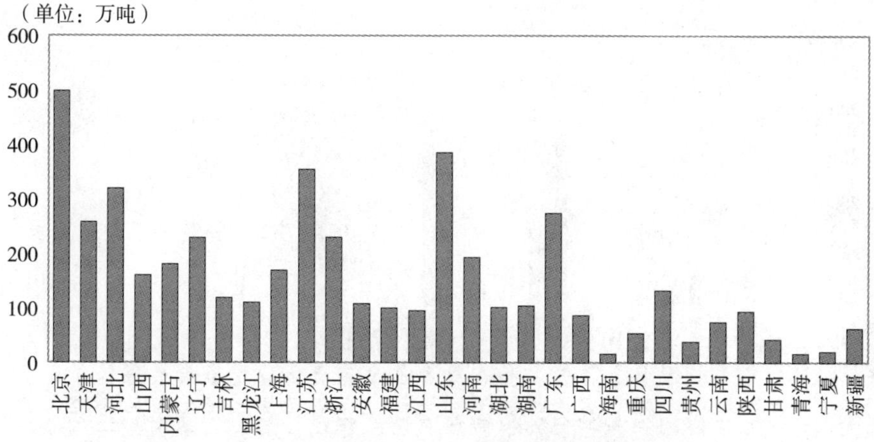

（单位：万吨）

图4-5　中国各省区市对俄罗斯进口贸易隐含碳分布

数据来源:笔者整理。

综上所述,对比中国对俄罗斯的国际贸易隐含碳结果可以得出,北京市、天津市、河北省、辽宁省、吉林省、广西壮族自治区为主要的隐含碳净流入省份与城市;与此相对应,中国省区市层面净流向俄罗斯的贸易隐含碳的主要省份为江苏省、浙江省、山东省、广东省、广州市、新疆维吾尔自治区。

三、中国—印度国际贸易隐含碳流向分析

前文研究结果得出,印度作为中国主要的贸易伙伴,向中国转嫁了主要的中间品贸易国,隐含碳责任如用于发电的机械设备;钢材、肥料、农产品等。同时,中国作为印度国际贸易的主要合作者,在金砖国家合作框架下也是中国主要的能源资源、工业制成品及最终需求品,如铁矿砂、棉花、汽车零件、化工产品、金属制品、纺织品、运输设备等的进口来源国。图4-6显示中国各省区市对印度出口的贸易隐含碳分布。其中,承担印度隐含碳责

任较多的省份主要依次为江苏省、山东省、浙江省、广东省、河北省等省份。这些省份主要来自中国的工业体系发展较为完备的经济带。相应地,中国东部沿海省份与南部沿海省区市进口的来自印度的隐含碳责任要大于北部沿海省份(市)。

（单位：万吨）

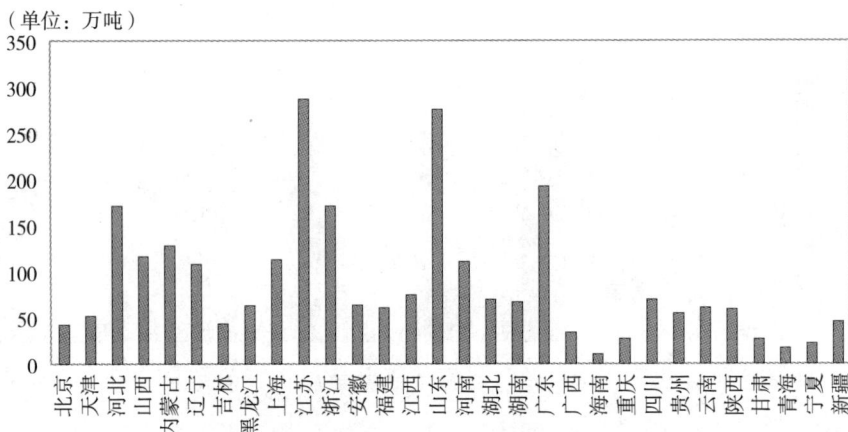

图4-6　中国各省区市对印度出口贸易隐含碳分布

数据来源:笔者整理。

图4-7显示了中国各省区市对印度的进口贸易隐含碳分布情况。文献综述表明,中国已经成为印度第一大贸易伙伴国,印度则是中国第十大贸易伙伴国。本书研究结果显示,印度是中国第十位贸易隐含碳进口国,其中从印度进口较多贸易隐含碳的省区市及城市主要依次为北京市、河北省、江苏省、山东省、天津市、广东省等。该类地区主要集中分布于我国长江以北工业较发达省区市或大型最终消费型城市。与长江以南的省份相比较,京津冀地区吸收了较多的中国—印度贸易隐含碳。此外,我国西部地区从印度进口隐含碳显著较少。

综上所述,中国省区市层面在中印贸易中呈现较为明显的隐含碳责任净进口地位。其中,北京市与天津市属于贸易隐含碳净流入城市。这表明中国在与印度贸易的过程中将较多的隐含碳排放责任转移到了中国国内。其中,贸易隐含碳顺差较大的省区市与城市主要依次为江苏省、山东省、浙江省等省份。随着金砖成员国间贸易关系的日趋密切,中印经贸

（单位：万吨）

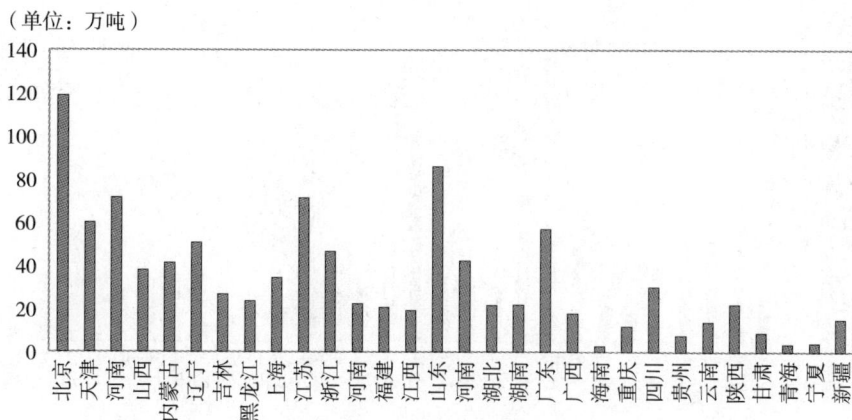

图4-7　中国各省区市对印度进口贸易隐含碳分布

数据来源：笔者整理。

关系的深入开展，中国与印度各自的经济贸易比较优势日趋显现出来，两国之间的贸易结构互补性日趋明显。

四、中国—巴西国际贸易隐含碳流向分析

巴西作为金砖国家第四大成员国，是南美洲重要的经济体之一。中国于2009年成为巴西第一大贸易伙伴国，巴西作为中国在南美洲最大的贸易伙伴，从中国省区市层面进口的贸易隐含碳见图4-8。其中，巴西转移碳排放责任转移的省份主要有江苏省、山东省、广东省、河北省、浙江省等省份。这些省份主要分布于北部经济圈的主要经济腹地山东省；以及工业体系较为完备的中部省份。相比较而言，中国长江中下游经济带与黄河中下游经济带对巴西的出口较多。结合前文分析结果可得知，中国承担的巴西转入的贸易隐含碳主要集中于电机、电气、音响设备及其零部件产品、基础金属制品及零件、机械制品、钢铁制品、光电设备制造业、车辆及零部件等产品。

与此同时，中国作为巴西第一大出口目的地与进口来源国，吸收了占巴西出口隐含碳较高比例的来自其本国的出口贸易隐含碳。图4-9展示了中国各省区市从巴西进口的贸易隐含碳分布。其中，吸收隐含碳较

（单位：万吨）

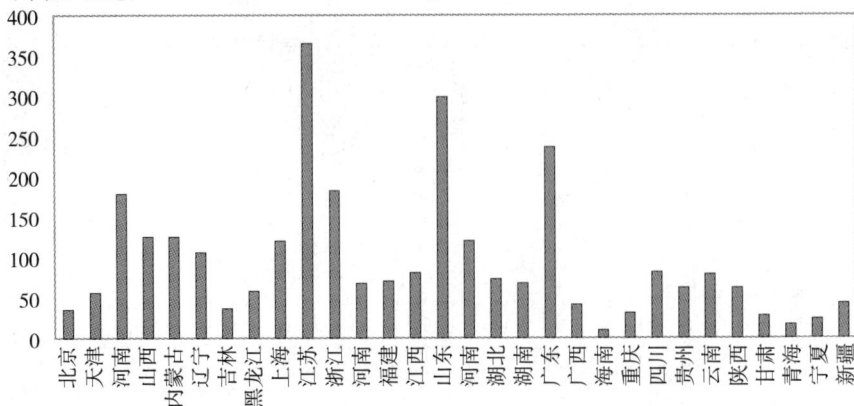

图4-8 中国各省区市对巴西出口贸易隐含碳分布

数据来源：笔者整理。

多的主要省区市依次有北京市、山东省、江苏省、河北省等。这些省区市主要分布于长江以北的京津冀经济带、黄河中下游经济带、长江三角洲经济带。结合已有文献分析结果及前文分析结果可得出，巴西向中国出口隐含碳较多的产业部门及产品主要依次有采掘业的矿砂、矿渣及矿灰；农林牧副渔业的油籽；工业或药用植物，饲料、动植物油；化工业的矿物燃料、矿物油及其产品；木制品行业的木浆等纤维状产品。

（单位：万吨）

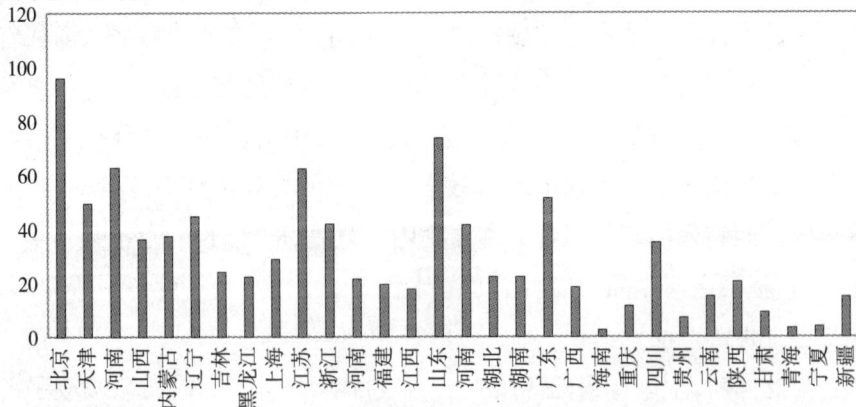

图4-9 中国各省区市对巴西进口贸易隐含碳分布

数据来源：笔者整理。

综上所述,中国对巴西的国际贸易从国家层面来看为净贸易隐含碳排放责任流入国,从省区市层面来看除北京市为净流入城市之外,其他29个省区市及城市均为对巴西净贸易隐含碳输出省区市。中国与巴西较强的贸易往来得益于金砖国家2001年的组建及后续经贸合作关系的深入开展。其中,处于进口贸易隐含碳责任较大的省份主要为江苏省、山东省、广东省。

五、中国—南非国际贸易隐含碳流向分析

中国各省区市对南非的出口贸易隐含碳分布见图4-10。本书研究结果得出,南非是中国第十九位的国际贸易隐含碳流向国。金砖国家中吸取中国贸易隐含碳较多的国家依次为俄罗斯、印度、巴西、南非。其中,从南非转入的国际贸易隐含碳排放责任较多的省份主要为山东省、广东省、江苏省、河北省、辽宁省、内蒙古自治区、山西省、浙江省等。这些省份主要分布于我国东北老工业基地、京津冀经济带、黄河中下游经济带。南部珠江三角洲沿海经济带向南非转移隐含碳较北以上省份较少。从前文研究结果可得出,中国从南非进口的主要产业部门及产品有机器制造业的机电产品、纺织业的纺织品及原料、金属制造业的贱金属及制品、化工业的化工产品、家具制造业的家具、玩具、杂项制品等。

图4-11展示了中国各省区市对南非进口贸易隐含碳的分布情况。其中,前五大吸收了南非贸易隐含碳的省市为北京市、江苏省、山东省、河北省、广东省。这些省份主要分布在沿海较为发达的地区。这表明,南非与以上中国较为密切的省区市贸易伙伴之间联合开展跨国性贸易隐含碳减排的可行性较强。从总体层面来看,我国西部省份与南非贸易往来较少。北部中原地区省份通过贸易吸收了来自南非转移的较多的碳排放。结合前文分析结果可以得出,南非向中国出口的主要产业及产品有采掘业的矿产品;金属制品的贵金属及贱金属制品;木材加工业的纤维素浆及纸张等行业及其产品。

综上所述,南非与其他金砖国家成员国相比,与中国的贸易隐含碳总

（单位：万吨）

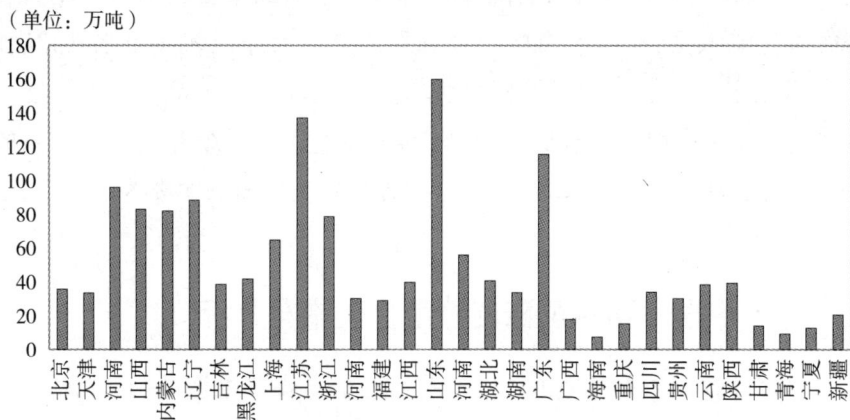

图4-10   中国各省区市对南非出口贸易隐含碳分布

数据来源：笔者整理。

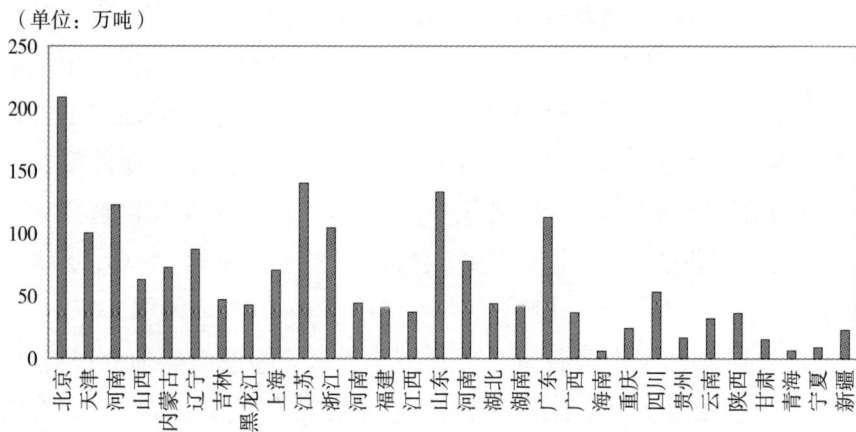

（单位：万吨）

图4-11   中国各省区市对南非进口贸易隐含碳分布

数据来源：笔者整理。

体额度较小。对比中国—南非贸易中的隐含碳可以得出,处于贸易隐含碳逆差地位的省市依次为北京市、天津市、河北省等;处于贸易隐含碳顺差地位的省份依次为山东省、山西省、广州市、内蒙古自治区等。相比较而言,在中非合作论坛框架下的经贸关系日趋密切,同时得益于金砖国家之间经贸关系的深入,未来中国与南非之间的贸易互补性将更加凸显出其经贸合作对于非洲经济发展的重要性。

六、中国省区市层面对其他金砖国家贸易隐含碳测算分析概述

本章通过构建多国多区域投入产出模型,将中国30个省区市多区域投入产出表嵌入到世界投入产出表中,分析了中国30个省区市之间的国内贸易隐含碳和各个区域国际贸易隐含碳的双向(进口、出口)国别分布、行业分布。本章在模型构建、数据处理、结果分析方面的主要结论与启示体现在以下几方面。

第一,在开放经济条件下将大型经济体拆分嵌入到世界数据库中的分析方法,将成为运用多区域投入产出模型分析国际国内能源使用结构、能源安全、碳排放减缓等能源环境问题方面未来主要的分析方向。随着各国投入产出数据库的编制与更新,区域性、行业性细分投入产出数据不断完善,国际国内层面的数据库的联通融汇、大数据算法的应用,将全球各国多数行业之间的产业关系紧密连接在一起。全球分工的深入与国际国内区域间贸易的纵深发展与行业更加细化的特征也向全球性多区域投入产出模型的发展提出了挑战。因此,未来的研究中,大型经济体如中国、印度、美国、日本、德国等国之间的贸易及贸易引起的增加值分配与环境成本分析将更加具有针对性。

第二,构建多国多区域投入产出模型的思想是在拆分单一大型经济体的基础上提出的。该模型依托于随后编制的多国多区域投入产出表,在编制该表时,应注意区域性投入产出表嵌入到世界性投入产出表过程中可能会出现的不对称、不匹配等问题;注意谨慎处理区域性国内贸易数据,与区域性国际贸易数据的调整处理;注意国内总投入产出数据与拆分后再加总为国家层面的区域性投入产出数据之间的匹配对等问题;谨慎选取在处理国内国际贸易跨区域之间的贸易矩阵匹配问题;中间投入产品与最终需求产品之间的分配比例问题的选取;在出现数据缺失与负值时应谨慎采取已有文献中提到的假设和替代方法。此外,数据库最后的最优化问题应保证拆分后的经济体在国内、进口、出口、中间投入品、最终

需求、总产出之间的区域与全国层面的一致性。

第三，本书研究结果显示，我国大多数省区市是国际贸易隐含碳净流入省区市，同时也是国内省区市间贸易隐含碳净流出省区市。隐含碳责任净流入省份主要集中于江苏省、山东省、浙江省、河南省、内蒙古自治区、湖南省、广东省等。贸易隐含碳流入的省市有北京市、天津市。我国国家层面的出口隐含碳远大于进口隐含碳，在区域层面除少数大型北部、东部沿海城市之外，国际国内贸易出口隐含碳均大于进口隐含碳，这表明我国绝大多数省区市经济体吸收了来自国内其他省区市与世界其他经济体的隐含碳排放。其中，前十大主要的国内贸易隐含碳流入省份依次为广东省、江苏省、山东省、浙江省、河北省、上海市、北京市、吉林市、河南省、天津市；前十大国内贸易隐含责任净流入省份为内蒙古自治区、河北省、河南省、上海市、山东省、江苏省、辽宁省、陕西省、安徽省、广州市。通过与世界其他经济贸易吸收国际贸易隐含碳较多的前五大区域为北京市、河北省、江苏省、山东省、天津市。吸收国际贸易隐含碳排放责任较多的前五大区域为江苏省、山东省、广东省、浙江省、河北省。

第四，研究结果表明，在与其他金砖国家成员国贸易过程中，中国呈现明显的东、中、西部三阶梯的区域性经济发展不平衡特征。西部地区省份（青海省、宁夏回族自治区、甘肃省、新疆维吾尔自治区）的国内国际贸易隐含碳流入流出量都较少，中部省份（河南省、河北省、湖南省、山西省）的国内贸易隐含碳主要流向了京津冀经济区、长江三角洲经济区；从金砖国家流入的隐含碳排放责任主要集中于水电气供应业、金属业与金属制造业、化工行业、采掘业等。在与金砖国家贸易过程中，中国省份主要从俄罗斯进口了较多的贸易隐含碳，而承担了来自印度较多的贸易隐含碳排放责任，俄罗斯与印度在与中国的国际贸易关系方面都有很强的互补性；中国已经成为金砖成员国巴西和南非的第一大贸易伙伴国，两国在发挥各自比较优势的基础上与中国开展贸易。此外，从省区市层面看，江苏省、山东省、浙江省、广东省、河北省为主要的贸易隐含碳排放责任转入省份；而北京市、山东省、江苏省、河北省、广东省、天津市、辽宁省、浙江省为主要的贸易隐含碳流入省区市。

　　本章在已有的全球多区域投入产出模型的基础上,构建了全球多国多区域投入产出模型。该模型的优点在于研究者可在全球范围内将任一大型经济体进行拆分,在此基础上将拆分后的若干次级经济区域嵌入到全球投入产出模型中。与原有的多区域投入产出模型相比较,本研究构建的多国多区域投入产出模型可用来针对性地分析该大型经济体内区域层面的国内贸易、国际贸易条件下出现的研究话题。如区域性贸易附加值的分配;全球隐含在贸易中的能源使用、土壤、水、空气污染、碳排放等能源环境类话题;全球层面与区域层面在某一行业、产品贸易领域的横向交互影响路径研究;某一产业部门在开放经济条件下的国际国内产业定位与结构调整。

　　本章研究中所用的数据库是在前一章构建的包含南非的全球投入产出表的基础上,通过数学模型假设及技术手段,将中国 30 个省区市多区域投入产出表嵌入到了世界投入产出表中构成了新的世界投入产出表,用来更进一步地测算金砖国家之间的贸易隐含碳流向。中国区域性碳减排问题已经成为国内外研究的热点,中国区域层面、城市层面减排研究也日趋受到学术界的关注。在金砖国家框架下,为了更加精确地找出不同区域不同行业的减排潜力,本章研究对中国国内跨行业间、跨区域层面与其他金砖国家的国际贸易隐含碳流向进行了测算分析。下一章将通过构建模型来测算包含中国不同区域不同行业间的与其他金砖国家——俄罗斯、印度、巴西、南非贸易中产业部门碳关联强弱程度,分析讨论中国 30 个省区市间不同经济发展水平条件下的区域之间潜在的协同碳减排合作可能性。

第五章 中国省域对其他金砖国家 国际贸易部门碳关联分析

第一节 中国省域国际贸易隐含碳减排形势严峻

随着中国"十三五"规划的制定和实施、中国"一带一路"倡议的提出、中国产能过剩问题以及目前正在进行的能源消费"供给侧"改革、产业经济转型升级、中国的外贸结构战略性调整等一系列政策的出台,将会对中国能源消费需求与未来中国碳减排目标的实现产生重要的影响。目前,中国经济发展带来的巨大环境污染问题也引起了国际社会的关注。中国作为全球最大的能源消费国和碳排放国,2015年其碳排放量占据全球总碳排放约30%。本章将通过构建模型来测算中国不同区域不同行业与其他金砖国家国际贸易的产业部门碳关联强弱程度,分析讨论中国30个省区市间不同经济发展水平条件下的区域之间潜在的协同碳减排合作可能性,以及在金砖国家合作框架下中国如何在未来国际气候变化谈判及全球碳减排方面作出贡献。

近年来中国政府在碳减排方面推出了更加严格的措施和减排目标。2014年中国承诺碳减排力争在2030年左右达到峰值并开始减少,非化石能源占到一次能源总消费比重的20%。2015年中国政府进一步承诺到2020年18%的碳强度减少目标,将于2020—2022年更早地实现其2030年的碳排放峰值目标。此外,为了加强区域性碳排放监管与碳减排目标的强化,中国政府计划在已有碳排放交易市场试点的基础上于2020年在全国范围内推出碳排放交易市场。为了减少中国的碳排放对全球气候变化的影响,对中国区域性碳排放进行深入研究,分析中国国内区域间的能源流向以及中国国内不同区域与金砖国家其他贸易伙伴之间的贸易往来隐含的能源流与碳排放流,将有助于制定中国区域层面的能源结构调整政策与碳减排政策措施。

文献综述结果显示,关于中国国家层面能源消费结构及碳排放研究被关注较多,然而中国区域层面呈现多元复杂性特点则关注较少,区域性经济发展不平衡、化石能源消耗效率不同及技术结构差异导致的不同区域对能源消耗与碳排放问题的认识也有所差异。由此引发的中国区域性经济发展与环境保护之间的平衡问题也较为严重。从全球层面来看,绝大多数低劳动成本、高碳强度的产品和服务从中国、印度、东南亚等新兴经济体流向了发达经济体;同时,中国国内则是从中西部经济落后地区流向了东部沿海发达地区。在这种产品生产地和消费地分离的产品供求格局背景下,作为最大的发展中国家,中国需重新考量全球性、区域性的能源环境政策应如何合理制定实施。

综上所述,基于中国碳排放测算及碳减排潜力分析的研究,现阶段已经深入到了中国省区市、城市、行业层面。中国国家层面的研究已经无法满足现实经济社会发展的需求。在研究中国庞大的经济体能源使用和碳排放问题的过程中,研究者有必要考虑中国国内区域性经济发展不平衡现象,这一做法将有助于中国国内在不同省区市层面制定切实可行的碳减排策略。中国不同省区市发展过程中呈现出的生产结构差异、能源效率差异、能耗异质性、碳排放强度产业疏密性分布等特征说明中国的碳减排政策不能实行全国"一刀切"的统一标准。

本章将在上一章研究的基础上深入分析中国30个省区市层面与其他金砖成员国之间国际贸易的产业部门碳关联分析,通过该分析可识别中国跨省区市、行业层面的产业碳关联性,识别高碳排放产业部门在中国国内省际流动贸易路径;同时也可以识别中国在与其他金砖国家国际贸易中的高碳强度产业链条。该研究结论将有助于中国实现"十三五"规划期间的减排目标,同时,也有助于中国在金砖国家框架内积极开展能源合作与产业合作协同碳减排工作,有助于中国在国际气候变化应对方面,联合金砖国家成员国,提升金砖国家在国际气候变化谈判中的影响力。

第二节　改进的假设抽取法产业部门碳关联
分析模型构建及数据来源

产业部门关联分析是投入产出分析体系中重要的模型方法之一。学术界对产业部门间的关联分析讨论围绕后向关联、前向关联测算方法展开。后向关联为产业部门作为下游产业消耗上游产业产品形成的消耗关系,切纳里和渡边(Chenery 和 Watanabe)主张采用直接消耗系数矩阵的列测算产业间的关联性,拉斯玛森(Rasmussen)采用列昂惕夫逆矩阵列和测算产业关联性,并提出了包括直接后向关联性和间接后向关联性的关联性概念,得到了学术界的广泛认可;前向关联为产业部门作为上游产业为下游产业部门提供自身产品而形成的对下游产业的供给关系,拉斯玛森提出用列昂惕夫逆矩阵的逆矩阵元素行和测算产业前向关联性,由于他使用了后向关联性作为测算前向关联的基础,后来逆矩阵的行和计被应用为计算前向关联效应,经证明直接后相关联性的计算中包含了部分直接前向关联性效应,直接前向关联性的计算也有失精确性。本书采用多数文献的研究思路,选用由直接消耗系数计算得到的列昂惕夫逆矩阵来测算产业部门间的后向关联与前向关联。

假设抽取法(HEM)由舒尔茨(Schultz)提出,它的主要分析思想为通过分析产业部门关联效应研究产业结构变动对经济系统的影响,基本思想是将某一经济部门从经济系统中抽走,比较该部门抽取前后经济产出的变化,基于此来判断这一经济部门对该闭合经济系统的影响。基于假设抽取法的产业部门关联性分析模型得到推广。在 HEM 原有模型的基础上提出了产业部门后向关联、前向关联和总关联之间的关系。目前国内相关研究主要将 HEM 模型应用于经济结构分析、产业部门碳排放分析、水资源利用分析等。国外研究方面,杜阿尔特等(Duarte 等,2002)分析了西班牙产业部门水资源利用结构,透纳等(Turner 等,2007)基于生态足迹分析了全球环境影响对区域消费动机的影响。产业部门间碳排放关联分析则是在引入碳排放系数的基础上对产业部门关联分析的应用。目前产业部门的碳排放分析多从经济增长、新能源利用、生物能源开发、碳税、制度创新角度展开。在第三章构建的全球多国多区域投入产出模型的基础上,本书将结合改进的 HEM 模型从投入产出来分析中国 30 个省区市产业部门间碳关联效应。有别于现有的针对国家、区域及碳强度、碳税角度取得的研究成果,本书拟定通过产业部门间投入产出的关系来刻画隐含碳在经济系统中产业部门间的关联与转移,找出关键碳排放部门、分析产业部门能源使用状况从而为南非经济结构调整、能源消费转型与实现碳减排目标提供实证依据。

一、产业部门碳排放核算方法

本节以多国多区域中的单一经济体为例来构建基于改进的 HEM 模型的产业部门碳关联分析模型。前一章模型中拆分后的中国任一省区市经济区域或者中国之外来自世界任一经济体都适用于本节构建的单一经济体测算产业部门的碳关联度模型。本研究中的部门抽取将基于包含中国 30 个省区市的全球多国多区域投入产出模型的里昂惕夫逆矩阵进行抽取。

假设某经济系统由 n 个产业部门组成,该经济体在生产过程中消耗了 m 种一次能源。各产业部门碳排放量的测算根据一次能源的消费量见(5.1)式;各部门的碳排放强度即某一产业部门总产出所产生的碳排放量的测算见(5.2)式:

$$C_i = \sum_{j=1}^{m} E_{ij}\delta_j, i = 1,2,\cdots,n \tag{5.1}$$

$$\bar{c}_i = \frac{C_i}{X_i} \tag{5.2}$$

(5.1)式中, C_i 为产业部门 i 的碳排放量, E_{ij} 为产业部门 i 的第 j 种一次能源消耗量, δ_j 为第 j 种一次能源的碳排放系数;(5.2)式中, $\bar{c}_i$ 为产业部门 i 的碳排放强度, X_i 为第 i 产业部门的总产出向量。设经济体由 n 个部门组成,其投入产出关系可用矩阵形式表示为:

$$X = AX + Y \tag{5.3}$$

(5.3)式中, $X = (x_{ij})$ 为多国多区域投入产出模型条件下的各国各区域中包含的各产业部门的总产出向量, $A = (a_{ij})$ 为多国多区域投入产出模型下的直接消耗系数矩阵,其元素为 $a_{ij} = \dfrac{x_{ij}}{X_j}$,表示产业部门 j 生产单位产品对产业部门 i 产品的直接消耗量 $(i, j = 1, 2, \cdots, n)$; Y 为各产业部门的最终需求,则最终需求 Y 表示的部门总产出 X 由(5.3)式推导可得:

$$X = (I - A)^{-1}Y \tag{5.4}$$

(5.4)式中 I 为单位矩阵; $(I - A)^{-1}$ 为多国多区域投入产出模型条件下的里昂惕夫逆矩阵,其元素表示某一生产部门生产单位最终产品对其他产业部门产品的完全需求量。上式中 Y 为该经济体或贸易矩阵对应的最终需求部分。因此本节构建的基于行业层面的多国多区域模型下的单一经济体碳排放的投入产出估算模型见(5.5)式:

$$C = \bar{C}X = \bar{C}(I - A)^{-1}Y = BY \tag{5.5}$$

其中, C 为各产业部门的能源消耗碳排放向量, $\bar{C} = (c_i)$ 是由各产业部门能源消费碳排放强度构成的对角阵,其对角元素为对应的产业部门 i 的碳排放强度。 $B = \bar{C}(I - A^d)^{-1}$, $B = (b_{ij})$ 为经济系统单位最终需求的完全碳排放强度矩阵,包含了直接与间接的碳排放, b_{ij} 表示第 j 部门生产一单位最终产品时引起的第 i 部门的完全碳排放量。

二、HEM 模型核算产业部门碳关联度一般式

假设将经济系统分为两个产业群 B_s 和 B_{-s},其中, B_s 为表示性质相近的若干部门构成的产业群,也可以是单独一个产业部门, B_{-s} 表示由经济系统剩余部门构成的产业群。依据矩阵分块法可将任意矩阵 B 表示为:

$$B = \begin{bmatrix} B_{s,s} & B_{s,-s} \\ B_{-s,s} & B_{-s,-s} \end{bmatrix} \tag{5.6}$$

则经济系统中产业部门的碳排放量 C 的测算公式可表示为:

$$\begin{bmatrix} C_s \\ C_{-s} \end{bmatrix} = \begin{bmatrix} \bar{C}_s & 0 \\ 0 & \bar{C}_{-s} \end{bmatrix} \begin{bmatrix} X_s \\ X_{-s} \end{bmatrix} = \begin{bmatrix} \bar{C}_s & 0 \\ 0 & \bar{C}_{-s} \end{bmatrix} \left(\begin{bmatrix} A_{s,s} & A_{s,-s} \\ A_{-s,s} & A_{-s,-s} \end{bmatrix} \begin{bmatrix} X_s \\ X_{-s} \end{bmatrix} + \begin{bmatrix} Y_s \\ Y_{-s} \end{bmatrix} \right)$$

$$= \begin{bmatrix} \bar{C}_s & 0 \\ 0 & \bar{C}_{-s} \end{bmatrix} \begin{bmatrix} \Delta_{s,s} & \Delta_{s,-s} \\ \Delta_{-s,s} & \Delta_{-s,-s} \end{bmatrix} \begin{bmatrix} Y_s \\ Y_{-s} \end{bmatrix}$$

$$(5.7)$$

其中,$C = \begin{bmatrix} C_s \\ C_{-s} \end{bmatrix}$,$X = \begin{bmatrix} X_s \\ X_{-s} \end{bmatrix}$,$Y = \begin{bmatrix} Y_s \\ Y_{-s} \end{bmatrix}$,$A = \begin{bmatrix} A_{s,s} & A_{s,-s} \\ A_{-s,s} & A_{-s,-s} \end{bmatrix}$,

$$(I - A)^{-1} = \begin{bmatrix} \Delta_{s,s} & \Delta_{s,-s} \\ \Delta_{-s,s} & \Delta_{-s,-s} \end{bmatrix}$$

假设产业部门 i 被抽取的情形下,产业群 B_s 在虚拟的经济系统中不与其他部门产品发生交易,其经济结构通过假设其对应直接消耗矩阵中 $A_{ij}=0$ 实现,由于产业群 B_s 和 B_{-s} 的中间消耗和共计关系不存在,中间投入过程中能源消耗引起的碳排放也不存在,而最终需求仍假定不变。所以,在该假设情形下产业间的生产关联引起的碳排放量 C^* 可以描述为:

$$\begin{bmatrix} C_s^* \\ C_{-s}^* \end{bmatrix} = \begin{bmatrix} \bar{C}_s & 0 \\ 0 & \bar{C}_{-s} \end{bmatrix} \begin{bmatrix} X_s^* \\ X_{-s}^* \end{bmatrix} = \begin{bmatrix} \bar{C}_s & 0 \\ 0 & \bar{C}_{-s} \end{bmatrix} \left(\begin{bmatrix} A_{s,s} & 0 \\ 0 & A_{-s,-s} \end{bmatrix} \begin{bmatrix} X_s^* \\ X_{-s}^* \end{bmatrix} + \begin{bmatrix} Y_s \\ Y_{-s} \end{bmatrix} \right)$$

$$= \begin{bmatrix} \bar{C}_s & 0 \\ 0 & \bar{C}_{-s} \end{bmatrix} \begin{bmatrix} (I - A_{s,s})^{-1} & 0 \\ 0 & (I - A_{-s,-s})^{-1} \end{bmatrix} \begin{bmatrix} Y_s \\ Y_{-s} \end{bmatrix}$$

$$(5.8)$$

将 i 部门抽取前后测算得到的碳排放量相比较,抽取 i 部门导致的产业部门碳排放量变化的影响程度可以由(5.7)式与(5.8)式之差求得:

$$C - C^* = \begin{bmatrix} C_s - C_s^* \\ C_{-s} - C_{-s}^* \end{bmatrix}$$

$$= \begin{bmatrix} \bar{C}_s & 0 \\ 0 & \bar{C}_{-s} \end{bmatrix} \begin{bmatrix} \Delta_{s,s} - (I - A_{s,s})^{-1} & \Delta_{s,-s} \\ \Delta_{-s,s} & \Delta_{-s,-s} - (I - A_{-s,-s})^{-1} \end{bmatrix} \begin{bmatrix} Y_s \\ Y_{-s} \end{bmatrix}$$

$$= \begin{bmatrix} \bar{C}_s(\Delta_{s,s} - (I - A_{s,s})^{-1}) & \bar{C}_s\Delta_{s,-s} \\ \bar{C}_{-s}\Delta_{-s,s} & \bar{C}_{-s}(\Delta_{-s,-s} - (I - A_{-s,-s})^{-1}) \end{bmatrix} \begin{bmatrix} Y_s \\ Y_{-s} \end{bmatrix}$$

$$= \begin{bmatrix} \Omega_{s,s} & \Omega_{s,-s} \\ \Omega_{-s,s} & \Omega_{-s,-s} \end{bmatrix} \begin{bmatrix} Y_s \\ Y_{-s} \end{bmatrix} \tag{5.9}$$

由（5.9）式可得到产业群 B_s 的碳关联测算公式，分别定义总碳关联 TL（Total Linkage）、后向碳关联 BL（Backward Linkage）和前向碳关联 FL（Forward Linkage）：

$$TL = u'(C - C^*) \tag{5.10}$$

$$BL = u' \begin{bmatrix} \Omega_{s,s} \\ \Omega_{-s,s} \end{bmatrix} Y_s \tag{5.11}$$

$$FL = u' \begin{bmatrix} \Omega_{s,-s} \\ \Omega_{-s,-s} \end{bmatrix} Y_{-s} \tag{5.12}$$

其中，$u' = (1,1,\cdots,1)$，代表单位向量，由上述分析可知 $TL = BL + FL$ 成立。为了研究产业群之间碳关联效应的强弱，杜阿尔特等（Duarte 等）对 HEM 方法进行了重要改进，构建相对指标来分析产业部门的碳关联显著性，分别用各产业群的总碳关联、后向碳关联和前向碳关联除以他们的算术平均数来测算得到，当某一碳关联相对指标大于 1 时，说明该产业群碳关联程度相对于其他产业群较为显著；当某一碳关联相对指标小于 1 时，说明该产业群碳关联程度相对于其他产业群显著性较弱。部门碳关联相对指数基本公式为：

$$I_{rj} = \frac{L_{rj}}{\frac{1}{n}\sum_{j=1}^{n} L_{rj}} \tag{5.13}$$

上式中，I_{rj} 表示产业部门间碳关联指数类型的相对指标，L_{rj} 表示产业部门间碳关联指数类型的绝对指标，r=t 表示总碳关联，r=b 表示后向碳关联，r=f 表示前向碳关联。

三、改进的 HEM 模型产业部门碳关联度分析方法

杜阿尔特(Duarte)通过引入产业部门用水系数、部门间投入产出关系来分析西班牙产业部门水资源利用时，将产业群之间的关联度分解为四种因子，分别为内部效应 IE(Internal Effect)、混合效应 ME(Mixed Effect)、净后向效应 NBE(Net Backward Effect)、净前向效应 NFE(Net Forward Effect)，本书在引入部门碳排放强度对角阵 $\bar{C}$ 的基础上，通过以上四个指标来分解产业群 B_s 的碳排放关联效应。具体公式如下：

$$IE = u_s' \bar{C}_s (I - A_{s,s})^{-1} Y_s \tag{5.14}$$

$$ME = u_s' \bar{C}_s [\Delta_{s,s} - (I - A_{s,s})^{-1}] Y_s \tag{5.15}$$

$$NBE = u_{-s}' \bar{C}_{-s} \Delta_{-s,s} Y_s \tag{5.16}$$

$$NFE = u_s' \bar{C}_s \Delta_{s,-s} Y_{-s} \tag{5.17}$$

其中，IE 表示产业群 B_s 为满足本产业群的最终需求 Y_s 而消耗的由本产业群自身独立生产的产品所产生的碳排放，即本产业群内部部门间的碳排放量，该情形下 B_s 不与其余产业群 B_{-s} 发生联系；ME 表示产业群 B_s 消耗由产业群 B_{-s} 进口作为中间投入又被 B_s 中间使用形成 Y_s 过程中的碳排放量，该效应具有前向和后向双重关联特征；NBE 表示产业群 B_s 为获得最终需求 Y_s 通过购买其余产业群 B_{-s} 的产品而直接和间接产生的碳排放，即为该产业群 B_s "净输入"的碳排放；NFE 表示产业群 B_s 的产品作为其他产业群 B_{-s} 的投入品使用来满足其他产业部门最终需求时产生的碳排放，该部分转移不会返回到产业群 B_s，即为该产业群 B_s "净输出"的碳排放。

通过以上对碳关联测算与产业群碳关联度分解，可知产业群 B_s 有如下关系式成立：

$$\begin{aligned} BL_S &= ME_S + NBE_S \\ FL_S &= NFE_S + ME_{-s} \end{aligned} \tag{5.18}$$

引入 NT(Net Transfer)表示产业群 B_s 生产过程中发生的净碳排放转移量,即为 B_s 净前向效应和净后向效应的差,则有:

$$NT = NFE - NBE \qquad (5.19)$$

当 $NT > 0$ 时,表示产业群 B_s 向经济系统净输出碳排放,当 $NT < 0$ 时,表示产业群 B_s 从经济系统净吸入碳排放,当 $NT = 0$ 时,表示为产业群 B_s 净前向效应等同于净后向效应,该产业群从经济系统中吸入与输出的碳排放相等。

$$NBE_s = \sum NBE_{t \to s} = \sum u_t' \overline{C}_t \Delta_{t,s} Y_s, (t \in -s) \qquad (5.20)$$

$$NFE_s = \sum NFE_{s \to t} = \sum u_s' \overline{C}_s \Delta_{s,t} Y_t, (t \in -s) \qquad (5.21)$$

若 t 行业为剩余产业群 B_{-s} 的某一行业,则由 t 行业转移到产业群 B_s 的碳排放量,即 B_s 的净后向效应可进一步分解为剩余产业群中各行业或部门转移的碳排放量,见(5.20)式;同理,产业群 B_s 转移到剩余产业群 B_{-s} 中各行业的碳排放总量,即产业群 B_s 的净前向效应满足(5.21)式,其中 u' 为单位向量。

四、数据来源及预处理

本章研究中使用的投入产出数据为前面章节中构建的包含南非的世界多区域投入产出表,进而将中国拆分为 30 个次级经济体嵌入到该世界多区域投入产出表中。重新编制的世界多国多区域投入产出表共有 71 个经济体。具体数据库构成编制说明,请查阅之前章节。本章研究中所使用的碳排放数据来源主要为 WIOD 数据库中的能源环境账户,该数据库提供了除中国 30 个省区市、南非之外的世界其他经济体。需要指出的是,新的世界多区域投入产出表中的世界其他经济体(ROW)中的能源消费和碳排放数据需剔除南非与中国拆分后的能源使用和碳排放总和。中国各省区市能源消耗数据来自中国能源统计年鉴,本章研究基于中国国家层面和省区市层面分行业能源消费数据处理得到了中国省区市级碳排放数据,推算方法与上一章中处理方法相同。南非碳排放数据根据南非能源局公布的分行业的能源使用与商品平衡表处理得到。本章研究中统一将行业合并为 20 个,与上一章相同,数据库之间不同行业的对照表见附件。

第三节　中国省区市层面对其他金砖国家
国际贸易产业部门碳关联分析

一、中国省区市国内国际贸易碳关联效应综合分析

中国区域层面行业的内部效应分析见表 5-1。结果显示,中国的内蒙古自治区、河北省、广东省、山东省、江苏省、山西省、河南省、辽宁省、湖南省、上海市的区域性内部产业部门之间的碳关联效应排在前 10 位,这表明该 10 个次级经济体中平均每个产业部门的产出用于本部门所导致的碳排放要高于其他 20 个省区市,这其中并不包括本次级经济体中一部门生产而投入到本次级经济体其他部门的跨部门生产关系引起的碳排放。

表 5-1　中国区域层面内部综合效应前 10 大较强省区市（单位:万吨）

	内蒙古	河北	广东	山东	江苏	山西	河南	辽宁	湖南	上海
农林牧副渔业	522	295	225	284	155	187	179	107	394	273
采掘业	35	29	23	36	32	30	22	22	15	3
食品饮料烟草业	311	339	210	513	223	275	233	247	195	77
纺织业	258	246	260	228	197	515	137	127	147	150
皮革业	13	8	22	16	23	9	12	13	14	19
木制品业	2	4	4	6	4	3	5	3	3	2
造纸业	11	15	10	12	7	9	7	8	4	4
燃料加工业	12	10	19	24	15	4	5	11	7	18
化工业	160	205	161	229	141	126	142	138	73	89
其他非金属业	57	166	92	77	44	65	46	44	14	36
基础金属与金属加工业	27	185	140	289	196	152	469	158	72	78
机器制造业	118	129	90	147	125	94	151	110	80	66

续表

	内蒙古	河北	广东	山东	江苏	山西	河南	辽宁	湖南	上海
光电设备业	53	42	51	84	67	32	41	28	29	40
运输设备业	32	91	69	123	117	75	104	64	61	72
其他制造业	33	34	9	41	19	22	15	23	20	11
电气水供应业	1408	2437	1529	618	1375	1610	1258	1367	368	751
建筑业	856	347	466	543	535	177	273	352	588	444
交通运输业	549	227	433	200	243	168	76	195	384	547
批发零售业	43	29	95	63	81	21	9	40	69	62
其他服务业	964	622	671	915	818	534	549	540	702	435

数据来源:笔者整理。

进一步地分析我们可以看出,内蒙古自治区内部效应较强的产业部门前五位分别是水电气供应业、其他服务业、建筑业、交通运输业、农林牧副渔业;河北省排在前5位的产业部门是水电供应业、其他服务业、建筑业、食品饮料烟草业、农林牧副渔业;广东省排在前5位的是水电供应业、其他服务业、建筑业、交通运输业、纺织业;山东省排在前5位的是其他服务业、水电供应业、建筑业、食品饮料烟草业、基础金属与金属加工业。从以上分析可以看出,我国区域内部产业部门碳关联较强的省份主要是中部地区,少数分布在东北地区;行业主要以水电气供应业、建筑业、交通运输、食品饮料烟草业为主。

表5-2 中国前10强内部效应产业部门区域性分布 (单位:万吨)

	电气水供应业	其他服务业	建筑业	交通运输业	农林牧副渔业	食品饮料烟草业	纺织业	基础金属与金属加工业	化工业	机器制造业
内蒙古	1408	964	856	549	522	311	258	27	160	118
河北	2437	622	347	227	295	339	246	185	205	129
广东	1529	671	466	433	225	210	260	140	161	90
山东	618	915	543	200	284	513	228	289	229	147
江苏	1375	818	535	243	155	223	197	196	141	125

续表

	电气水供应业	其他服务业	建筑业	交通运输业	农林牧副渔业	食品饮料烟草业	纺织业	基础金属与金属加工业	化工业	机器制造业
山西	1610	534	177	168	187	275	515	152	126	94
河南	1258	549	273	76	179	233	137	469	142	151
辽宁	1367	540	352	195	107	247	127	158	138	110
湖南	368	702	588	384	394	195	147	72	73	80
上海	751	435	444	547	273	77	150	78	89	66
黑龙江	620	520	352	342	206	135	140	86	68	56
江西	398	567	606	302	320	159	96	33	51	34
四川	808	713	181	129	139	167	108	112	106	79
湖北	906	447	235	203	117	192	88	185	81	59
浙江	658	557	278	116	107	156	160	99	121	93
安徽	764	381	210	134	79	196	116	103	68	33
吉林	467	322	299	359	73	84	198	74	67	42
贵州	484	347	315	218	299	105	143	56	43	43
福建	1005	264	177	89	116	78	74	48	61	34
云南	901	225	142	66	163	134	140	27	52	35
陕西	872	299	136	73	131	68	117	74	71	30
新疆	933	353	85	40	72	116	102	84	51	40
北京	418	448	188	149	61	23	42	73	50	32
天津	281	284	246	153	125	54	58	36	45	38
甘肃	236	237	187	183	207	66	140	26	35	26
广西	551	175	99	70	69	83	95	16	45	16
重庆	381	263	108	73	74	56	78	55	58	30
青海	103	165	224	235	273	17	25	19	21	17
宁夏	315	112	37	20	44	16	76	43	31	21
海南	40	128	114	81	85	20	38	38	8	10

数据来源:笔者整理。

　　表5-2展示了我国前10大省区市内部碳关联较强的产业部门在30个省区市内的分布情况。研究结果表明,除以上分析提到的产业部门之

外,基础金属与金属加工业、化工行业、机器制造业较其他剩下的10个行业内部效应较强。以水电气供应业为例,内部效应较强的省份依次为:河北省、山西省、广东省、内蒙古自治区、江苏省;而从占比情况来看,福建省、云南省、陕西省、新疆维吾尔自治区、河北省依次为占比较大。这表明西部、西南部经济区域的水电气供应业的内部效应更强,但其碳排放体量较中国工业大省相比较小,这一结论有利于我国在制定区域性碳减排措施时考量区域行业关联性因素制定行业碳减排可行性政策措施。

中国行业层面的省区市内部的碳关联有助于分析行业层面的区域间碳关联性。识别中国国内区域间因贸易往来产生的行业碳关联度有助于制定跨区域的碳减排政策以及区域间的协同碳减排政策措施。中国国内贸易引起的产业部门间的前向碳关联度和后向碳关联度各省区市排序见附件,该表中显示了在每个行业层面的前10个碳关联性较强的省区市。附件中可以看出,新疆维吾尔自治区作为西北较为偏远经济省区市与内地省区市之间的贸易往来较少,因此新疆维吾尔自治区内的行业之间的关联性明显高于其他省区市,在农林牧副渔业方面该自治区内部的前向碳关联度与后向碳关联度较均处于最强地位,其相对指标系数大于1。在纺织业方面其区域内的前后向产业间碳关联度都较强,这表明该行业新疆维吾尔自治区内自给自足的能力较强。

分析得出中部、西部省份的前向碳关联度较后向碳关联度较强,而北京、上海、广州等大型城市的后向碳关联度较前向碳关联度较强,其产业部门的后向碳关联系数均大于1。有些省份如山东省、江苏省、浙江省则呈现较强的行业层面前后向碳关联度。这表明,中部省份为东部城市发展提供了高碳强度的最终产品的同时将碳排放转移到了这些地区。每个行业在不同省份的前后向碳关联程度可以进行分析。可以由此刻画出不同次级经济体跨地区的行业碳关联性,这一分析有助于识别碳排放较强的省份及其行业,为各区域有针对性的碳减排政策提供实证分析基础。

(一)中国30个省区市国内贸易中的产业碳关联综合分析

中国国内省区市间贸易隐含的碳排放分析有助于对区域间行业的关联紧密型进行数理分析,找出关键碳排放省区市贸易关系,为省区市层面从自身产业部门发展以及跨区域贸易中的主要产品和服务的生产和消费端进口碳排放协同管控。图 5-1 展示了中国 30 个省区市在与其他 29 个省区市发生国内贸易时引起的净碳关联度。以内蒙古自治区为例，图中显示了内蒙古自治区通过国内贸易与其他省区市存在净前向碳关联关系，也就是说内蒙古自治区通过国内贸易向其他省区市转移了较多的碳排放，该次级经济体为净碳流出经济体。

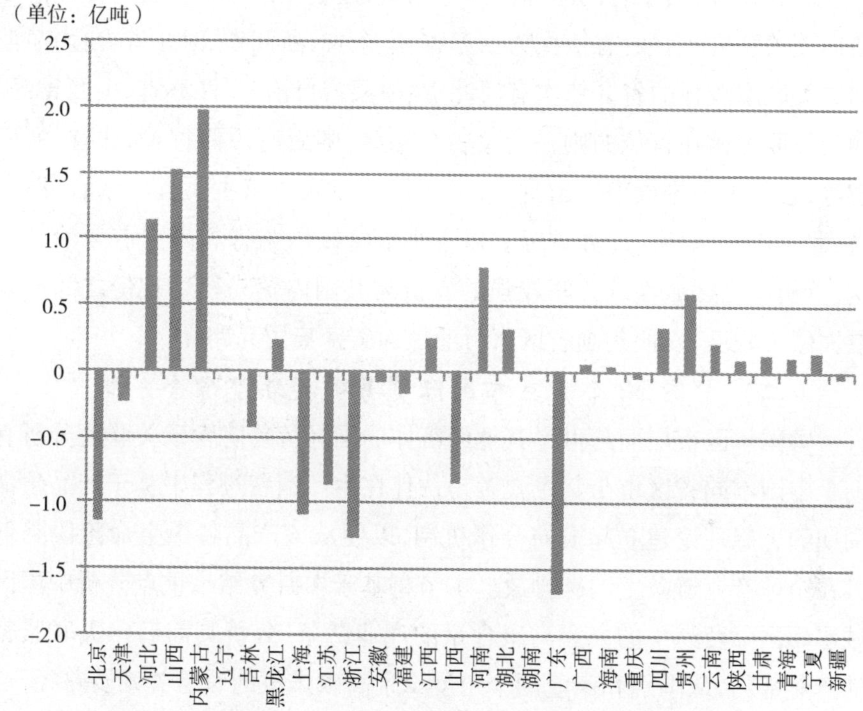

（单位：亿吨）

图 5-1　中国国内区域间贸易净碳关联度

注：该图中北京数值为"-113"，表示北京通过国内区域间贸易与其他省区市之间为负向碳关联关系，即北京通过国内贸易吸收了来自其他省区市的隐含碳。

数据来源：笔者整理。

结果显示，存在净前向效应的省区市主要有内蒙古自治区、山西省、河北省、河南省、广州市、四川省、湖北省、江西省、黑龙江省、云南省、宁夏回族自治区等；净后向效应较强的省区市有广东省、浙江省、北京市、上海市、江苏省、山东省、吉林省、天津市、福建省、安徽省、重庆市等。这表明我国中西部地区省区市通过为其附近或东部发达省区市提供产品和服务转移了本省区市的碳排放较多;东部地区较发达省区市则通过产业关联紧密的后向效应通过国内贸易从中西部省区吸收了较多的国内贸易隐含碳排放。其主要供求关系为黄河中游经济带服务于北部沿海经济带;长江中游经济带服务于东部沿海经济带;西南经济带服务于南部沿海经济带。

研究发现,山东省的净前向与净后向碳关联度均位于全国首位。净后向碳关联度较强的省依次为江苏省、广东省、浙江省、河北省等;而净前向碳关联度较强的省区依次有河北省、内蒙古自治区、江苏省、山西省等。净碳关联度排在首位的则是内蒙古自治区,随后有山西省、河北省、河南省等,且都为碳排放净流出省份,净碳排放流入省市主要有广东省、浙江省、北京市、上海市、江苏省等。以下小节将以山东省和内蒙古自治区为例,分析中国区域性碳关联较强的省份与其国内贸易密切省份之间产业层面碳关联度,以便刻画省区市行业层面碳密集贸易路径。

(二) 中国 30 个省区市国际贸易碳关联度综合分析

中国省区市层面与世界其他经济体的国际贸易隐含碳关联度分析有助于中国不同省区市与其主要贸易伙伴在生产消费过程中基于产品生命周期的思想理论建立起横向合作机制,以便从该产品各个生命阶段降低其在全球产业链条上的碳排放。本节将基于本研究结果重点分析中国区域层面国际贸易中的主要高碳含量的产业链条,分析其前后向关联紧密的产业部门,从国别和产业两个角度识别高碳排放的贸易关系及路径。

图 5-2 展示了中国各个省区市与世界其他经济体开展国际贸易时分部门的隐含碳前后向总关联度示意图。从图中可以看出,中国省区市国际贸易方面加总后的前后向碳关联度部门分布波动较大。其中,前向碳关联度方面,水电气供应业最强,其次是化工业、采掘业、交通运输业、基础金属与金属加工业。这表明以上行业较其他行业在国际贸易向其下游生产或者消费者身份的贸易伙伴转移了较多隐含碳排放,同时,以上行业在贸易隐含碳减排方面,可以通过寻求与其下游部门碳关联度较强的贸易伙伴国开展协同减排合作。后向碳关联方面,建筑业、机器制造业、

光电设备制造业、运输设备业通过其贸易伙伴的前向碳关联度向中国贸易紧密的省区市转移了较多的贸易隐含碳排放,其次是纺织业、其他制造业与批发零售业等行业。通过前后向总碳关联度的分析我们可以看到中国区域层面加总的产业部门吸收、转移碳排放的趋势图,分国家、产业的分析将在以下小节中展开论述。

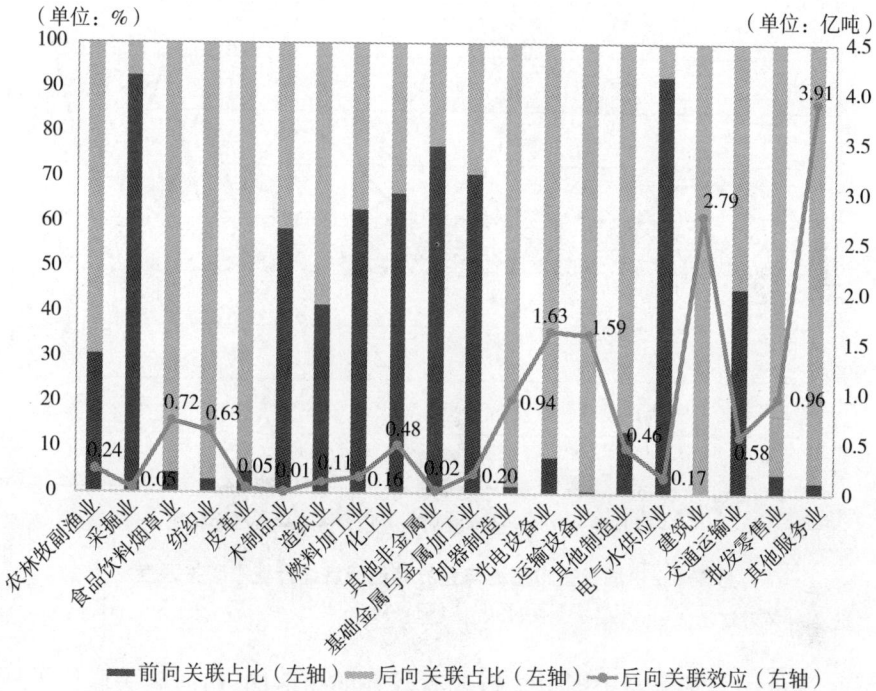

图5-2　中国各省区市与世界其他经济体行业层面贸易总碳关联度

数据来源:笔者整理。

图5-3显示了中国省区市层面与其他世界经济体之间的分行业的净碳关联度。该图进一步证实了我国绝大多数部门为净后向碳关联度的情形。其中,在食品饮料烟草业、纺织业、皮革业、机器制造业、光电设备制造业、运输设备制造业、水电气供应业方面处于较为显著的净的负前向碳关联情形。轻工业加工业类型的产业以及燃料加工业、化工业则处于正向的前向碳关联情形。结合前两章分析的结论可以得出,本章结论进一步印证了我国是一个碳排放责任净流入国家且行业特点主要集中于轻

工业最终产品与重工业的中间产品,这一研究结果有利于我国在产业部门减排过程中抓住重点行业部门,针对性的减少其生产排放进行综合治理。

（单位：亿吨）

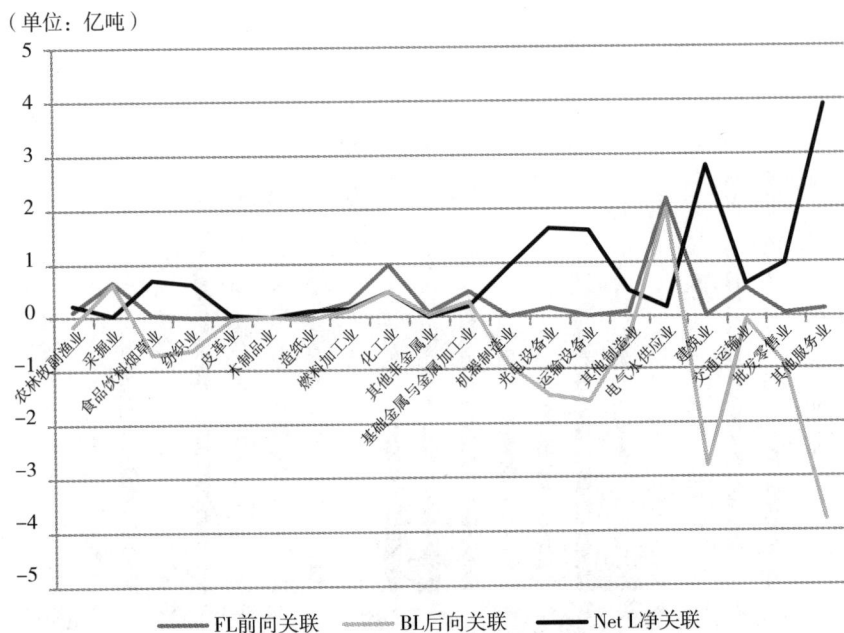

图5-3　中国省区市层面与世界其他经济体行业净碳关联度

数据来源:笔者整理。

　　附件中列举了与中国每个行业有较强的净前向、后向碳关联度的国家。该分析将帮助识别各个产业主要的碳减排寻求合作的对象,在前面结论部分讨论的基础上,通过找出各省区市关键的碳转移部门,结合本节各个贸易伙伴吸收碳排放的主要来源部门,可以通过目标国家的目标产业进行跨国碳减排合作。以各个行业排在前3位的贸易伙伴国为例,农、林、牧、副、渔业方面美国、巴西、印度对中国的前向碳关联较强,这表明该3位贸易伙伴通过农、林、牧、副、渔产业向中国输入了较多的碳排放;而该产业前向碳关联排在前3位的是印度、美国、俄罗斯,这表明中国通过这一产业的贸易接受了其贸易伙伴转移的较多的碳排放责任。同样地,采掘业方面,澳大利亚、俄罗斯、印度通过前向碳关联向中国转移较多的碳排放,而中国则通过后向碳关联产业贸易承担了来自美国、澳大利亚、德国转移了较多的隐含碳排放责任。综上所述,美国、日本、德国、韩国在较多产业部门与中国关联度较为紧密,他们因此成为中国区域性碳减排工作的重要合作对象。

二、中国—俄罗斯国际贸易产业碳关联度分析

中国与俄罗斯作为世界较大的经济体,长期以来保持了密切良好的经贸关系。同时,作为金砖国家重要的成员国,两国之间的贸易互补性很强。本节以俄罗斯为例,分析中俄贸易关系中俄罗斯处于碳净流出国的主要原因及两个寻求碳减排合作的可能性。从分析结果可以看出,俄罗斯在与中国的贸易中为隐含碳净流出国,即俄罗斯通过国际贸易将较大流量的隐含碳转移到了中国境内。中国在过去的40年中经济飞速发展,基础能源、工业原材料方面较为依赖俄罗斯的化石能源等非可再生能源。从前面的章节分析结果也可以得出,俄罗斯也是西欧主要经济体的主要能源及重工业产品的出口国,其国内轻工业较为薄弱,主要依赖于从中国进口。

表5-3　前10大与俄罗斯前向产业碳关联密切省区　（单位:万吨）

	江苏	山东	广东	浙江	河北	内蒙古	山西	河南	上海	辽宁
农林牧副渔业	8.42	8.66	5.45	5.31	5.10	3.82	3.61	3.54	3.67	3.42
采掘业	0.20	0.18	0.13	0.12	0.12	0.09	0.08	0.07	0.08	0.07
食品饮料烟草业	13.70	14.87	9.28	8.65	8.51	6.62	6.09	6.03	6.11	5.83
纺织业	7.61	6.18	4.46	7.56	3.63	2.67	2.20	2.29	1.85	1.43
皮革业	0.72	0.61	0.43	0.60	0.36	0.26	0.23	0.23	0.21	0.17
木制品业	0.09	0.10	0.06	0.06	0.05	0.04	0.04	0.04	0.04	0.03
造纸业	0.88	0.78	0.59	0.52	0.45	0.34	0.32	0.29	0.32	0.26
燃料加工业	1.95	1.76	1.27	1.12	1.09	0.81	0.76	0.69	0.77	0.68
化工业	3.83	3.53	2.34	2.63	1.92	1.44	1.42	1.24	1.39	1.04
其他非金属业	0.49	0.52	0.41	0.30	0.33	0.23	0.25	0.20	0.20	0.22
基础金属与金属加工业	1.12	1.13	0.77	0.64	0.79	0.52	0.53	0.54	0.43	0.53

续表

	江苏	山东	广东	浙江	河北	内蒙古	山西	河南	上海	辽宁
机器制造业	6.85	5.97	4.38	3.66	4.03	2.71	2.64	2.64	2.44	2.54
光电设备业	9.10	6.59	5.78	3.80	4.06	2.82	2.78	2.83	2.72	2.26
运输设备业	18.51	16.73	10.47	10.79	11.22	7.89	7.22	7.21	6.92	7.55
其他制造业	3.27	3.21	2.09	2.47	1.89	1.34	1.29	1.26	1.08	1.07
电气水供应业	2.88	2.59	1.92	1.63	1.65	1.20	1.13	1.06	1.11	1.04
建筑业	39.52	41.37	32.81	22.46	26.26	17.71	19.37	16.50	15.90	17.39
交通运输业	9.17	8.13	5.71	5.35	5.20	3.74	3.48	3.33	3.39	3.30
批发零售业	20.14	17.42	13.29	11.62	11.02	8.40	7.39	6.93	7.50	6.66
其他服务业	56.30	47.82	36.45	32.08	29.30	21.46	20.00	19.01	19.70	17.27

表5-3展示了中国前十大与俄罗斯前向产业碳关联度较强的省区市。其中,江苏省、山东省、广东省、浙江省、河北省、内蒙古自治区较其他省区市更为相关。这表明以上这些省区市通过国际贸易吸收了来自俄罗斯较多的贸易隐含碳排放责任。结果显示,江苏省主要通过其他服务业、建筑业、批发零售业、运输设备业向俄罗斯吸收了较多的碳排放责任;山东省则是通过其他服务业、水电气服务业、其他制造业吸收了俄罗斯较多的隐含碳责任。此外,从行业层面来看,除重工业行业之外,前十位省份普遍经由纺织业、农林牧副渔业、光电设备制造业、机器制造业吸收了俄罗斯较多的贸易碳排放责任。

表5-4　前10大与俄罗斯后向产业碳关联密切省区市　(单位:万吨)

	山东	江苏	广东	浙江	上海	辽宁	河北	河南	北京	四川
农林牧副渔业	4.29	3.22	2.86	2.08	1.12	1.79	1.36	1.91	1.00	2.69
采掘业	97.06	72.17	72.88	52.42	29.56	39.55	43.16	42.29	34.15	39.72
食品饮料烟草业	0.32	0.26	0.25	0.18	0.12	0.12	0.10	0.12	0.11	0.12
纺织业	0.26	0.22	0.21	0.17	0.10	0.08	0.07	0.08	0.07	0.07
皮革业	0.05	0.05	0.07	0.05	0.02	0.02	0.01	0.02	0.01	0.01

续表

	山东	江苏	广东	浙江	上海	辽宁	河北	河南	北京	四川
木制品业	4.59	3.03	3.31	2.95	1.14	1.41	0.80	1.63	0.69	0.91
造纸业	9.59	7.38	12.86	6.49	3.52	2.52	2.05	2.56	2.43	2.19
燃料加工业	23.09	19.91	19.65	13.69	9.98	9.69	7.68	7.45	7.43	6.13
化工业	77.80	63.55	54.97	44.36	24.73	19.80	17.07	19.89	14.48	16.23
其他非金属业	3.41	3.25	3.17	2.17	1.58	1.33	1.24	1.21	1.20	1.02
基础金属与金属加工业	67.23	84.99	73.13	46.79	31.70	27.95	35.23	25.48	18.02	20.70
机器制造业	1.60	1.46	1.31	0.94	0.66	0.63	0.52	0.56	0.48	0.48
光电设备业	0.55	0.71	0.80	0.36	0.34	0.20	0.18	0.18	0.22	0.17
运输设备业	1.00	0.96	0.95	0.64	0.53	0.42	0.37	0.36	0.39	0.30
其他制造业	0.19	0.17	0.17	0.12	0.08	0.07	0.06	0.07	0.07	0.06
电气水供应业	318.47	280.18	275.90	193.24	131.71	122.55	116.30	115.17	108.14	99.51
建筑业	0.14	0.13	0.14	0.09	0.07	0.06	0.05	0.05	0.06	0.05
交通运输业	58.38	58.80	57.91	39.49	37.01	26.13	22.28	20.79	25.12	15.66
批发零售业	5.67	5.36	5.53	3.82	2.97	2.35	1.84	1.93	2.39	1.59
其他服务业	5.63	5.36	5.84	3.92	3.14	2.44	2.07	2.24	3.35	1.96

　　中国区域层面与俄罗斯后向产业碳关联较强的省份见表5-4。从整体体量比较来看,中国与俄罗斯的后向产业碳关联度平均远大于其前向碳关联度,这一结论再一次印证了中俄之间的贸易隐含碳是从俄罗斯流向了中国境内的经济现实。以山东省为例,山东省吸收的来自俄罗斯的

贸易隐含碳主要分布于水电气供应业、采掘业、交通运输业、化工业、基础金属与金属加工业。行业层面来看,前十位与俄罗斯前向碳关联度较强的省区市均通过后向产业碳关联方面经由采掘业、其他金属制造业、交通运输业以及水电气供应业从俄罗斯吸收了较多的隐含碳。这一结果与两国实际双面贸易数据相符,说明了中国与俄罗斯之间由于形成了互补性、稳定性很强的双边贸易关系。

三、中国—印度国际贸易产业碳关联度分析

中国与印度国际贸易中的省区市层面的产业部门碳关联度总体分析结果显示,中国对印度的后向碳关联效应较弱而前向碳关联效应相对较强。图5-4展示了中国前十大与印度国际贸易通过后向碳关联度联系较为紧密的省份及其产业层面碳关联度百分比图,通过对该图的分析可以得出中国对印度贸易中通过后向关联较为紧密的产业链条及其目标省

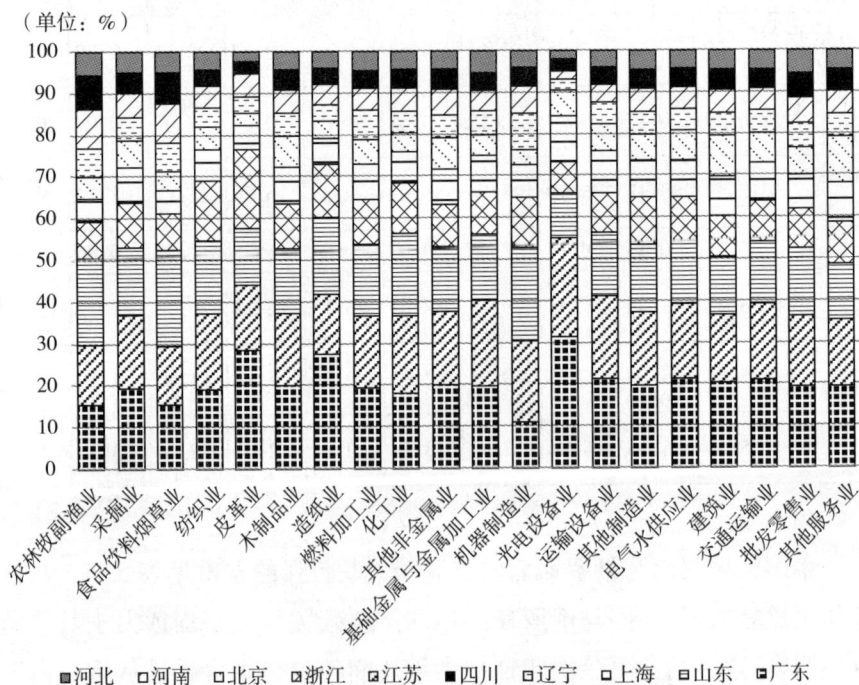

图5-4　前十大对印度贸易后向碳关联省份及产业分布

数据来源:笔者整理。

区市,为两国具体到省区市层面的构建碳减排措施提供实证依据。

从图5-4中可以看出通过假设抽取法得到的中国与印度产业层面后向碳关联贸易较为密切的省份及其产业部门依次主要有广东省的皮革业、造纸业、光电设备制造业、其他非金属业、基础金属与金属加工业;江苏省的基础金属与金属加工业、机器设备制造业、交通运输业;山东省的农林牧副渔业、食品饮料烟草业、纺织业、造纸业、化工业、机器制造业;浙江省的纺织业、皮革业、机器制造业等省区市及其行业。这表明以上提到的省区市及其行业通过后向碳关联效应与中国其他省区市相比较而言吸收了来自印度的较多的贸易隐含碳。

（单位：%）

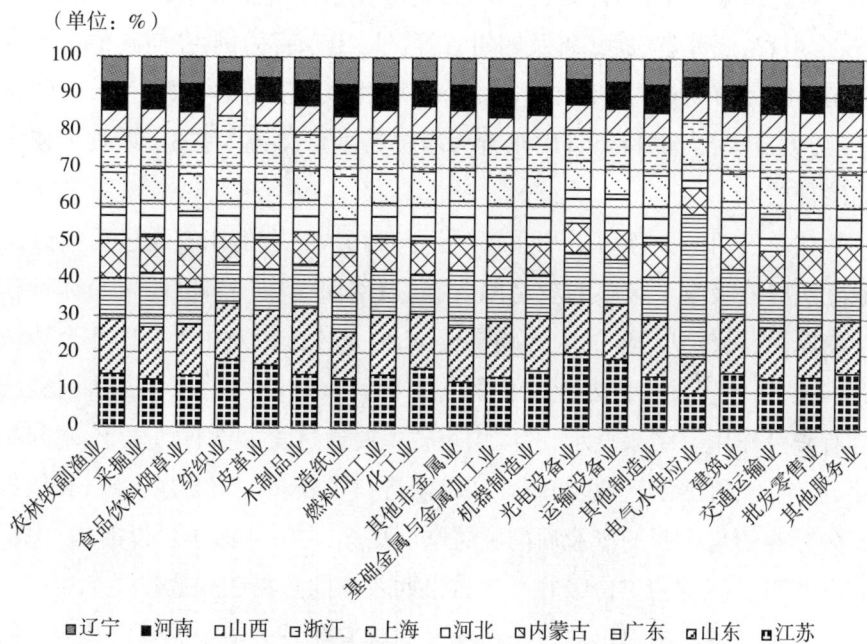

图5-5　前十大对印度贸易前向碳关联省份及产业分布

数据来源:笔者整理。

中国省区市层面与印度国际贸易前向碳关联较为密切的省份及其行业分布见图5-5。从图中可以看出,中国各省区市中经由后向碳关联效应吸收了来自印度的转移的贸易隐含碳排放责任主要集中于江苏省的纺织业、皮革业、光电设备制造业、运输设备制造业、化工业;山东省的木制品行业、燃料加工业、化工业、光电设备制造业、其他非金属业、基础金属与金属加工业;广东省的电气水行业、其他非金属业、采掘业、光电设备制造业;内蒙古自治区的食品饮料加工业、造纸业、其他制造业、交通运输业。此外还有河北省基础金属与金属加工业、机器制造业等。研究结果显示中国以上省份的行业通过贸易吸收了来自印度的隐含碳排放责任。这为两国从碳排放生产地到消费地协同碳减排的政策建议提供了实证基础。

四、中国—巴西国际贸易产业部门碳关联度分析

研究结果显示,中国对巴西的后向碳关联效应主要来自中国的山东省、广东省、江苏省、浙江省及四川省等。以山东省为例,在与其他金砖成员国的国际贸易过程中,山东省作为北部沿海经济带的重要省份,其贸易呈现"大进大出"的特点且山东省为净贸易隐含碳流入省份,吸收了较多的碳排放。

在对巴西的国际贸易产业部门后向碳关联中,山东省通过后向碳关联度从巴西吸收了最多的贸易隐含碳,虽然由于中国对巴西贸易体量较小的原因,具体到行业的隐含碳量较少,但是该分析对中巴两国在金砖国家框架下,积极发挥巴西比较优势与中国开展国际贸易隐含碳协同碳减排有积极作用。结果显示,中国山东省主要通过食品饮料烟草业、木制品业、造纸业、机器制造业、纺织业从巴西进口了较多的贸易隐含碳,其他各省分行业的与巴西的产业后向碳关联度见图5-6,从图中可以看出,中部和东北部经济带的省份吸收了来自巴西较多的贸易碳排放。

中国各省区市对巴西贸易产业前向碳关联较为集中的省份及对应的行业见图5-7。与中国对巴西国际贸易产业部门后向碳关联度相比而言,江苏省排在巴西对中国贸易前向产业部门碳关联度首位与其他省份相比。其次,有山东省、广东省、浙江省、河北省、山西省等。结果显示,江苏省吸收了来自巴西较多的贸易隐含碳排放责任,尤其是巴西通过光电设备制造业向中国转移了较多的贸易隐含碳成分。近年来,巴西经济在其国内积极的财政政策的刺激下有所复苏,以其较完备的机械制造工业

（单位：%）

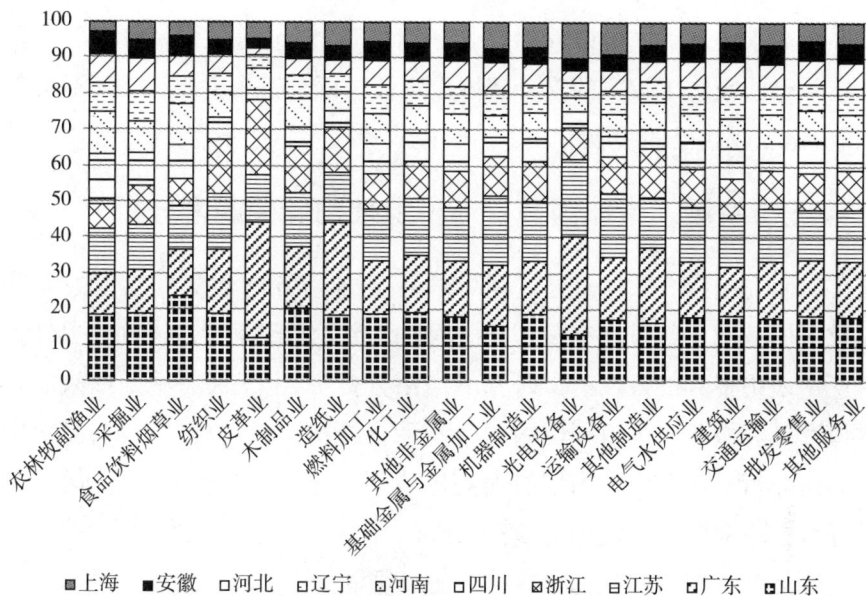

图 5-6 前十大对巴西贸易后向碳关联省份及产业分布

（单位：%）

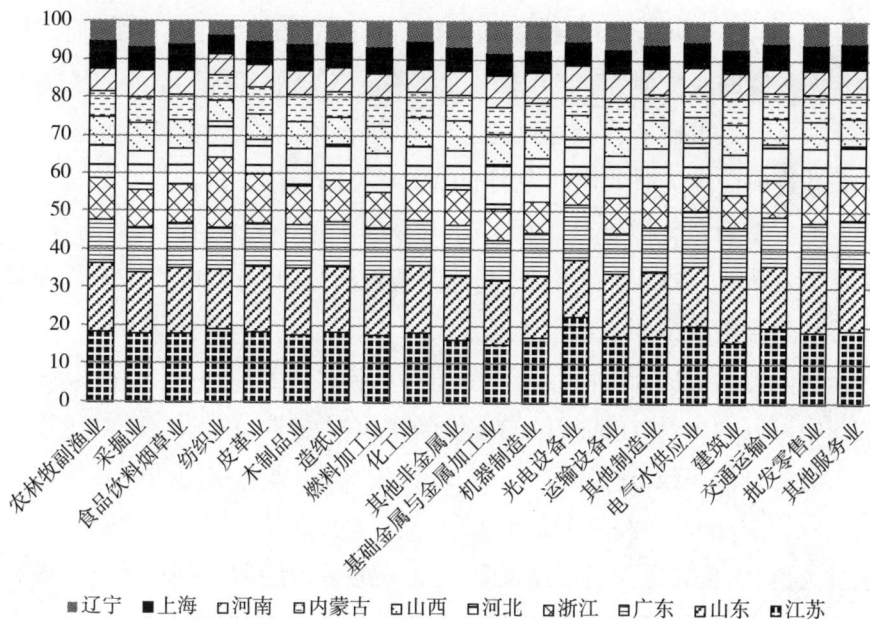

图 5-7 前十大对巴西贸易前向碳关联省份及产业分布

数据来源：笔者整理。

体系的比较优势,从中国进口大量的光电设备及其零件用于国内再生产或最终需求。从图中可以看出,山东省和广东省也通过贸易前向碳关联效应从巴西吸收了较多的隐含碳排放责任。以上三个主要省份还通过纺织业、化工业从巴西吸收了较多的碳排放责任。

五、中国—南非国际贸易产业部门碳关联度分析

本研究中南非数据是通过国际组织、南非官方已有投入产出数据、能源数据的基础上经过已有投入产出假设及数学模型推导嵌入到世界性投入产出表中得到的。在前文研究的结果分析中,由于最原始处理采取了进口产品和服务与进口国国内的生产消费结构相近的替代假设,导致中国与南非贸易矩阵中的国别层面的进口侧偏向性较为明显,在一国进口品分行业去向明确的情形下,跨国分行业投入的方法应该有改进,这一做法可确保基于贸易矩阵的分析结果的可靠性。

图5-8展示了中国省区市层面与南非国际贸易过程中的产业碳关联效应的具体分布情况。该图列举了前十位省份的后向碳关联百分比图,虽然南非与中国的贸易隐含碳份额与其他金砖国家相比最少,但是作为非洲重要的经济体,南非与中国贸易的深入合作有利于非洲的经济振兴。从百分比占比来看,采掘业、建筑业、机器制造业、光电设备制造业为南非通过前向碳关联效用向中国的山东省、江苏省、广东省等省份转移了较多的贸易隐含碳排放。其中,广东省吸收了最多的来自南非的隐含碳,主要被皮革业、造纸业、采掘业、其他制造业所吸收。因此,广东省与南非在贸易隐含碳减排领域合作空间较大。

中国省区市层面对南非的国际贸易前向产业碳关联分布见图5-9。该图中可以看出,排在前三位的省份与中国对南非后向碳关联效应排在前三位的省份一致,这说明广东省、江苏省、山东省与中国国内其他省份相比较,在与南非的经贸关系中吸收与转移了较多的贸易隐含碳。以山东省为例,山东省主要通过建筑业、运输设备业、燃料加工业、光电设备制造业等行业的前向碳关联效应从南非吸收了较多的碳排放责任。值得一提的是,辽宁省的燃料加工业经由前向碳关联从南非吸收的碳排放责任

（单位：%）

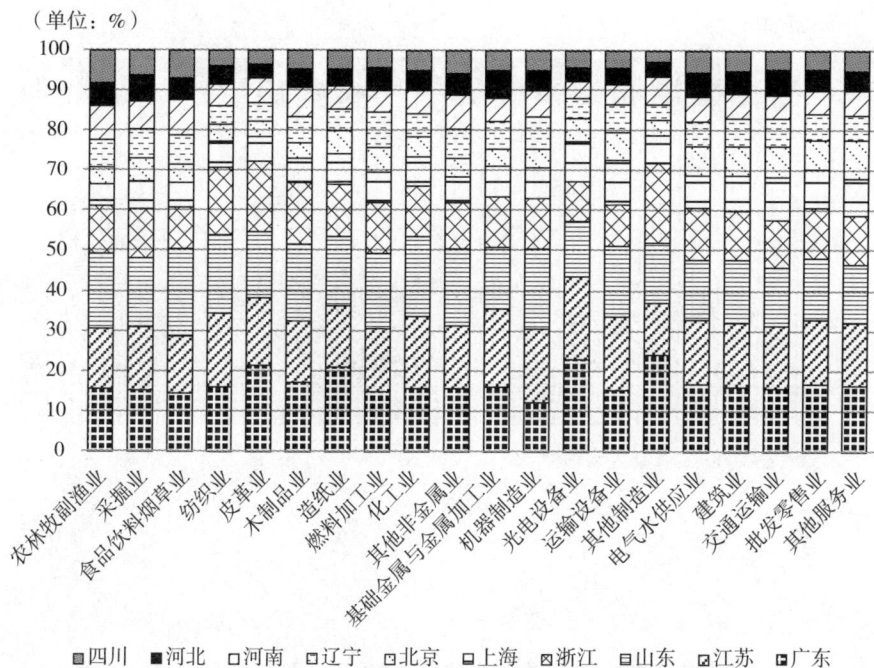

图 5-8 前十大对南非贸易后向碳关联省份及产业部门分布

数据来源：笔者整理。

仅次于排在首位的山东省该行业向南非的转移量，由此可见以上省份与南非在贸易隐含碳减排领域合作的可行性与必要性。

六、中国省区市层面对其他金砖国家国际贸易产业碳关联分析

本章基于模型构建与结果分析，在上一章构建的多国多区域投入产出数据库的基础上，通过改进的 HEM 模型与多国多区域投入产出模型相结合的方法，对中国省区市层面与金砖国家成员国之间的国际贸易中产业碳关联度进行了分析，主要得出如下结论。

中国省区市层面内部产业碳关联效应由于其地理位置分布不同，产业结构发展、区域经济发展的不平衡，使得中国区域经济发展存在地域性差异。本研究得出各个省区市内部的产业碳关联度也存在差异。其中内

（单位：%）

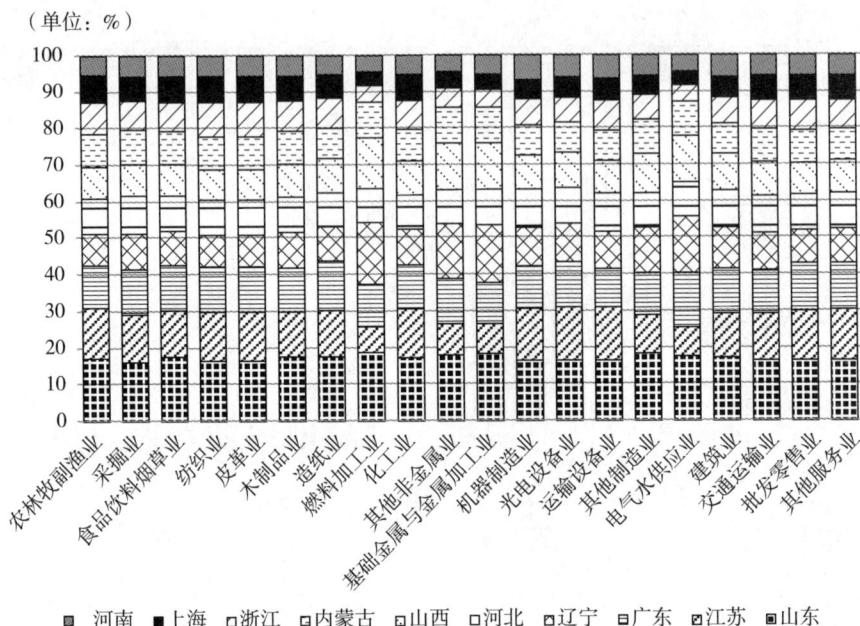

图 5-9　前十大对南非贸易前向碳关联省份及产业部门分布

数据来源：笔者整理。

部产业碳关联度较强的省区市依次为内蒙古自治区、河北省、广东省、山东省、江苏省、山西省、河南省、辽宁省。中国国内区域性产业的前后向碳关联度分析结果呈现较为明显的地域性特征，中部省份通过国内贸易中的产业部门前向效应为东部省区市提供了其中间生产投入所需和最终需求的产品和服务的同时，将碳排放转移到与其前向碳关联较强的贸易省份。

　　存在净前向效应的省区市主要有内蒙古自治区、山西省、河北省、河南省、广州市、四川省、湖北省、江西省、黑龙江省、云南省、宁夏回族自治区等；存在净后向效应的省区市有广东省、浙江省、北京市、上海市、江苏省、山东省、吉林省、天津市、福建省、安徽省、重庆市等。这表明我国中西部地区省区市通过为其附近或东部发达省区市提供产品和服务转移了本省区市的碳排放较多；东部地区较发达省区市则通过紧密的产业关联后向效应基于国内贸易从中西部省区市吸收了较多的国内贸易隐含碳排放。

中国与俄罗斯贸易产业碳关联度结果显示,前向碳关联效应方面中国的江苏省、山东省、广东省、浙江省、河北省、内蒙古自治区较其他省区市更为相关。这表明,以上这些省区市通过国际贸易从俄罗斯吸收了较多贸易隐含碳排放责任。结果显示,江苏省主要通过其他服务业、建筑业、批发零售业、运输设备业从俄罗斯吸收了较多的碳排放责任;山东省则是通过其他服务业、水电气服务业、其他制造业从俄罗斯吸收了较多的隐含碳责任。从整体体量比较来看,中国与俄罗斯的后向产业碳关联度平均远大于其前向碳关联度,这一结论表明中俄之间的贸易隐含碳是从俄罗斯流向中国。

中国—印度、中国—巴西、中国—南非的双边贸易产业部门碳关联效应分析结果显示,广东省、山东省、江苏省均有较强的前后向贸易产业碳关联效应。比如在中印双边贸易中,广东省通过后向碳关联经由皮革业、造纸业、光电设备制造业、其他非金属业、基础金属与金属加工业;而中国对印度前向产业碳关联方面中国则通过江苏省的纺织业、皮革业、光电设备制造业、运输设备制造业、化工业;山东省的木制品行业、燃料加工业、化工业、光电设备制造业、其他非金属业、基础金属与金属加工业吸收了较多的贸易隐含碳排放责任。

本章在前一章工作的基础上更进一步地深入分析了中国各省区市的贸易隐含碳的国内国际产业碳关联度,以便在下一章中为中国碳排放减少工作提供有力的政策建议。在前面章节中,本研究构建了包含南非、中国30个省区市在内的多国多区域世界投入产出表及世界性多国多区域投入产出模型,用来测算金砖国家贸易隐含碳的流向以及中国30个省份的国内、国际贸易隐含碳流向。本章在已有研究的基础上,构建了改进的假设抽取法与多国多区域投入产出模型相结合,分析了中国省区市层面的贸易中产业碳关联度,该分析结果对金砖合作框架下的中国区域层面贸易隐含碳减排以及中国对其他金砖国家的贸易隐含碳减排工作提供了实证基础。

前文在金砖国家成员国单国、两国、三国情形下的贸易隐含碳进行分析的基础上,得出中国是金砖国家最大的国际贸易隐含碳经流国;通过文献综述得出目前中国的碳排放模型方法已经深入到区域层面,因此,在已有文献对中国国家层面贸易隐含碳排放进行整体分析的基础上,本章对中国 30 个省区市对其他金砖国家贸易隐含碳关联度进行了深入分析,找出了其隐含碳流向主要的贸易伙伴国及行业。本章在以上研究的基础上对中国 30 个省区市上其他金砖国家的贸易隐含碳进行了行业碳关联度分析,该分析能够较为系统、全面地反映中国某省区市与其他省区市及金砖成员国之间的贸易行业层面的碳关联紧密度,为中国在金砖国家合作框架下与俄罗斯、印度、巴西、南非之间开展碳减排工作提供实证分析依据。因此,在全书研究的基础上,下一章将对金砖国家及中国省区市提出针对性的国际贸易隐含碳减排政策建议;同时对中国与其他金砖国家如何应对国际气候变化谈判、如何提升其话语权提出了对策。

第六章 金砖国家应对气候变化的政策建议

第一节 金砖国家需积极应对气候变化

金砖国家作为新兴经济体在过去的 30 年中成为继亚洲"四小龙"之后全球经济增长的主要贡献力量。金砖国家国土面积总和约占全球总面积的 29%，GDP 总量约占全球总量的 20%，贸易额占全球贸易总量的 15%，人口约占世界人口的 42%，金砖国家对全球经济增长的贡献度在 2016 年超过了 50%。随着全球气候变化议题的不断升温，经济增长过程中导致的化石能源的燃烧和碳排放以及隐含在国际贸易中的碳排放日趋受到关注。金砖国家中每个成员国对全球碳排放的贡献度因经济发展阶段、产业结构、贸易结构不同、能源资源比较优势不同而不同。中国、印度作为较大型的新兴经济体如受到了较多的关注。

目前，金砖国家中印度经济增速已经超越中国成为全球经济增长最快的发展中国家，但中国已经建成完备的"大工业生产经济系统"。中国在谋求经济发展转型、外贸结构升级的同时在全球分工、全球价值链中的地位也不断上升。研究表明，中国作为世界重要的经济发展增长极，随着其工业化和后工业化程度的不断加深，经济发展的化石能源需求和由此引起的环境污染问题，如水污染、空气污染、土壤污染、固体垃圾、电子垃圾等的处理问题已经受到国际国内社会的普遍关注。

中国政府在温室气体减排方面已采取多种强硬措施遏制碳排放，由于中国经济增长速度从 2012 年开始减缓，2015 年中国经济发展中煤炭消费的减少直接导致了全球工业生产中因化石能源的燃烧减少了 2 亿吨

CO_2排放。印度正处于经济增长与国内工业化建设起飞阶段,其国内粗放型经济增长方式与牺牲环境成本带来的经济增长令人担忧。俄罗斯作为金砖国家重要的能源供给国,将大量的隐含碳经由中国转移到了世界其他经济体。巴西和南非虽然其经济体量在金砖国家中较小,但他们仍是所在地区重要的经济体之一,其国内碳减排问题及国际贸易隐含碳减排问题已受到较大关注。

本章将在前文基于改进的全球多区域投入产出(GMRIO)模型研究金砖国家碳排放分析结果的基础上,针对金砖国家国际贸易隐含碳排放减少提出针对性的对策建议;将在前文基于多国多区域投入产出(MCMRIO)模型的中国30个省区市对其他金砖国家国际贸易隐含碳排放的基础上,结合基于改进的HEM模型的中国省区市层面对其他金砖国家国际贸易产业碳关联度分析结论,提出中国在应对当前复杂多变的国际气候变化谈判形势时应采取的政策措施及建议。

第二节　金砖国家应对气候变化的政策建议

一、构建以中国为中心的金砖国家碳交易市场

中国作为全球最大的发展中国家,已经取得举世瞩目的经济发展成就。中国倡导成立的亚洲开发投资银行、东盟经济自由贸易区、金砖国家等一系列经济发展组织,积极推进了全球社会经济向前发展,谋求人类命运共同体健康发展。过去40年来,中国被称为"世界工厂",中国制造遍布全球,中国经济的快速发展导致的环境问题引发了国际社会的高度关注。作为金砖国家的重要成员国,中国呈现"大进大出"的国际贸易特点。

研究结果显示,中国是金砖国家体量最大的成员国,同时中俄贸易使得中国世界其他主要经济体吸收了较多的碳排放责任,而印度与中国的贸易则是以高碳强度的产品和服务为主,印度作为中国重要的贸易伙伴之一,其在土地资源、劳动力、资源能源方面具有比较优势,其国内光电产

品、金属制品等高碳排放产业部门的发展速度较快,同时,中国通过国际贸易从印度吸收了大量的高碳排放责任的中间投入产品与服务。巴西与南非两国与中印两国的贸易往来在金砖国家合作框架内的深入合作近年来较为频繁,研究结果可以得出巴西与南非与中国的合作较为紧密,将贸易隐含碳通过中间投入品与最终需求品贸易转移到了中国。印度正处于经济发展起飞阶段,其国内政策大多近似于 20 世纪 80 年代中国的改革开放政策,主要是刺激投资与消费,以廉价劳动力和较高的环境成本来发展加工出口业作为赢得国际贸易比较优势的经济先决条件。

金砖国家可效仿欧盟碳交易市场交易机制、美国碳交易市场交易体系以及韩国、澳大利亚碳交易机制构建以中国为中心的金砖国家碳交易市场体系。中国作为金砖国家最大的经济体,其经济增速、经济体量都名列前茅,同时也是金砖国家核心的贸易国家,中国均为其他金砖四国的主要贸易伙伴。其他四国与中国均存在贸易互补性关系,即其他四国均可在同中国贸易的过程中找出其比较优势,互惠互利。

中国作为最大的发展中国家,在过去 40 年的发展过程中积累了较为丰富的经济发展经验,其"先污染后治理"的发展经历对当前印度的经济发展提供了经验与教训。构建以中国为核心的金砖国家碳交易市场体系将有助于金砖成员国率先担当国际社会中以国家之间合作的市场运作方式来降低全球碳排放的做法,五国之前已经有过多次合作和交流,构建碳交易市场也有助于中国发挥大国责任,在积极控制其国内碳排放的同时,将减排措施通过产业部门之间的贸易深入实施到其贸易伙伴国,运用生命周期法的思想来谋求在金砖国家内跨国碳减排的政策可能性和实践可行性。再者,金砖国家碳交易市场的成功运行将为其他合作较为紧密的国际经济联盟,在相邻与亲密经济体之间开展碳排放减缓的跨国性作业层次合作提供政策建议及先例。

二、加强金砖国家间清洁生产技术合作转移

长期以来清洁生产技术一直是发展中国家经济发展过程中的短板。其原因体现在以下几个方面。首先,发展中国家在经济发展初期,其环境

保护意识比较薄弱,从上到下的环保意识松懈以及粗放式、非可持续的经济增长模式使得发展中国家付出了较为沉重的代价。其经济发展初期缺乏先行的清洁生产技术也是其付出惨重环境代价的客观条件之一。其次,较为先进的清洁生产技术从发达国家转移到发展中国家的速度较为缓慢,加之转移成本较高,加入清洁生产技术后的经济成本短期内会骤然上升,多数生产者对清洁技术在发展中国家的推广与改良态度消极,政府在这一过程中则需要积极推动,大力提供清洁技术推广补贴的同时,合理监管清洁技术的实施进程及成效。再者,发展中国家非政府组织在环境保护领域特别是清洁生产技术领域的影响与作用较发达国家的发展程度较为落后。这表明,厂商与居民消费者的环保意识与对清洁生产技术的推广与实施,需要政府之外的非政府组织的积极倡导和推进,政府需要大力地支持和资助地区性非政府组织在清洁生产技术推广过程中发挥积极的作用。从产品生产的各个阶段尽可能地应用现代化的清洁生产技术,才能有效地减少碳排放、进而减少跨国性隐含碳在国际贸易中的隐性转移。

金砖国家中各个成员国可通过与其主要贸易伙伴进行跨国性清洁技术的合作推广进而在很大程度上减少生产国在产品生产过程中的碳排放及其他环境成本,在产品再投入国或消费国也尽可能地降低跨国性隐含碳的转移与排放。研究表明,中国有待开展清洁生产技术合作的国际贸易伙伴国依次有美国、日本、德国、韩国、加拿大、英国、印度等国;主要行业为光电设备制造业、建筑业、纺织业、机器设备制造业。进口来源国家依次有韩国、俄罗斯、美国、日本、德国、印度等国,主要可能的合作行业为金属加工业、机器设备制造业、运输设备制造业、建筑业。俄罗斯有待开展跨国性清洁生产技术合作的主要出口去向国家依次为中国、意大利、德国、美国、法国、日本;主要合作的行业为燃料加工业、化工业以及机器制造业、光电设备制造业、运输设备业。主要进口来源国家有中国、德国、波兰、韩国、意大利、印度等国。主要行业有纺织业、食品饮料烟草业、农林牧副渔业、皮革业、化工业等行业。印度开展清洁技术合作的主要出口去向国家有美国、中国、德国、英国、加拿大等国,主要行业有制造业、建筑业、光电设备制造业、纺织业等行业。进口来源国家主要有中国、美国、俄罗斯等国,主要行业有制造业与回收业、光电设备制造业、内陆运输业、纺织业、化工业。巴西的主要合作方依次为中国、美国、德国、日本、俄罗斯、印度等国。巴西的主要合作产业行业有食品饮料烟草业,其次是建筑业,机器制造业,光电设备制造业等。南非的主要合作方依次为中国、美国、日本、德国、英国、印度等国。主要合作的产业部门为建筑业、光电设备制造业、运输设备制造业、机器制造业、燃料加工行业。

三、积极倡导基于共担责任的碳排放责任划分原则

碳排放责任划分原则的选取是构建碳排放责任测算模型的重要前提。当前国际社会采用的生产者责任制原则有失公平,学术界在共担责任原则下,提出了诸多划分原则及方法来确定不同生产环节的分担系数。本研究结果表明,金砖国家多为贸易隐含碳净输出国,这表明若采用现在通行的生产者责任制原则,则金砖国家需要为其他消费碳排放的发达国家承担较大的碳排放责任。目前,金砖国家已成为世界经济增长的重要力量。为提升金砖国家在国际气候变化谈判中的地位与话语权,金砖国家应积极倡导共同但有区别的共担责任原则作为国家之间测量碳排放和碳责任划分的主要原则。

基于生产者负责制原则的碳排放划分原则也被称为"领土责任原则",认为碳排放责任由其直接排放者承担,一国应对其国内所有碳排放负责。按照该原则,出口国应承担本国出口产品中的隐含碳,国家碳排放与国际碳排放责任相同。IPCC 规定国际清单范围包含"在国家领土和该国拥有司法管辖权的近海海区发生的温室气体排放和消除"。其测算基本方法为,将有关人类经济社会活动发生程度因子与单位活动排放量或清除量因子相乘得到。该原则受到发展中国家及个别发达国家的质疑,原因在于发展中国家的经济活动通过出口的方式来满足发达国家的消费需求,从而转移了大量的碳排放。学术界普遍认为发展中国家在为发达国家提供产品和服务的同时,沦为了发达国家的"污染避难所",而发展中国家为了提高竞争力,反而降低环境规制标准、提高环境成本,使得环

境污染更加严重。因此,发达国家应承担相应的碳减排责任。在经济全球化背景下,该原则将会导致发达国家向发展中国家的碳排放责任的转嫁,使得碳泄漏现象更为严重。同时,某些碳净出口国会降低他们参加国际减排协议的积极性。

消费者责任原则的碳排放责任划分原则"生态足迹"思想,认为消费者应承担产品和服务生产过程中产生的相应的碳排放责任。一国碳排放责任应按照国内最终消费引起的碳排放估算,其中应该包括净进口碳排放,即进口碳排放与出口碳排放之差。从广义角度讲,产品碳排放不仅包含直接碳排放,还应包括间接碳排放(研发投入、中间品投入、运输及消费过程中的碳排放)。该原则指导下的碳排放责任包含基于投入产出模型测算得到的国内碳排放与净进口碳排放之和。维德曼(Wiedmann)指出,国际贸易隐含碳约占全球总碳排放的15%。在消费者责任原则条件下,各国碳排放责任有较大变动,发达国家将承担更多的碳排放责任,而发展中国家的碳排放责任将大大减少。有学者认为该原则较生产者责任制原则更为公平、合理,有利于解决当前国际气候变化谈判中的问题和国际碳排放交易中的碳定价问题;也有学者提出了质疑。

综上所述,若采用生产者责任原则,发达国家则会将大量的隐含碳责任转嫁到发展中国家;若采用消费者责任原则,则相比生产者责任原则,发达国家则会承担相对较大的碳排放责任。因此,本研究建议采用基于共担责任原则的碳排放责任划分原则,该原则要求生产者和消费者共同承担碳排放责任,将碳排放责任分配给碳排放的所有驱动因素,即从排放中受益的所有参与者都需要承担责任。国际贸易中的碳排放责任将按一定比例对出口和进口部分进行划分和归置,具体产品而言,则将其碳排放责任在中间生产部分及最终消费部分进行比例划分。共担责任原则的关键技术是如何确定碳排放责任在生产者和消费者之间的分配比例问题。目前文献中存在的做法有以下几种:(1)两者各自承担50%的碳排放责任;(2)通过测算上游环节碳排放量,按照各个环节直接碳排放占上游环节总碳排放的比例来分配碳排放责任,该方法的特点为下游环节比例会随着生产环节的增长而变大,生产环节数量对各环节碳排放责任影响较大;(3)伦岑(Lenzen)认为非对称性在现实经济活动中普遍存在,某一生产链环节增加值越大,则该环节对产业链有较大影响,该环节就应承担较多碳责任,按照某一环节的增加值占净产出的比例确定碳排放责任较为合理;(4)玛克斯(Marques)等在已有责任原则的基础上,基于下游责任原则提出了基于收入分配的环境责任原则。基于一国初级要素供给者的收入水平(如,工资、利润、租金)占一国总收入的占比来分配碳排放责任。该原则不仅与消费责任原则具有相同系数,而且考虑国际贸易过程中产生的碳排放问题,从而很好地减低了碳责任划分过程中的碳泄漏问题。此外,也有学者提出共同但有区别的责任划分原则及受益导向的碳责任分配原则等来讨论碳责任里合理划分的公平性。

四、提升金砖国家在国际气候变化谈判中的话语权

金砖国家各个成员国在全球经济中的地位无可取代,各个成员国在其各自所在的地域经济圈的作用较为突出明显。中国"世界工厂"的地位伴随其国内产业结构转型升级、供给侧结构性改革、对外开放方面开展"一带一路"外向型战略转移其国内过剩的产能,其制造业大国的地位短时间内不可动摇;印度近几十年来在信息化方面的发展令人瞩目,被称为"世界办公室"。俄罗斯曾经是欧洲大陆后起的工业化国家,目前正凭借其国内丰富的自然资源与高端科学技术不断崛起,被称为"世界加油站",巴西混合经济的发展模式使其成为"世界原料基地",南非作为非洲较大的经济体之一是非洲经济发展重要的增长极。

金砖国家的组建成立为不同社会制度国家的互利共存提供了榜样性的示例。近年来,随着金砖国家积极开展内部深入合作,经贸、人文、环境设计等领域均有所推进。各个成员国之间的合作不断紧密。金砖国家之间国家利益平衡与分歧的减少为该经济体进一步合作提供了良好的发展态势与合作机制;为提升其国际地位和国际社会中的话语权提供了合作基础。

国际气候变化治理旧秩序主要是以欧美发达国家倡导的国际气候变化谈判体系为主,其主要特征是已经走过工业化道路的发达国家成熟倡

导的控制全球变暖的一系列合作谈判程序与合作发展机制,建立十余年来谈判成效不佳,各方对碳排放责任的核算与划分意见难以统一。发达国家认为发展中国家目前正在经历工业化发展阶段,诸如,中国、印度应当承担较多的碳排放责任,因其工业生产使用化石燃料向世界排放较多的温室气体导致全球变暖;而发展中国家依据祖父原则或消费责任、共担责任原则认为,发达国家在其早起工业化发展阶段已经向大气排放了较多的温室气体,且当前新兴经济体如中国的大量中间产品和最终消费品的需求方则是大型的发达国家,如美国、德国、日本、英国等国。

面临全球性碳减排问题,世界各国应该合作起来一起努力推动全球性碳减排工作的顺利进程,而非相互推脱,使得该国际性问题进一步恶化。从金砖国家的经济总量及经济增长速度在全球的贡献度以及金砖国家成立以来的发展轨迹来看,金砖国家有望建立搁置争议、务实高效、相互尊重、互惠互利的国际气候变化治理新秩序。中、俄、印三国作为三个不同发展阶段的经济体,以金砖国家开发银行积极合作推动以中国为中心的金砖国家碳交易市场的同时,积极倡导以金砖国家为主导的新的国际气候变化治理新秩序,这有利于清洁生产技术、资金、知识产权从发达国家转移到发展中国家,有利于金砖国家成员国在产品生产阶段最大限度地减少碳排放,提高其产品的清洁度。与此同时,中国、俄罗斯、印度、巴西及南非应当深化合作力度,形成紧密的能源合作制度框架。通过与经济体中较发达的国家如中国、俄罗斯开展能源政策、能源信息和能源研发等领域项目合作,积极推进金砖国家内部能源利用转型、减少碳排放,构建低碳经济国际贸易发展模式。印度作为目前全球经济增速最快的经济体,其经济增长与环境问题的平衡兼顾问题尤为重要。在金砖国家框架内深化中印在经济发展与环境保护方面的技术性合作、印度与其重要发达国家贸易伙伴之间的清洁性生产技术合作,有助于印度在其经济飞速发展过程中避免落入"先污染后治理"的经济发展模式。

总而言之,金砖国家主导的国际气候变化治理新秩序将降低金砖国家的温室气体排放,同时期望能够打破资金技术性封锁,提高国际社会共同应对气候变化的行动力,协作发挥全球性主要的生产性经济体与消费性经济体在全球气候变化治理中的积极作用。此外,金砖国家在能源勘探、生产和加工方面有很强互补性,应开展多边能源合作发挥各自优势,取长补短,建立双边与多边合作机制,构建更加安全、稳定、可持续的能源资源市场,推动国内能源资源利用转型升级。开展能源领域战略性合作、开放型多边能源合作机制也有助于金砖五国在经济贸易增长、环境治理方面的合作,同时也有助于金砖国家提升其在国际气候变化谈判领域的话语权与影响力。

第三节　中国应对气候变化的政策建议

一、推出并完善中国碳排放权交易市场

作为全球碳排放最大的经济体,中国对全球性碳排放减缓工作有不可推卸的责任。从全球范围内来看,建立国家层面的碳交易市场已经成为全球碳排放减少的主要实现路径。继欧盟之后,中国计划于 2020 年建成全球最大的碳交易市场,即中国国家层面综合性碳交易市场。中国政府在其北京市、天津市、上海市、重庆市、深圳市、广东省、湖北省 7 省市于2013—2015 年开展地方性碳排放交易试点工作。2016 年年底数据显示,以上 7 个试点省市碳交易量达 1.6 亿吨,累积成交额为 25 亿元人民币。湖北省于 2014 年实现碳排放权交易试点以来,其省内碳排放交易量居于全国首位。2015 年湖北省辖区内的省区市控制碳排放企业的排放较2014 年同比下降了约 6%,通过碳排放权交易,企业共计获利约 2 亿元人民币。湖北省各企业同时构建了应对碳排放的专门部门及跨部门联动处理碳排放交易工作机制。周边省份与湖北省开展碳排放交易市场构建机制的合作工作,为全面推行碳交易市场提供了先行条件。

近年来,全球碳交易已进入快速增长期。联合国开发计划署 2017 年预计,到 2020 年全球碳交易市场有望达到 3.5 万亿美元。其中,与欧盟碳交易市场相比较,中国倡导建成的碳交易市场将成为除发达国家以外的发展中国家中碳排放权交易的核心市场。中国国家层面的碳交易市场

建成后将成为全球最大的碳交易市场。政府层面已于 2016 年 10 月开始预算全国性碳排放配额分配工作,建成后全国性碳市场配额现货交易将有望达到 40 亿元,由该碳交易市场衍生的碳金融产品市场规模有望达到 2000 亿元人民币。中国全国性碳排放权交易市场的成立将大大推进全球气候变化治理的步伐,有助于实现气候变化谈判商定的全球温室气体排放峰值的尽快达成,以及在 2050 年之后实现全球温室气体的零排放目标。

作为全球国际贸易隐含碳最大的经流国,中国碳交易市场的建立将打破发达国家主导碳交易市场的旧格局,有助于发展中国家参与全球气候变化治理工作。中国"十三五"控制温室气体排放工作方案明确提出中国于 2017 年正式启动全国性的碳排放权交易市场,将于 2020 年基本建成具有高度公开性、透明度较强、规章制度较为完善、监管制度较为严格的全国性碳排放权交易市场。该市场建成后与现在的欧盟碳交易市场相比,是其年交易量的 2 倍,将成为全球最大的碳交易体系。

最后,基于本研究结果,笔者建议在中国碳交易市场建成以及运行平稳之后,中国碳交易市场应尝试与中国贸易密切的经济体建立跨国性碳交易机制,建立传统的国际产品和服务贸易平衡账户、国际金融平衡账户的同时,建立全球性的国际贸易碳平衡账户。基于产品生命周期的思想与产业跨国碎片化生产的经济现状,聚焦国际贸易中关键的双边或多边贸易关系与高碳强度的跨国性产业链条,合理地核算其各个生产阶段在不同国家的经济利得与环境成本,客观地开展贸易利得与碳排放权交互交易工作,使得贸易双方平等互利、合作共赢。此外,与其他国家的碳排放权交易市场建立跨国性联动反应机制,最大限度地减少国际贸易中的碳排放,将成为中国碳交易市场的一个重要的外延性优势。

二、加强高碳强度产业链跨国协同碳减排合作

当前国际经济贸易形势复杂多变,信息化、交通运输、物流行业迅速发展,产业链条在全球范围内延长、新产业类型及产业群不断涌现,这些国际贸易领域的新特征为国际贸易隐含碳治理提供了新的技术手段与机

遇。国际贸易的纵深发展以及各国参与国际贸易程度的不断深入,使得产品和服务的全球碎片化生产日趋精细、产业分工更加细致。由此引发的在不同国家的不同产业部门间的碳排放责任的归属与划分工作显得尤为重要。与此同时,产业部门间跨国进行横向合作,减少产品生产的环境成本也具有现实性与可行性。

一国内产业间的投入产出关系错综复杂,而某一产业链条在全球范围内的生产和消费过程中的碳足迹的核算与减缓更是交织着跨国性产业部门的合作分工,牵动其所有贸易环节。以中美贸易为例,中美贸易由于贸易产品和服务生产部门所处的产业链条不同,大多低碳排放强度产业的发展受制于高碳排放强度产业的现象存在,这种现象正如中印贸易中存在高碳排放强度产业强于低碳排放强度的产业。同时,国际贸易中的链锁效应表明,一国高碳排放强度产业的发展一方面增加了该经济的总产出,另一方面也加大了该经济体中初次能源的消耗与环境成本。这种经济现象在中国、印度、南非、巴西等国家较为明显。研究表明,不断加大新能源开发、提高现有能源利用效率和建立产业部门内部的清洁能源机制将有利于减少来自经济系统的碳排放,制定跨国性产业间的低碳经济发展合作战略与产业结构优化转型升级将有助于从根本上缓解全球层面产业部门生产以及贸易过程中导致的温室气体排放。

在国际垂直专业化分工背景下,中国凭借劳动力廉价的比较优势承接了大量高能耗、高碳排放的生产环节,产生了较高的贸易碳排放,却并未获得相应的贸易利得。对此,在进一步提高对外开放水平和积极参与国际分工的同时,中国企业都应当向高附加值环节转型,适时地将经营重心向低能耗、低碳排放的研发和营销环节转移,提供其在国际分工中的位置。全球范围内国际性产业层面的碳减排合作可在中国与其主要贸易伙伴国之间展开,如中美、中日、中德、中英、中韩、中印等双边贸易关系中主要贸易部门之间的碳减排合作机制。较发达国家应加大对中国清洁生产技术的转移与持续性知识产权支持、维护;印度作为中国中间产品最大的出口去向国,其大量能源密集型、高碳强度的中间投入品出口到印度,在印度完成再加工生产后再次进口到中国完成最后组装,或者直接出口到美国、德国等国,中国应与印度在相关产业层面开展清洁生产技术合作,同时,欧美等下游主导消费的发达国家也应将清洁性生产体系、制度规制及建设方法向中国及印度转移,以实现在产业生产初期就能够减缓全球碳排放的目标。

开展国际性产业间碳减排合作必须要有资金支撑,中国可在亚洲开发银行及金砖国家开发银行框架与"一带一路"倡议下,积极寻求与东南亚国家、金砖国家、"一带一路"沿线国家之间的经济合作。在引进高新清洁生产技术的同时,中国应积极谋求加强自身清洁技术的研究与创新,积极开展清洁产业项目试点。提高本国在生产过程中防污治污能力的同时,与新兴国家开展国际合作,将具有中国独立知识产权的清洁生产技术应用到跨国性产业合作中,为减缓地区性及全球性碳排放提供技术支持。

三、提高中国相关碳排放研究数据可获得性

通过前文文献综述部分对中国国际贸易隐含碳实证文献的综述与分析可以得出,缺乏科学、合理的碳排放数据使得中国在国际气候变化谈判中无法知己知彼,话语权较弱。作为贸易大国和碳排放大国,中国目前正处于转变经济发展方式的关键阶段,面临着内部和外部的减排压力,实现经济全面协调可持续的发展是未来努力的方向。本书结果显示,当前针对中国的国内碳排放及国际贸易隐含碳转移的研究模型发展由于数据的缺失,存在较强的不确定性。因此,没有准确、客观的调查分析,就无法对中国国际贸易隐含碳从国家到省区市层面有一个全面的认识,也无法提出合理可行的减排对策及实施方案,建立和完善碳排放统计及监测体系。现有文献使用的中国碳排放数据主要来自国际组织,如 OECD、IMF 或 IEA,或者由学者根据能源数据进行估算得到,研究所用数据的口径不同可能会影响研究的可信度。相关部门或组织机构应尽快建立一套碳排放的统计和监测体系,包括省份、行业、企业、主要生产环节以及重点产品的碳排放情况。完善的碳排放数据体系有助于了解中国碳排放的现状,评价节能减排的绩效,为决策和科研提供权威的数据支撑,也可以为碳交易或碳税提供数据基础。

中国可依托 2017 年上线的全国性碳交易市场来监测全国不同省区市、城市、企业、事业单位、居民小区经济活动导致的碳排放。进一步地，依据不同省区市的碳排放交易量及成交价格、交易活跃程度，深入研究不同省区市内部不同城市及地区对碳排放减少的敏感性及接受程度，积极合理地制定各个省区市的碳排放减缓应对策略。除此之外，基于不同企业性质的碳排放及其最终经济收益归属国，中国应该建立以企业性质为基准的国家层面碳排放数据库，跟踪同一企业在不同省区市之间的碳排放情况，合理设定其碳减排目标。同时将企业按照不同碳排放程度进行分类处理，这种做法有利于跟踪测量的某企业发展过程中的碳足迹，为国家制定有效可行的碳减排政策提供了数据基础，也为科学研究提供了宝贵的数据资源。

中国在构建国家层面碳排放数据库的同时，应该放眼全球，关注全球性碳排放问题及其可能的治理措施。2016 年 12 月中国发射了用于检测全球大气环境中的二氧化碳含量的科学实验卫星。该卫星在检测我国国内重点地区乃至全球环境中的二氧化碳浓度方面有较强的实践指导意义，科学研究通过该卫星获取的数据能够全面理解世界碳循环过程及全球气候变化程度及其影响，这一做法打破了西方国家在碳排放问题上的数据"霸主"地位，众多文献也纷纷指出中国碳排放数据一直被国际社会主流测算方法高估的事实。事实上，中国由于经济发展长期处于初级阶段，工艺设备落后、节能状况较差，导致化石能源在使用过程中无法充分燃烧，以煤炭为例，若按照国际社会上通用的煤炭燃烧的排放系数，中国碳排放量有可能被过分地夸大。该卫星发射后我国可以得到全球不同经济体一手的碳排放数据，也可以解释各个国家对全球碳排放的贡献，也可以深入细致地观测到我国不同地区的碳排放情况，很大程度上提升了中国在国际气候变化谈判方面的话语权。气候变化与否或者哪个国家对碳排放的贡献度较多并非是发达国家的一面之词，科学研究应该建立在合理、客观的数据基础之上。掌握了一手数据则更加能够合理清晰地解释由于不同经济主体导致的碳排放生产、运输及使用消费量，结合经济、物理、化学、数学等多学科综合模型在全球层面合理清晰地发现温室气体排放源。在此基础上,提出针对性较强的碳减排对策。

四、积极推进多样化能源利用模式,开发利用新能源

中国国内区域间的能源流向分析结果显示,长期以来中国经济发展中的能源使用以化石能源为主。其中主要以煤炭为主,虽然国家大力扶持开发使用新型能源,但是由于其成本较高,往往在能源消费市场出现了经济学中的"劣币驱逐良币"的现象(如风电、光伏发电与煤炭火力发电在价格方面不具竞争优势),骗取国家能源补贴现象、部分省区市能源利用不合理长期存在等现象。从中国政府"十三五"期间能源利用发展规划可以看出,中国政府将严格执行清洁低碳生产标准,大力发展清洁能源。控制煤电发展规模及能源布局中风电、光伏陆续向中部及东部地区转移。2016—2020年中国非化石能源使用比重将提高到15%以上,天然气消费比重将达到全国总能源消费量的10%,而煤炭消费比重预计会下降到58%以下。由此可见国家对能源消费结构优化升级方面的规划与信心。

政府应鼓励各个省份在生产活动中开发利用新型清洁能源,积极推进多区域利用新型可再生能源转型以及国内跨区域能源合作。"十三五"期间可再生能源总投资规模将达到2.5万亿元,同期相当于每年减少约14亿吨CO_2。与此同时,需大力开发以太阳能、页岩气和核能为主的能源多元化战略,转变现行的能源消费观念以应对环境不可持续性与气候危机。由于国内生产使用能源主要来自煤炭,推进煤炭产业结构调整与清洁型煤炭能源使用转型,推广使用再生能源与煤炭液化技术、逐步减少经济发展对煤炭资源的依赖,着力提高电力行业清洁能源技术创新将成为未来很长时间内各个省区市未来能源使用结构转型的重中之重。此外,通过新能源开发、生物质能源、太阳能、风能、核能、潮汐能发电来减少和缓解火力发电带来的环境成本,进而减少其内部效应及后向需求导致其上游产业群产生的碳排放;转变经济增长方式促进低耗能产业如旅游业、批发零售业、餐饮住宿业发展;提高电力行业、建筑业、光电设备制造业的能源利用效率,减少此类产业部门通过前向关联效用将隐含碳转移

到其国内贸易密切的省区市及国外主要贸易伙伴国。

此外,中国国家层面及中部、东部省区市及城市在能源使用结构调整方面应积极稳妥地推广风能、核能等清洁能源的使用,提高传统化石能源的使用效率。在产业结构碳减排方面,对于非金属制品业、化工行业、光电设备制造业及金属制品业等高碳强度部门,应鼓励科技创新,提供清洁技术改造的资金和政策支持;提高对低碳环保行业的扶持力度,支持企业低碳技术的研发与应用,注重对低碳技术创新的知识产权保护。根据不同省区市的行业发展情况,通过政策激励机制推进中国能源消费结构改革。例如实施碳税激励碳减排潜力大的行业进行能源结构调整。能源密集型行业出台税收优惠及财政补贴促进可再生能源开发利用,支持新能源及高效节能等产品的推广使用,刺激可再生能源产业、绿色增长模式、投资建设高效节能的公共服务行业、大力投资节能减排技术研发;通过财税政策开展省区市之间能源勘探与开采、加工与转化以及新能源领域联合研发项目,突破发达国家新型能源发展技术瓶颈,实施重大能源试点示范项目,加快能源技术的研发和转化,提高能源生产和利用效率。

五、构建跨省区市联合治理国内贸易隐含碳排放机制

根据本书基于多国多区域投入产出模型对中国省区市层面的隐含碳的分析结果,得出中国东、中、西部经济区内的省份在碳减排跨省区市合作方面有较强的可行性。基于假设抽取法与多国多区域模型结合对中国省区市层面的碳关联效应的分析结果,可以得出中国省区市层面除自身内部效应较强以外,通过产业部门贸易形成的碳关联效应可以找出关键的跨省区市碳关联贸易关系,以便有针对性地提出如何建立中国国内跨省区市间的联合治理国内贸易层面的隐含碳排放问题。跨省区市联合治理以及国内贸易过程中的隐含碳排放,需要依据贸易伙伴之间的产业贸易关联性找出其前向碳关联度较强的省区市,寻求较为先进的清洁生产技术;或者与其后向产业碳关联度较强的省区市进行合作,通过技术转移或共同开发方式将双方贸易中的隐含碳降至较低水平。

以山东省为例,山东省产业部门前向碳关联较强的省份及行业依次

为江苏省的采掘业、纺织业、其他非金属业、运输设备业,上海市的采掘业、纺织业、运输设备业、交通运输业,浙江省的采掘业、纺织业、燃料加工业、机器制造业,河北省的其他非金属业、基础金属与金属加工业、机器制造业、光电设备业、运输设备业,吉林省的食品饮料烟草业、水电气供应业,广东省的皮革业、食品饮料烟草业、水电气供应业,北京市的食品饮料烟草业、燃料加工业、运输设备业、其他制造业、光电设备制造业,陕西省的其他非金属业,安徽省的化工业、其他非金属业、机器制造业、批发零售业,辽宁省的食品饮料烟草业、化工业。山东省可通过与以上省区市技术手段、管理机制等方面的合作降低本省内国内贸易涉及的产业部门在生产产品的初始阶段的碳排放,进而降低其转移的中间投入或最终需求省份吸收的隐含碳成分。

山东省后向碳关联较强的省份及行业依次为山西省的采掘业、纺织业、其他非金属业、光电设备制造业、电气水供应业,内蒙古自治区的采掘业、纺织业、木制品业、交通运输业、批发零售业,河南省的造纸业、其他非金属业、建筑业,河北省对山东省的后向碳关联效应,从双边贸易分析结果来看占山东省总净后向碳关联的较大比重,其涉及的主要行业有皮革业、化工业、其他非金属业、基础金属与金属加工业、运输设备业,黑龙江省的农林牧副渔业、食品饮料烟草业、皮革业、运输设备业、其他制造业、交通运输业、批发零售业,浙江省的燃料加工业、电气水供应业、建筑业、运输设备业,湖北省、四川省的燃料加工业,江苏省的木制品业、造纸业、燃料加工业、机器制造业、其他制造业,吉林省的农林牧副渔业、食品饮料加工业等行业。这一分析表明,山东省通过净后向碳关联效应从以上省区市及涉及行业进口了较多的国内贸易隐含碳,因此,在实施全国性碳交易市场的同时,可以通过省区市之间的产业碳关联度找出跨省区市的产业生产活动中碳排放较多的国内贸易链条,通过跨省区市的联合产业治理来降低中国省区市层面的碳排放及国内贸易隐含碳排放。

最后,通过以上方法,中国各个省区市的国内贸易中较为亲密的省区市都可以进行排序分类,涉及的主要产业也可以按照不同省区市进行排序。研究者可以通过该方法将中国所有省区市的主要进口国内贸易隐含碳的来源省份及行业,以及主要出口隐含碳的去向省份及行业分类按照强弱程度从大到小地进行排序。根据这一结论提出中国跨省区市层面联合治理国内贸易隐含碳的对策建议。

六、倡导中国省区市层面与其他金砖国家协同碳减排合作机制

前文分析结果表明,与中国省区市层面存在较为紧密的产业部门碳关联度的贸易关系有中国—美国、中国—俄罗斯、中国—印度等双边贸易关系。其中,金砖国家内部,中国—俄罗斯两国作为金砖国家中两大经济体,其双边贸易关系存在很强的互补性。中国在中俄贸易关系处于净前向碳关联位置,这表明中国在与俄罗斯贸易的过程中属于隐含碳净流入国家,即俄罗斯通过国际贸易向中国转移了较多的隐含碳。

通过关联性分析,笔者找出了与俄罗斯后向碳关联性较为紧密的省区市及产业部门,建议通过构建省区市层面的国际贸易碳减排机制来降低中国从俄罗斯进口的国际贸易隐含碳。从俄罗斯进口隐含碳较多的省区市依次为山东省、江苏省、广东省、浙江省、上海市、辽宁省、河北省、河南省、北京市、四川省等,其中,隐含碳较多的产业依次为采掘业、化工业、燃料加工业、基础金属与金属加工业、交通运输业等行业。相对地,中国从俄罗斯进口的隐含碳责任的省份主要有江苏省、山东省、广东省、浙江省与河北省,主要则分布于农林牧副渔业、食品饮料烟草业、纺织业、机器制造业、光电设备制造业、运输设备业中。该结果表明,中俄两国贸易存在很强的产业互补性,这为两国在现有合作框架下构建跨国性联合治理国际贸易隐含碳的联动互利机制提供了可靠的产业基础。

中国与印度的贸易关系存在很强的互补性关系。与中俄贸易关系不同,中国对印度贸易存在隐含碳顺差情形,即中国承担了来自印度较多的隐含碳排放责任,而吸收了来自印度较少的贸易隐含碳。中国与印度国际贸易中的省区市层面的产业部门碳关联度总体分析结果显示,中国对应的后向碳关联效应较弱而前向碳关联效应相对较强。具体地,中国广东省的皮革业、造纸业、光电设备制造业、其他非金属业、基础金属与金属

加工业,江苏省的基础金属与金属加工业、机器设备制造业、交通运输业,山东省的农林牧副渔业、食品饮料烟草业、纺织业、造纸业、化工业、机器制造业,浙江省的纺织业、皮革业、机器制造业等省区市及其行业吸收了较多的来自印度的贸易隐含碳,而中国江苏省的纺织业、皮革业、光电设备制造业、运输设备制造业、化工业,山东省的木制品行业、燃料加工业、化工业、光电设备制造业、其他非金属业、基础金属与金属加工业,广东省的电气水行业、其他非金属业、采掘业、光电设备制造业,内蒙古自治区的食品饮料加工业、造纸业、其他制造业、交通运输业则吸收来自印度较多的隐含碳排放责任。中国省区市层面与其他金砖国家的贸易隐含碳减排跨国性合作可通过以上分析结果具体落实可行性合作方案,最大限度地降低金砖国家的碳排放。

本章首先在前文基于改进的 GMRIO 模型研究金砖国家碳排放分析结果的基础上,针对金砖国家国际贸易隐含碳排放减少提出针对性的对策建议。主要包括以下四个方面,即构建以中国为中心的金砖国家碳交易市场体系;加强国际性清洁生产技术合作,减缓国际贸易隐含碳转移;积极推动倡导基于共担责任的碳排放责任划分原则;提升金砖国家在国际气候变化谈判中的话语权。其次,在前文对中国国家层面以及中国 30 个省区市国内、与其他金砖成员国国际贸易隐含碳排放及产业部门碳关联度分析的基础上,对中国应对全球气候变化的问题提出了针对性的对策建议。具体的对策建议主要有以下五个方面:推出并完善中国国家层面碳排放权交易市场;加强中国与其主要贸易伙伴针对高碳强度产业链的跨国性协同碳减排合作,提高中国在气候变化领域相关研究数据的可获得性;积极推进多样性能源利用模型开发利用新能源;构建中国国内跨省区市的联合治理国内贸易隐含碳排放机制;积极推动中国特定省份的特定产业与其他金砖国家之间的协同碳减排合作机制。

第七章　研究创新性及展望

第一节　研究主要发现

目前全球气候变化已成为国内外学术界的研究热点。国际社会为遏制全球气温上升已经采取了诸多措施。自20世纪90年代以来,《联合国气候变化框架公约》的制定及《京都议定书》气候协议的签署为全球应对气候变化奠定了谈判基础。2008—2016年间有关各方已经举行了多轮国际气候变化谈判,但因发达国家中期减排目标与帮扶发展中国家方面,发达国家与发展中国家存在较大分歧而难以达成一致。究其根源是因为对于国际间的碳转移及责任划分各执一词、难以界定,这正是国际气候变化谈判迟迟未果的原因。金砖国家作为世界经济的主要组成部分,为全球其他发达经济体生产提供了大量的高碳强度的产品和服务;中国作为最大的发展中国家,为满足其国内外需求在生产过程中产生了较多的碳排放,应主动承担全球性碳减排责任。因此,在国际贸易隐含碳研究领域进行公平合理的建模测算,对金砖国家特别是中国在国际气候变化治理领域有着重要的现实意义。

金砖国家作为新兴市场经济国家,作为全球重要的发展中大型经济体,中国、印度、俄罗斯已成为全球国际贸易分工中不可缺失的一环;巴西、南非也是所在地区的主要经济体。随着金砖国家内部互补性贸易的深入合作开展,该经济体已成为世界经济增长的重要增长极。与此同时,金砖国家内部从事经济生产活动以及各成员国通过国际贸易向世界其他经济体转移的碳排放也成了国际学术界关注的焦点。关于中国贸易隐含碳的实证研究过去十年中呈现井喷式增长,关于印度的贸易隐含碳实证分析也不断迅速增长。本书在国际贸易发展的新形势下,通过构建改进的环境型全球多区域投入产出模型,对金砖国家各个成员国,金砖国家的国际贸易碳排放进行了分析,同时,对中国省区市层面在与其他金砖国家国际贸易中的产业部门关联度进行了深入分析。全书通过改进模型以及编制新数据库的做法构建了基于金砖国家、中国省区市层面贸易隐含碳的评估分析模型,最后对金砖国家贸易隐含碳减排及涉及中国的贸易隐含碳减排提供了政策建议。本书主要完成了以下五方面的工作。

第一,通过文献计量分析法对 Web of Science 数据库与 CNKI 数据库中关于国际贸易隐含碳的文献进行了梳理,在此基础上笔者对已有国际贸易隐含碳综述类研究文献进行了梳理评述,进一步地分析了目前学术界已有的国际贸易隐含碳测算方面的实证测算模型,梳理了文献中对金砖国家贸易隐含碳的实证分析现状。对国际贸易隐含碳研究主要相关理论基础进行了归纳和评述。其中重点论述了投入产出理论,它是国际贸易隐含碳测算的核心理论,本书以投入产出模型体系为基础,对扩展的环境型多区域投入产出体系下的投入产出模型进行改进和扩展。

第二,本书通过《金砖国家联合统计手册》(2016 年版)与国际经济合作发展组织(OECD)数据库,梳理分析了金砖国家的经济贸易发展与碳排放概况。分析结果显示,金砖国家 GDP 产值在 2000—2015 年间不断增长,中国增长最为显著;受 2009 年美国次贷危机影响,金砖国家对外货物与服务贸易陡然下降,2010 年之后回弹上升;金砖国家在 1995—2011 年间的碳排放均呈上升态势,中国增速较快,其次是印度、南非、俄罗斯,相应地,巴西贸易隐含碳波动大,但总量最小。

第三,本书构建了改进的全球多区域投入产出模型,考虑区分中间投入品和最终需求产品和服务贸易两种情形下的贸易隐含碳。与传统的以最终需求为核算基础的多区域投入产出模型,更能深入细致地分析中间品贸易隐含碳全球性流向趋势。结果表明,中国和俄罗斯作为全球两大主要经济体是金砖国家中主要的碳排放经流国家。中国在吸取大量碳排放的同时也转移了较多的碳排放给其他金砖成员国和世界其他主要贸易伙伴。金砖国家大量贸易隐含碳通过最终需求品贸易出口到了美国、德国、澳大利亚、日本等发达国家。同时,金砖国家内部则呈现为从中国、印度流向其他金砖国家,甚至中印两国之间的进口再出口、出口再进口量较大。中印就制造业与回收业;中俄就纺织业与采掘业、燃料加工业;印俄就纺织业方面可开展跨国产业合作、降低生产成本、谋求开展金砖国家协同碳减排合作可能性。

第四,本书构建了全球多国多区域投入产出模型,依照该方法研究者可在全球范围内将大型经济体进行拆分进而嵌入到全球投入产出模型。基于前一章的研究结论得出中国是最大的碳排放经流国,因此在前一章研究的基础上,本章对中国省区市层面对其他金砖国家国际贸易隐含碳流向进行了深入分析。研究结果表明,中国大多省区市都是国际贸易隐含碳净流出省区市,同时也是国内区域间贸易隐含碳净流出省区市。中国呈现明显东、中、西部三阶梯的区域性经济发展不平衡特征。在与金砖国家贸易过程中,中国省份主要从俄罗斯进口了较多贸易隐含碳,而向印度出口了较多的贸易隐含碳,俄罗斯与印度在与中国的国际贸易关系方面都有很强的互补性;中国已经成为金砖成员国巴西和南非的第一大贸易伙伴国,两国在发挥各自比较优势的基础上与中国开展贸易。

第五,将改进的假设抽取法与多国多区域投入产出模型相结合,分析了中国省区市层面与其他金砖国家国际贸易中的产业碳关联度。结果表明,中国省区市层面内部产业碳关联度较强的省区依次为内蒙古自治区、河北省、广东省、山东省、江苏省、山西省、河南省。中国国内区域性产业的前后向碳关联度分析结果呈现较为明显的地域性特征。位于中部、西北地区省份的产业前向碳关联度较后向碳关联度较强,而东部发达地区省份的后向碳关联度较前向碳关联度较强。中国与俄罗斯贸易产业部门碳关联度结果显示,前向碳关联效应方面中国的江苏省、山东省、广东省、浙江省、河北省、内蒙古自治区较其他省区市更为相关。中国—印度、中国—巴西、中国—南非的各自的双边贸易产业碳关联效应分析结果显示,广东省、山东省、江苏省均有较强的前后向贸易产业碳关联效应。

第二节 研究主要创新性

本书首先基于改进的多区域投入产出模型分析了金砖国家的国际贸易隐含碳;其次基于多国多区域投入产出模型对中国国家层面以及中国30个省区市国内、国际贸易隐含碳排放进行了分析;最后基于改进的假设抽取模型对中国省区市层面贸易产业部门碳关联度进行了分析讨论,提出了国际贸易隐含碳减排的对策建议。本书研究过程中主要的创新点为:

第一,本书中改进的全球多区域投入产出模型考虑区分中间投入品与最终需求产品和服务贸易两种情形下的贸易隐含碳,深入分析中间品贸易与最终需求中的全球层面国际贸易隐含碳分析。同时,本书模型设计中考虑和分析了出口再进口或进口再出口的三国贸易循环情形下的国际贸易隐含碳。

第二,本书编制了包含南非的新的世界投入产出数据库。依据世界投入产出表已经公布的编制方法,结合 OECE 与 IDE 以往的投入产出表编制方法,在搜集整理南非投入产出数据、服务贸易、货物贸易数据的基础上编制了同时包含五个金砖国家的新世界投入产出表,未来研究可借鉴本书做法以研究问题为导向,编制特色鲜明的投入产出数据库进行经济分析。

第三,本书构建了多国多区域投入产出模型。在开放型经济条件下将大型经济体拆分嵌入到世界数据库中的分析方法,将成为运用多区域投入产出模型分析国际国内能源使用结构、能源安全、碳排放减缓等能源环境问题方面未来主要的分析方向。本书构建了将大型经济体拆分进而嵌入到全球性多国投入产出模型得到全球性的多国多区域投入产出模型。

第四,本书构建包含中国30个省区市的全球性多区域投入产出数据库。即将中国省区市层面投入产出数据嵌入到全球投入产出数据表中。在编表过程中本书针对性地采取了数学工具,减小了不同数据之间的不对称性与不匹配问题;按照统一的标准调整处理了区域性投入产出数据、国内区域间贸易数据、省区市层面国际贸易数据;按照已有文献中涉及的模型方法区分了中间产品与最终需求产品,完成了本书中需求的投入产出数据库的编制。

第三节　研究展望

本书中关于金砖国家贸易隐含碳的研究虽然得出了一些实证结论,取得了一定的研究成果,但是在国际贸易隐含碳理论分析与实证研究层面仍存在研究局限性。在关于中国区域层面的国内、国际贸易隐含碳的研究分析方面,因其数据预处理过程较为繁杂,其实证研究结论在一定程度上存在不确定性。在未来的研究中应当进一步完善和改进。综上所述,本书存在的研究局限及未来进一步的研究工作为:

第一,国际贸易隐含碳研究模型有待进一步的扩展与完善。目前的模型构建中考虑到的有区分中间产品与最终需求的贸易隐含碳;进一步的研究应该关注不同国家由于其经济体量不同进而对全球碳排放的贡献度不同这一因素,在构建全球性多区域投入产出模型方法扩展方面应该考虑到大型经济体的拆分、按照经济活动排放强度不同构建多层面、多维度的囊括详细区域性特征的全球性多国多区域投入产出综合评估模型。

第二,基于国际贸易隐含碳研究的投入产出数据与能源使用、碳排放测算体系应有所更新。由于目前可获得的投入产出数据显著,加之笔者本人知识能力范围所限,本书研究中使用的投入产出数据较为陈旧,或存在对结果不确定性的负面影响。该数据库在未来研究中有待进一步的完善与更新。未来此类研究中基于大型经济体拆分的贸易隐含碳分析可通过引入新的数据来源与数据处理模型工具,更加准确科学地开展研究工作。

第三,未来基于金砖国家国际贸易隐含碳的分析,可在已有数据库的基础上构建包含南非的世界性投入产出表,将中国、印度、俄罗斯等大型经济体进行拆分嵌入世界性投入产出数据库,构建包含金砖五国的投入产出数据库,金砖国家——各个成员国——拆分后的次级经济体三个维度深入分析金砖国家贸易隐含碳的流向,进而分析金砖国家内部不同国家、不同区域之间的贸易隐含碳交互流向,识别主要贸易伙伴国的核心碳排放产业链条,从出口国的最初生产阶段到进口国的使用消费阶段,有针对性地在各个环节提出碳减排应对策略。

第四,未来基于中国国际贸易隐含碳的测算分析。模型构建及数据库组建方面可将中国省区市层面内部以轻重工业分布区域多寡不同,细分化三级经济体,在本书细分二级经济体的基础上,将城市、矿区、厂区层面的投入产出数据嵌入到全球性投入产出数据表进行分析。能源使用与碳排放估算方面,为更加精确地测算中国具体省份、具体经济区域的碳排放情况,需在已有国家层面能源燃烧效率与碳排放因子数据的基础上,分区域或省区市层面制定区域性碳排放折算系数数据库。

第五,基于大数据运算的全球贸易隐含碳动态评估模拟将成为国际贸易隐含碳研究领域的主流研究方向。全球贸易隐含碳流动不仅包括生产活动导致的碳排放流动,也包括居民生活消费引起的全球性贸易隐含碳流动;同时也包括由于自然界大气运动、水文、风向的变动等一系列物理、化学变化引起的碳排放的全球流动。巨型运算计算机、全球性数据联网等综合分析技术的投入将有助于更加准确地分析全球特定国家、地区、产业对全球碳排放的贡献及其轨迹。

附　录

附表1　中国国际贸易隐含碳实证研究结果

测算年份	作者/文献发表年份	使用模型	PBE（万吨）	CBE（万吨）	EEE（万吨）	EEEP（%）	EEI（万吨）	EEIP（%）	EEB（万吨）	EEBP（%）
1985	下田等（Shimoda 等），2008	MRIO	156920	142690					14230*	9.07
1987	韦伯等（Weber 等），2008	SRIO	201000	217000*	23000	11.44	39000	19.40	−6000*	−2.99
1987	张海玲，2012	SRIO	47142	50900	6600	14.00	10400	22.00	−3800	−8.00
1990	韦伯等（Weber 等），2008	SRIO	223000	229000*	36000	16.14	42000	18.83	−6000*	−2.69
1990	张海玲，2012	SRIO			9700	19.00	10300	20.00	−600	−1.00
1992	韦伯等（Weber 等），2008	SRIO	241000	255000*	42000	17.43	56000	23.24	−14000*	−5.81
1992	张海玲，2012	SRIO			11900	20.00	14900	26.00	−3000	−5.00

续表

测算年份	作者/文献发表年份	使用模型	PBE（万吨）	CBE（万吨）	EEE（万吨）	EEEP（%）	EEI（万吨）	EEIP（%）	EEB（万吨）	EEBP（%）
1995	韦伯等（Weber等），2008	SRIO	301000	315000*	57000	18.94	71000	23.59	-14000*	-465
1995	张海玲，2012	SRIO			15600	20.00	25600	33.00	-10000	-13.00
1995	中野等（Nakano等），2009	MRIO	297700	247700					50000	16.80
1995	布鲁克纳等（Bruckner等），2010	MRIO	275900	215200	72700	26.35	12000	4.35	60700	22.00
1995	OECD，2015	MRIO	298610	259930					38680	12.95
1995	赵玉焕等，2014	MRIO			50212		14116		36096	
1995	维贝（Wiebe等），2012	MRIO	299300	228500	82900	27.70	12100	4.04	70800	23.66
1995	布鲁克纳等（Bruckner等），2010		307900	247300					60700	19.71
1996	赵玉焕等，2014	MRIO			48919		15869		33050	
1997	韦伯等（Weber等），2008	SRIO	321000	333000*	58000	18.07	70000	21.81	-12000*	-3.74
1997	闫云凤和杨来科，2010	SRIO	331313	296908*	49423*	14.92	15018	4.53	34405*	10.38
1997	齐晔等，2008	SRIO							31000**	
1997	张海玲，2012	SRIO			16900	21.00	22200	28.00	-5300	-7.00
1997	李会尼和齐晔，2010	BTIO			51300**		16500**		34800**	

续表

测算年份	作者/文献发表年份	使用模型	PBE（万吨）	CBE（万吨）	EEE（万吨）	EEEP（%）	EEI（万吨）	EEIP（%）	EEB（万吨）	EEBP（%）
1997	阿哈默德和威科夫（Ahmad 和 Wyckoff），2003	MRIO	306800	270800	46300	15.09	10200	3.32	36100	11.77
1997	赵玉焕等，2014	MRIO			54991		17702		37289	
1997	苏斌和洪明华（Su 和 Ang），2010a	MRIO	325890	287368	53540	16.43	15018	4.61	38522***	11.82
1998	闫云凤和杨来科，2010	SRIO	302919	285929*	29278*	9.67	12288	4.06	16990*	5.61
1998	齐晔等，2008	SRIO							32000**	
1998	李会民和齐晔，2010	BTIO			49086**		17700**		31386**	
1998	赵玉焕等，2014	MRIO			58842		18491		40351	
1999	闫云凤和杨来科，2010	SRIO	299212	283505*	29730*	9.94	14023	4.69	15707*	5.25
1999	齐晔等，2008	SRIO							39000**	
1999	李会民和齐晔，2010	BTIO			52000**		17200**		34800**	
1999	赵玉焕等，2014	MRIO			54992		22260		32732	
2000	任胜钢等，2014b	SRIO			100000**		25000**		75000**	
2000	齐晔等，2008	SRIO							45000**	

测算年份	作者/文献发表年份	使用模型	PBE（万吨）	CBE（万吨）	EEE（万吨）	EEEP（%）	EEI（万吨）	EEIP（%）	EEB（万吨）	EEBP（%）
2000	闫云凤和杨来科,2010	SRIO	296652	279397*	35069*	11.82	17814	6.01	17255*	5.82
2000	李会民和齐晔,2010	BTIO			62300**		36700**		25600**	
2000	苏斌和洪明华（Su 和 Ang），2011	BTIO	320080	267010					53060	16.58
2000	OECD,2015	MRIO	303730	268560					35170	11.58
2000	中野（Nakano 等）,2009	MRIO	293500	254700					38800	13.22
2000	下田等（Shimoda 等）,2008	MRIO	322080	253700					68380*	
2000	赵玉焕,2014	MRIO		265580	60763		29638		32732	
2000	苏斌和洪明华（Su 和 Ang），2011	MRIO	320080	265580					54500	17.03
2000	魏策尔（Weitzel）,2014	MRIO	305200	230500	91500	29.98	16800	5.50	74700	24.48
2001	齐晔等,2008	SRIO							59500**	
2001	闫云凤和杨来科,2010	SRIO	310799	292985*	35896*	11.55	18082	5.82	17814*	5.73
2001	潘家华等,2008	SRIO	305000	248000**				0.00	57000	18.69
2001	任胜钢等,2014a	BTIO			44000**		6000**		38000**	
2001	任胜钢等,2014b	BTIO			120000**		26000**		94000**	
2001	李会民和齐晔,2010	BTIO			63400**		44093**		19307**	

续表

测算年份	作者/文献发表年份	使用模型	PBE（万吨）	CBE（万吨）	EEE（万吨）	EEEP（%）	EEI（万吨）	EEIP（%）	EEB（万吨）	EEBP（%）
2001	彼得斯和赫特威希（Peters 和 Hertwich），2008	MRIO	328920	270370	80300*	24.41	21700*	6.60	58547*	17.80
2001	赵玉焕等,2014	MRIO			62613		35424		27189	
2002	魏本勇等,2011	SRIO			26707		20408		6209	
2002	张海玲,2012	SRIO			20600	25.00	20800	25.00	-200	0.00
2002	彼得斯等（Peters 等）,2007	SRIO	336400		107600	31.99	114376	34.00	6776	2.01
2002	齐晔等,2008	SRIO							61100**	
2002	韦伯等（Weber 等）,2008	SRIO	362000	403000*	76000	20.99	117000	32.32	-41000*	-11.33
2002	闫云凤和杨来科,2010	SRIO	344060	319762*	45846*	13.33	21548	6.26	24298*	7.06
2002	潘家华等,2008	SRIO	325000	262700	88000	27.08	25700	7.91	62300	19.17
2002	任胜钢等,2014	BTIO			51000**		11000**		40000**	
2002	任胜钢等,2014b	BTIO			150000**		27000**		123000**	
2002	李会民和齐晔,2010	BTIO			73354**		55021**		18333**	
2002	赵玉焕等,2014	MRIO			74901		42863		31038	
2002	苏文成等,2010b	MRIO	358780	303580***	74886	20.87			55200***	15.39
2002	苏斌和洪明华（Su 和 Ang），2014	MRIO	355890	303580***	76320	21.44	24010***	6.75	52310***	14.70

续表

测算年份	作者/文献发表年份	使用模型	PBE（万吨）	CBE（万吨）	EEE（万吨）	EEEP（%）	EEI（万吨）	EEIP（%）	EEB（万吨）	EEBP（%）
2002	德贝池等（Dietzenbacher等），2012	DPNHIO	340600	251300		0.00			89300*	26.22
2002	夏炎等，2015	DPNHIO	260600	184100		0.00			76500*	29.36
2003	齐晔等，2008	SRIO							86000**	
2003	闫云凤和杨来科，2010	SRIO	406164	367803*	66146*	16.29	27785	6.84	24298*	5.98
2003	潘家华等，2008	SRIO	385500**	300000		0.00			85500**	22.18
2003	任胜钢等，2014	BTIO			63000**		13000**		50000***	
2003	任胜钢等，2014	BTIO			240000**		40000***		200000***	
2003	李会民和齐晔，2010	BTIO			102700**		73323***		29377***	
2003	赵玉焕等，2014	MRIO			98060		54805		43255	
2004	王涛，2007	SRIO			149000		38100		110900	
2004	齐晔等，2008	SRIO							113200**	
2004	闫云凤和杨来科，2010	SRIO	484733	427137*	93540*	19.30	35944	7.42	57596*	11.88
2004	潘家华等，2008	SRIO	455000	337000**		0.00			118000**	25.93
2004	任胜钢等，2014	BTIO			76000**		12000**		64000**	
2004	任胜钢等，2014	BTIO			390000***		49000**		341000**	

续表

测算年份	作者/文献发表年份	使用模型	PBE（万吨）	CBE（万吨）	EEE（万吨）	EEEP（%）	EEI（万吨）	EEIP（%）	EEB（万吨）	EEBP（%）
2004	李会民和齐晔,2010	BTIO			139923**		92026**		47297**	
2004	戴维斯和卡尔代拉（Davis和Caldeira）,2010	MRIO			160000**		28000**		132000**	
2004	阿特金森等（Atkinson等）,2011	MRIO	431000	310000	140000	32.48	30000	6.96	110000	25.52
2004	Carbon trust,2011	MRIO	483400	374000	137400	28.42	28000	5.79	109400	22.63
2004	赵玉焕等,2014	MRIO			65641		59136		2890	
2004	IEA,2007	MRIO			160000					
2005	张海玲,2012	SRIO			42200		34000		8200	
2005	齐晔等,2008	SRIO							132200**	
2005	顾阿伦等,2008	SRIO			146000		79600		66400	
2005	韦伯等（Weber等）,2008	SRIO	503000	556000	167000	33.20	220000	43.74	-53000*	-10.54
2005	闫云凤和杨来科,2010	SRIO	542930	469053*	117855*	21.71	43978	8.10	73877*	13.61
2005	林伯强和孙传胜,2010	SRIO	545792	443359	335742	61.51	233309	42.75	102433	18.77
2005	任胜钢等,2014	BTIO			92000**		12000**		80000**	
2005	任胜钢等,2014b	BTIO			250000**		49000**		201000**	
2005	李会民和齐晔,2010	BTIO			176000**		121100**		55000**	

续表

测算年份	作者/文献发表年份	使用模型	PBE（万吨）	CBE（万吨）	EEE（万吨）	EEEP（%）	EEI（万吨）	EEIP（%）	EEB（万吨）	EEBP（%）
2005	李会民和齐晔,2010	BTIO	545792	337046	26774	4.91	58327	10.69	208746	38.25
2005	OECD,2015	MRIO	506240	405710					100530	19.86
2005	萨托（Sato）,2014#	MRIO	450800	392100	79400	17.61	20700	4.59	58700	13.02
2005	布鲁克纳等（Bruckner 等）,2010	MRIO	444900	345900	135700	30.50	36700	8.25	99000	22.25
2005	潘家华等,2008	SRIO	530000	349000**					151000**	30.20
2005	赵玉焕等,2014	MRIO			153702		71568		82139	
2005	魏策尔（Weitzel）,2014	MRIO	509000	366500	173400	34.07	30900	6.07	142500	28.00
2005	布鲁克纳等（Bruckner 等）,2010		474800	375700					99000	20.85
2006	卡斯（Cass）,2007##	SRIO			184600		80000		100000	
2006	齐晔等,2008	SRIO							176600**	
2006	潘家华等,2008	SRIO	550300	384000					166000**	30.18
2006	闫云凤和杨来科,2010	SRIO	601769	503847*	148399*	24.66	50477	8.39	97922*	16.27
2006	任胜钢等,2014	BTIO			116000**		24000**		92000**	
2006	任胜钢等,2014	BTIO			310000**		48000**		262000**	
2006	李会民和齐晔,2010	BTIO			216423**		133658**		82765**	

续表

测算年份	作者/文献发表年份	使用模型	PBE（万吨）	CBE（万吨）	EEE（万吨）	EEEP（%）	EEI（万吨）	EEIP（%）	EEB（万吨）	EEBP（%）
2006	赵玉焕等,2014	MRIO			183940		77168		106772	
2007	魏本勇等,2011	SRIO			71831		61565		10265	
2007	顾阿伦,2010	SRIO			58340		18600—47680		10660—37940	
2007	闫云凤和杨来科,2010	SRIO	649911	536709*	172502*	26.54	59300	9.12	113202*	17.42
2007	张海玲,2012	SRIO			47800	32.00	27800	19.00	20000	13.00
2007	任胜钢等,2014	BTIO			124000**		14000**		110000**	
2007	任胜钢等,2014b	BTIO			340000**		49000**		291000**	
2007	李会民和齐晔,2010	BTIO			249345**		165031**		84314**	
2007	赵玉焕等,2014	MRIO			205922		90813		115109	
2007	苏斌和洪明华（Su 和 Ang）,2014	MRIO	635890		177020	27.84				
2007	魏策尔（Weitzel）,2014	MRIO	419000	398500	187900	44.84	178200	42.53	20500	4.89
2007	齐晔等,2014	CGE			172200		54500		117700	
2007	夏炎等,2015	DPNHIO	472700	306900					165800*	35.08
2008	任胜钢等,2014	BTIO			350000**		50000**		300000**	

续表

测算年份	作者/文献发表年份	使用模型	PBE(万吨)	CBE(万吨)	EEE(万吨)	EEEP(%)	EEI(万吨)	EEIP(%)	EEB(万吨)	EEBP(%)
2008	任胜钢等,2014	BTIO			110000**		18000**		92000**	
2008	OECD,2015	MRIO	650680	520460			139260		130220	20.01
2008	赵玉焕等,2014	MRIO			254066				114806	
2009	任胜钢等,2014	BTIO			280000**		48000**		232900**	
2009	任胜钢等,2014	BTIO			80000**		10000**		70000**	
2009	OECD,2015	MRIO	680080	5835570					96510	14.19
2009	赵玉焕等,2014	MRIO			239896		142370		97526	
2010	任胜钢等,2014	BTIO			340000**		50000**		290000**	
2010	任胜钢等,2014	BTIO			80000**		10000**		70000**	
2011	任胜钢等,2014	BTIO			83000**		12000**		71000**	

注:PA 指价格调整法;PBE 指基于生产者责任制条件下的 CO_2 排放;CBE 指基于消费者责任制条件下的 CO_2 排放;EEE 指出口中的隐含碳;EEI 指进口中的隐含碳;EEEP 指 EEE 占 PBE 的比重;EEB 指净出口中的隐含碳;EEE=EEE−EEI=P3E−CBE,EEEP 指 EEE 占 EEE 的比重,EEIP 指 EEI 占 PBE 的比重,EEBP 指 EEB 占 PBE 的比重;EEB 指净出口中的隐含碳;EEB=EEE−EEI=PBE−CBE,EEEP 推算的数据;***从文献图表中获取的数据;****笔者根据文献数据推测所得数据;#引自萨托(Sato),2014),##引自 Wang 和 Watson(2008),RME=Raw Material Equivalents,PPP=Purchasing Power Parity,MER=Market Exchange Rate;来自李会明和齐晔(2010)的 EEB 值为碳排放已转化为 CO_2 排放值。

附录2　中国省域投入产出表与新多国多区域投入产出表部门分类对照表

新表20部门			中国省区市30部门
1	农林牧副渔业	1	农林牧渔业
2	矿产开采业	2	煤炭开采和洗选业
		3	石油和天然气开采业
		4	金属矿采选业
		5	非金属矿及其他矿采选业
3	食品烟草制造业	6	食品制造及烟草加工业
4	纺织业与纺织品业	7	纺织业与服装鞋帽制造业
5	皮革制造业	8	皮革羽绒及其制品业
6	木材与家具制造业	9	木材加工及家具制造业
7	纸张制品与印刷出版业	10	造纸印刷及文教体育用品制造业
8	石油精炼、核燃料加工业	11	石油加工、炼焦及核燃料加工业
9	化学工业	12	化学工业
10	非金属制造业	13	非金属矿物制品业
11	基本金属与金属制造业	14	金属冶炼及压延加工业
		15	金属制品业
12	通用设备制造业	16	通用、专用设备制造业
13	运输设备制造业	18	交通运输设备制造业
		19	电气机械及器材制造业
		20	通信设备、计算机及其他电子设备制造业
14	光电设备制造业	17	仪器仪表及文化办公用机械制造业
15	其他设备制造业	21	其他设备制造业
16	水电暖气制造业	22	电力、热力的生产和供应业
		23	燃气及水的生产与供应业
17	建筑业	24	建筑业
18	仓储运输业	25	交通运输及仓储业
19	批发零售业	26	批发零售业 住宿餐饮业 租赁和商业服务业
20	其他服务业	27	研究与试验发展业
		28	批发零售业
		29	住宿餐饮业
		30	租赁和商业服务业

附录 3 原 WIOD 与新多国多区域投入产出表部门分类对照表

	新表 20 部门		WIOD 35 部门
1	农林牧副渔业	1	农林牧副渔业
2	矿产开采业	2	采矿和采石业
3	食品烟草制造业	3	食品、饮料和烟草业
4	纺织业与纺织品业	4	纺织品及纺织产品制造业
5	皮革制造业	5	皮革和皮鞋类制造业
6	木材与家具制造业	6	木材及其木制品业
7	纸张制品与印刷出版业	7	采购产品纸浆、纸张印刷和出版业
8	石油精炼、核燃料加工业	8	焦炭、精炼石油和核燃料业
9	化学工业	9	化学品及化学制品业
		10	橡胶和塑料制品业
10	非金属制造业	11	其他非金属矿物制造业
11	基本金属与金属制造业	12	基本金属和预制金属业
12	通用设备制造业	13	机电制造业
13	光电设备制造业	14	光电设备制造业
14	运输设备制造业	15	运输设备制造业
15	其他设备制造业	16	机械制造业与回收业
16	水电暖气制造业	17	电力、煤气和供水业
17	建筑业	18	建筑业
18	仓储运输业	23	内陆运输业
		24	水路运输业
		25	航空运输业
		26	其他辅助运输活动、旅行业
19	批发零售业	19	销售维护修理机动车行业、燃油零售业
		20	批发及佣金贸易（汽车及电单车除外）
		21	汽车、摩托车除外的零售贸易业
20	其他服务业	22	酒店和餐馆服务业
		27	邮电业
		28	金融中介服务业
		29	房地产活动服务业
		30	租赁等商务活动
		31	公共行政和国防、强制性社会保障服务业
		32	教育服务业
		33	卫生及社会工作活动
		34	其他社区、社会及个人服务业
		35	有雇员的私人住户行业

附录4 中国国内贸易产业部门净碳关联度较强省区市排序

排序	农林牧副渔业		采掘业		食品饮料烟草业		纺织业		皮革业	
	BL	FL	BL	FL	BL	FL	BL	FL	BL	FL
1	新疆	新疆	河南	新疆	河北	江苏	新疆	新疆	江苏	河北
2	河北	江苏	江苏	河南	天津	广东	江苏	江苏	河北	江苏
3	江苏	湖北	河北	内蒙古	江苏	河南	河北	河北	山东	河南
4	内蒙古	广东	山东	江苏	内蒙古	河北	天津	河南	天津	江西
5	山东	内蒙古	天津	河北	河南	天津	山东	内蒙古	内蒙古	广东
6	云南	河北	内蒙古	山西	山东	湖北	河南	山东	广东	浙江
7	河南	河南	宁夏	山东	吉林	内蒙古	内蒙古	湖北	河南	山东
8	吉林	吉林	山西	辽宁	湖北	山东	湖北	湖南	浙江	天津
9	宁夏	安徽	陕西	天津	云南	吉林	山西	江西	山西	湖南
10	天津	天津	辽宁	宁夏	宁夏	陕西	浙江	四川	云南	内蒙古

排序	木制品业		造纸业		燃料加工业		化工业		其他非金属业	
	BL	FL	BL	FL	BL	FL	BL	FL	BL	FL
1	河北	河北	河北	河北	新疆	新疆	天津	新疆	河南	新疆
2	江苏	江苏	江苏	江苏	河南	江苏	江苏	天津	河北	内蒙古
3	天津	河南	天津	河南	江苏	内蒙古	河北	云南	内蒙古	河南
4	内蒙古	内蒙古	山东	山东	河北	天津	内蒙古	江苏	天津	河北
5	山东	山东	内蒙古	内蒙古	山东	河南	河南	河北	江苏	陕西
6	河南	江西	河南	天津	内蒙古	河北	宁夏	宁夏	山东	辽宁
7	山西	安徽	山西	浙江	天津	上海	山东	河南	宁夏	江苏
8	宁夏	浙江	宁夏	上海	宁夏	山东	云南	吉林	辽宁	山东
9	吉林	上海	辽宁	广东	山西	吉林	吉林	内蒙古	陕西	四川
10	云南	辽宁	云南	辽宁	陕西	浙江	山西	山东	山西	福建

排序	基础金属与金属加工业		机器制造业		光电设备业		运输设备业		其他制造业	
	BL	FL	BL	FL	BL	FL	BL	FL	BL	FL
1	河南	新疆	河南	新疆	河南	新疆	江苏	新疆	河北	新疆
2	江苏	河南	江苏	江苏	江苏	河南	河南	江苏	江苏	江苏
3	河北	江苏	河北	山东	河北	江苏	山东	河南	山东	河北
4	宁夏	山西	山东	河南	山东	内蒙古	河北	天津	内蒙古	河南
5	山东	宁夏	内蒙古	陕西	宁夏	河北	内蒙古	陕西	天津	内蒙古

续表

6	内蒙古	河北	宁夏	河北	内蒙古	天津	天津	河北	河南	山东
7	山西	内蒙古	山西	天津	山西	陕西	山西	内蒙古	山西	广东
8	天津	山东	天津	宁夏	天津	山东	陕西	辽宁	辽宁	山西
9	陕西	陕西	陕西	山西	陕西	山西	辽宁	黑龙江	吉林	天津
10	甘肃	天津	辽宁	内蒙古	辽宁	宁夏	宁夏	山东	浙江	上海

排序	电气水供应业		建筑业		交通运输业		批发零售业		其他服务业	
	BL	FL	BL	FL	BL	FL	BL	FL	BL	FL
1	江苏	新疆	新疆	上海	新疆	内蒙古	新疆	天津	新疆	江苏
2	河南	河南	河南	湖南	江苏	上海	河北	江苏	河北	河北
3	河北	河北	河北	河南	河北	天津	江苏	河北	江苏	河南
4	山东	江苏	内蒙古	江苏	河南	河北	内蒙古	河南	河南	天津
5	内蒙古	山东	江苏	天津	山东	江苏	河南	内蒙古	山东	内蒙古
6	天津	内蒙古	山东	北京	内蒙古	河南	山东	山东	天津	上海
7	山西	宁夏	宁夏	重庆	天津	吉林	天津	江西	内蒙古	江西
8	陕西	天津	山西	陕西	辽宁	江西	上海	上海	山西	山东
9	宁夏	山西	天津	江西	山西	北京	山西	广东	陕西	陕西
10	辽宁	辽宁	陕西	内蒙古	陕西	浙江	陕西	陕西	辽宁	吉林

注:S1—20 为行业分类,见附录 2;BL 为后向相联效应,FL 为前向关联效应。

附录 5　中国国际贸易产业部门净碳关联度较强经济体排序

排序	农林牧副渔业		采掘业		食品饮料烟草业		纺织业		皮革业	
	BL	FL	BL	FL	BL	FL	BL	FL	BL	FL
1	美国	印度尼西亚	澳大利亚	美国	巴西	美国	韩国	土耳其	印度尼西亚	意大利
2	巴西	美国	俄罗斯	澳大利亚	印度尼西亚	日本	印度	印度尼西亚	韩国	印度
3	印度尼西亚	俄罗斯	印度	德国	印度	德国	美国	印度	巴西	巴西
4	澳大利亚	日本	印度尼西亚	南非	美国	韩国	日本	韩国	意大利	印度尼西亚
5	俄罗斯	印度尼西亚	加拿大	印度尼西亚	加拿大	印度尼西亚	意大利	意大利	印度	韩国

6	印度	韩国	巴西	墨西哥	澳大利亚	墨西哥	意大利	德国	墨西哥	南非
7	加拿大	德国	美国	加拿大	日本	澳大利亚	俄罗斯	美国	西班牙	美国
8	韩国	法国	日本	英联邦	韩国	法国	土耳其	巴西	俄罗斯	德国
9	荷兰	巴西	墨西哥	波兰	德国	意大利	英联邦	加拿大	日本	法国

排序	木制品业		造纸业		燃料加工业		化工业		其他非金属业	
	BL	FL	BL	FL	BL	FL	BL	FL	BL	FL
1	美国	日本	美国	美国	韩国	美国		美国	日本	德国
2	俄罗斯	美国	巴西	德国	美国	加拿大	日本	德国	韩国	美国
3	加拿大	德国	加拿大	爱尔兰	俄罗斯	日本	俄罗斯	印度尼西亚	美国	日本
4	印度尼西亚	英联邦	俄罗斯	澳大利亚	日本	南非	美国	法国	德国	加拿大
5	日本	意大利	芬兰	意大利	德国	德国	韩国	日本	俄罗斯	英联邦
6	德国	荷兰	瑞典	英联邦	巴西	法国	德国	意大利	印度尼西亚	意大利
7	墨西哥	奥地利	日本	加拿大	印度尼西亚	韩国	印度尼西亚	巴西	巴西	韩国
8	印度	加拿大	印度	印度尼西亚	印度	印度尼西亚	荷兰	韩国	南非	法国
9	法国	波兰	韩国	法国	荷兰	比利时	加拿大	英联邦	澳大利亚	墨西哥

排序	基础金属与金属加工业		机器制造业		光电设备业		运输设备业		其他制造业	
	BL	FL	BL	FL	BL	FL	BL	FL	BL	FL
1	日本	日本	美国	美国	韩国	韩国	美国	美国	墨西哥	印度尼西亚
2	俄罗斯	美国	俄罗斯	日本	日本	美国	日本	德国	日本	美国
3	韩国	印度尼西亚	日本	德国	美国	日本	美国	德国	美国	德国
4	印度尼西亚	德国	韩国	韩国	南非	德国	韩国	韩国	加拿大	加拿大

续表

5	澳大利亚	意大利	德国	意大利	德国	墨西哥	俄罗斯	加拿大	印度尼西亚	意大利
6	美国	韩国	意大利	印度尼西亚	印度	捷克共和国	印度尼西亚	法国	俄罗斯	日本
7	德国	法国	印度尼西亚	英联邦	墨西哥	印度尼西亚	英联邦	墨西哥	英联邦	韩国
8	巴西	英联邦	加拿大	法国	印度尼西亚	巴西	加拿大	英联邦	韩国	土耳其
9	印度	加拿大	英联邦	巴西	意大利	印度尼西亚	印度	印度尼西亚	法国	英联邦

排序	电气水供应业		建筑业		交通运输业		批发零售业		其他服务业	
	BL	FL	BL	FL	BL	FL	BL	FL	BL	FL
1	俄罗斯	德国	日本	美国	美国	日本	俄罗斯	美国	美国	美国
2	韩国	日本	澳大利亚	日本	韩国	印度尼西亚	美国	日本	韩国	日本
3	南非	美国	美国	韩国	俄罗斯	韩国	日本	澳大利亚	日本	德国
4	日本	韩国	奥地利	印度尼西亚	南非	美国	韩国	德国	俄罗斯	澳大利亚
5	美国	法国	印度尼西亚	印度	日本	德国	加拿大	意大利	德国	英联邦
6	印度尼西亚	英联邦	德国	澳大利亚	澳大利亚	澳大利亚	德国	韩国	加拿大	韩国
7	澳大利亚	印度	印度	德国	德国	意大利	澳大利亚	英联邦	澳大利亚	加拿大
8	德国	澳大利亚	波兰	加拿大	丹麦	法国	墨西哥	墨西哥	法国	法国
9	加拿大	意大利	俄罗斯	墨西哥	法国	加拿大	荷兰	法国	荷兰	印度

注:S1—20 为行业分类,见附录 2;BL 为后向相联效应,FL 为前向关联效应。

参 考 文 献

1. 丛晓男、王铮、郭晓飞:《全球贸易隐含碳的核算及其地缘结构分析》,《财经研究》2013 年第 39 期。

2. 陈锡康:《投入产出方法》,人民出版社 1983 年版。

3. 陈锡康:《经济数学方法与模型》,中国财政经济出版社 1982 年版。

4. 陈锡康、李秉全:《投入产出技术参考资料》,中央广播电视大学出版社 1983 年版。

5. 中国投入产出学会课题组:《我国能源部门产业关联分析——基于 2002 年投入产出表改进的结构系数研究》,《统计研究》2007 年第 5 期。

6. 陈迎:《气候变化的经济分析》,《世界经济》2000 年第 1 期。

7. 陈迎、潘家华、谢来辉:《中国外贸进出口商品中的内涵能源及其政策含义》,《经济研究》2008 年第 7 期。

8. 复旦大学金砖国家研究中心、复旦大学经济学院:《金砖国家贸易发展年度报告(2013—2014 年)》,《第三届金砖国家财经论坛》2014 年 2 月 15 日。

9. 黄敏、蒋琴儿:《外贸中隐含碳的计算及其变化的因素分解》,《上海经济研究》2010 年第 3 期。

10. 黄敏、伍世林:《贸易中隐含碳问题溯源及其研究进展》,《上海商学院学报》2010 年第 11 期。

11. 李小平:《国际贸易中隐含的 CO_2 测算——基于垂直专业化分工的环境投入产出模型分析》,《财贸经济》2010 年第 5 期。

12. 李小平、卢现祥:《国际贸易,污染产业转移和中国工业 CO_2 排放》,《经济研究》2010 年第 2 期。

13. 李艳梅、常明、付加锋:《中国出口贸易中隐含二氧化碳排放量的区域差异分析》,《资源与产业》2013 年第 15 期。

14. 李艳梅、付加锋:《中国出口贸易中隐含碳排放增长的结构分解分析》,《中国人口资源与环境》2010 年第 20 期。

15. 刘俊伶、王克、邹骥:《基于 MRIO 模型的全球贸易内涵碳流向分析》,《世界经济研究》2014年第6期。

16. 马述忠、陈颖:《进出口贸易对中国隐含碳排放量的影响:2000—2009年》,《财贸经济》2010年第12期。

17. 马述忠、黄东升:《基于MRIO模型的碳足迹跨国比较研究》,《浙江大学学报(人文社会科学版)》2011年第41期。

18. 马忠、徐中民:《改进的假设抽取法在产业部门用水关联分析中的应用》,《水利学报》2008年第2期。

19. 潘安、魏龙:《中国与其他金砖国家贸易隐含碳研究》,《数量经济技术经济研究》2015年第4期。

20. 庞军、石媛昌、谢希等:《基于MRIO模型的中美欧日贸易隐含碳特点对比分析》,《气候变化研究进展》2015年第11期。

21. 齐晔、李惠民、徐明:《中国进出口贸易中的隐含碳估算》,《中国人口资源与环境》2008年第18期。

22. 王丽丽、王媛、毛国柱等:《中国国际贸易隐含碳SDA分析》,《资源科学》2012年第12期。

23. 王亚菲:《北京市生产性土地的部门关联效应分析》,《中国人口资源与环境》2011年第5期。

24. 魏本勇等:《基于投入产出分析的中国国际贸易碳排放研究》,《北京师范大学学报:自然科学版》2009年第4期。

25. 魏本勇、王媛、杨会民等:《国际贸易中的隐含碳排放研究综述》,《世界地理研究》2010年第19期。

26. 许宪春、齐舒畅等:《我国能源部门产业关联分析——2002年投入产出表系列分析报告之六》,《统计研究》2007年第5期。

27. 闫云凤:《消费碳排放责任与中国区域间碳转移——基于MRIO模型的评估》,《工业技术经济》2014年第33期。

28. 闫云凤、甘爱平:《国际贸易对气候变化的影响研究综述》,《会计与经济研究》2012年第2期。

29. 闫云凤、杨来科:《中美贸易与气候变化——基于投入产出法的分析》,《世界经济研究》2009年第7期。

30. 闫云凤、赵忠秀:《消费碳排放与碳溢出效应:G7,BRIC和其他国家的比较》,《国际贸易问题》2014年第1期。

31. 闫云凤、赵忠秀、王苒:《中欧贸易隐含碳及政策启示——基于投入产出模型的实证研究》,《财贸研究》2012年第2期。

32. 闫云凤、赵忠秀、王苒:《基于MRIO模型的中国对外贸易隐含碳及排放责任研究》,《世界经济研究》2013年第6期。

33. 张为付、杜运苏:《中国对外贸易中隐含碳排放失衡度研究》,《中国工业经济》2011 年第 4 期。

34. 赵玉焕:《国际贸易与气候变化的关系研究》,《中国软科学》2000 年第 4 期。

35. 赵玉焕、刘娅:《基于投入产出分析的俄罗斯对外贸易隐含碳研究》,《国际商务:对外经济贸易大学学报》2015 年第 3 期。

36. 赵玉焕、王淞:《基于技术异质性的中日贸易隐含碳测算及分析》,《北京理工大学学报(社会科学版)》2014 年第 10 期。

37. 赵忠秀、闫云凤:《消费碳排放与国际碳溢出:基于 WIOD 数据库的计算》,《中国社会科学》2014 年第 3 期。

38. 周茂荣、谭秀杰:《国外关于贸易碳排放责任划分问题的研究评述》,《国际贸易问题》2012 年第 6 期。

39. Banga, R., "Measuring Value in Global Value Chains: Proceedings of the Background Paper no RVC‐8", Unit of Economic Cooperation and Integration among Developing Countries, United Nations Conference on Trade and Development, May, 2015.

40. Bernard, A., et al., "A Two-level Dynamic Game of Carbon Emission Trading Between Russia, China, and Annex B countries", *Journal of Economic Dynamics and Control*, Vol.32, No.6, 2008.

41. Boitier, B., "CO_2 Emissions Production-Based Accounting vs Consumption: Insights from the WIOD Databases", Proceedings of the WIOD Conference Paper, April, 2012.

42. Brooks, T., "Climate Change Justice Through Taxation?", Climatic Change, Vol. 133, No.3, 2015.

43. Brown, Mark T., Robert A. Herendeen, "Embodied Energy Analysis and Emergy Analysis: A Comparative View", *Ecological Economics*, 1996.

44. Chaurey, A., Kandpal, T., "Carbon Abatement Potential of Solar Home Systems in India and Their Cost Reduction due to Carbon Finance", *Energy Policy*, Vol.37, No.1, 2009.

45. Corbera, E., et al., "Patterns of Authorship in the IPCC Working Group III Report", *Nature Climate Change*, Vol.6, No.1, 2016.

46. Chen, Zhan M. et al., "Embodied Carbon Dioxide Emission by the Globalized Economy: A Systems Ecological Input-output Simulation", *Journal of Environmental Informatics*, Vol.21, No.1, 2013.

47. Chen, Zhan M., Chen, Guo Q., "Embodied Carbon Dioxide Emission at Supra-national Scale: A Coalition Analysis for G7, BRIC, and the Rest of the World", *Energy Policy*, Vol.39, No.5, 2011.

48. Cowan, Wendy N., et al., "The Nexus of Electricity Consumption, Economic Growth and CO_2 Emissions in the BRICS Countries", *Energy Policy*, Vol.66, No.4, 2014.

49. Davis, Steven J. Caldeira, K, "Consumption-based Accounting of CO_2 Emissions", *Proceedings of the National Academy of Sciences*, Vol.107, No.1, 2010.

50. Dietzenbacher, E., et al., "The Construction of World Input-output Tables in the WIOD Project", *Economic Systems Research*, Vol.25, No.1, 2013.

51. Dietzenbacher, E., et al., "Input-output Analysis: The Next 25 Years", *Economic Systems Research*, Vol.25, No.4, 2013.

52. Devarajan, S., et al., "Tax Policy to Reduce Carbon Emissions in South Africa", *World Bank Policy Research Working Paper Series*, 2009.

53. Duarte, R., "Water Use in the Spanish Economy: An Input-output Approach", *Ecological Economics*, Vol.43, No.1, 2002.

54. Dunning, John H. et al., Multinational Enterprises and the Global Economy, Cornwall: Edward Elgar Publishing, 2008.

55. Edgar G. Hertwich., Pters, Glan P., "Carbon Footprint of Nations: A Global, Trade-linked Analysis", *Environmental Science & Technology*, Vol.43, No.16, 2009.

56. Esty. Daniel C., Greening the GATT: Trade, Environment, and the Future, Washington, DC: Peterson Institute, July, 1994.

57. Evans, A., Steven, D., *Climate Change: The State of the Debate*, Center for International Cooperation, New York University, 2007.

58. Feng, Kui S., et al., "Outsourcing CO_2 within China", *Proceedings of the National Academy of Sciences of the United States of America*, Vol.110, No.28, 2013.

59. Freitas, Isabel Maria B., et al., "The Kyoto Mechanisms and the Diffusion of Renewable Energy Technologies in the BRICS", *Energy Policy*, Vol.42, 2012.

60. Ghosh, S., "Examining Carbon Emissions Economic Growth Nexus for India: A Multivariate Cointegration Approach", *Energy Policy*, Vol.38, No.6, 2010.

61. Hoekstra, Arjen Y., Pham Q. Hung, "Globalisation of Water Resources: International Virtual Water Flows in Relation to Crop Trade", *Global Environmental Change*, Vol.15, No.1, 2005.

62. Hoekstra, R. et al., "Reducing the Variation of Environmental Footprint Estimates Based on Multiregional Input-output Databases", *Sustainability Accounting, Management and Policy Journal*, 2014. Vol.5, No.3.

63. Gale, IV, Lewis, R., "Trade Liberalization and Pollution: An Input-output Study of Carbon Dioxide Emissions in Mexico", *Economic Systems Research*, Vol.7, No.3, 1995.

64. Grossman, Gene M., "Pollution and Growth: What Do We Know?", *The Economics of Sustainable Development*, 1995.

65. Grossman, Gene M., Alan B. Krueger, "The Inverted-U: What Does it Mean?",

Environment and Development Economics, 1996.

66. Grossman, Gene M., Elhanan Helpman, *Innovation and Growth in the Global Economy*, Massachusetts, MIT Press, 1993.

67. Grossman, Gene M., Krueger, Alan B., Environmental Impacts of a North American Free Trade Agreement, No.w3914, National Bureau of Economic Research, November 1991.

68. Guan, Da B., et al., "The Drivers of Chinese CO_2 Emissions from 1980 to 2030", *Global Environmental Change*, Vol.18, No.4, 2008.

69. Guan, Da B., et al., "The Gigatonne Gap in China's Carbon Dioxide Inventories", *Nature Climate Change*, Vol.2, No.9, 2012.

70. Ho, Yuh S., "Bibliometric Analysis of Adsorption Technology in Environmental Science", *Journal of Environmental Protection Science*, Vol.1, No.1, 2007.

71. Kondo, Y. et al., "CO_2 Emissions in Japan: Influences of Imports and Exports", *Applied Energy*, Vol.59, No.2, 1998.

72. Laumas, Prem S., "Key Sectors in Some Underdeveloped Countries", *Kyklos*, Vol. 28, No.1, 1975.

73. Quere, C.Le, et al., "Global Carbon Budget 2014", *Earth System Science Data 7*, No.1, 2015.

74. Leontief, Wassily W., "Quantitative Input-Output Relations in the Economics System of the United States", *Review of Economics and Statistics*, 1936.

75. Leontief, Wassily W., "Environmental Repercussions and the Economic Structure: An Input-output Approach", *The Review of Economics and Statistics*, 1970.

76. Leontief, Wassily W., "Sructure of the World Economy: Outline of a Simple Input-Output Formulation", *The American Economic Review*, 1974.

77. Leontief, Wassily W., *Input-output Economics*, London: Oxford University Press, 1986.

78. Lenzen, M., "Environmentally Important Paths, Linkages and Key Sectors in the Australian Economy", *Structural Change and Economic Dynamics*, Vol.14, No.1, 2003.

79. Lenzen, M., "Primary Energy and Greenhouse Gases Embodied in Australian Final Consumption: An Input-output Analysis", *Energy Policy*, Vol.26, No.6, 1998.

80. Lenzen, M., et al., "CO_2 Multipliers in Multi-region Input-output Models", *Economic Systems Research*, Vol.16, No.4, 2004.

81. Liu, Y., et al., "How does Firm Heterogeneity Information Impact the Estimation of Embodied Carbon Emissions in Chinese Exports?", Institute of Developing Economies, Japan External Trade Organization, Discussion Paper, No.592.2016.

82. Los, B., et al., "Tracing Value-Added and Double Counting in Gross Exports:

Comment", *American Economic Review*, Vol.106, No.7, 2015.

83. Machado, G., et al., "Energy and Carbon Embodied in the International Trade of Brazil: An Input-output Approach", *Ecological Economics*, Vol.39, No.3, 2001.

84. Mao, Guo Z. et al., "Way forward for Alternative Energy Research: A Bibliometric Analysis During 1994-2013", *Renewable and Sustainable Energy Reviews*, Vol.48, 2015.

85. Meng, B., et al., "Compilation, Application and Challenge of IDE-JETRO's International Input-Output Tables", Institute of Developing Economies, Japan External Trade Organization, Working paper, No.375, 2012.

86. Meng, B., et al., "How are Global Value Chains Fragmented and Extended in China's Domestic Production Networks?", Institute of Developing Economies, Japan External Trade Organization, Working paper, No.424, 2013.

87. Meng, B., et al., "Compilation of a Regionally-extended Inter-country Input-output Table and its Application to Global Value Chain Analysis", Institute of Developing Economies, Japan External Trade Organization, Working paper, No.564, 2016.

88. Montoya, Francisco G. et al., "The Research on Energy in Spain: A Scientometric Approach", *Renewable and Sustainable Energy Reviews*, Vol.29, 2014.

89. Miller, Ronald E, Peter D. Blair, *Input-output Analysis: Foundations and Extensions*, New Jersey: Cambridge University Press, 1986.

90. Miller, Ronald E, Peter D. Blair, *Input-output Analysis: Foundations and Extensions* 2nd edition, London: Cambridge University Press, 2009.

91. Mukhopadhyay, K, Chakraborty, D., "Environmental Impacts of Trade in India", *The International Trade Journal*, Vol.19, No.2, 2005.

92. Pao, Hsiao T, Tsai, Chung M., "CO_2 Emissions, Energy Consumption and Economic Growth in BRIC Countries", *Energy Policy*, Vol.38, No.12, 2010.

93. Peters, Glan P., "Carbon Footprints and Embodied Carbon at Multiple Scales", *Current Opinion in Environmental Sustainability*, Vol.2, No.4, 2010.

94. Peters, Glan P., Edgar G. Hertwich., "CO_2 Embodied in International Trade with Implications for Global Climate Policy", *Environmental Science & Technology*, Vol.42, No. 5, 2008.

95. Peters, Glan P., Edgar G. Hertwich., "Pollution Embodied in Trade: The Norwegian Case", *Global Environmental Change*, Vol.16, No.4, 2006.

96. Peters, Glen P., et al., "Growth in Emission Transfers via International Trade from 1990 to 2008", *Proceedings of the National Academy of Sciences*, Vol.108, No.21, 2011.

97. Peters, Glen P., et al., "Constructing an Environmentally-extended Multi-regional Input-output Table Using the GTAP Database", *Economic Systems Research*, Vol. 23, No.

2,2011.

98. Peters, Glen P., et al., "China's Growing CO$_2$ Emissions a Race Between Increasing Consumption and Efficiency Gains", *Environmental Science & Technology*, Vol.41, No.17, 2007.

99. Rodrigues, J. et al., "Designing an Indicator of Environmental Responsibility", *Ecological Economics*, Vol.59, No.3, 2006.

100. Roodman, D., "How do the BRICs Stack up? Adding Brazil, Russia, India, and China to the Environment Component of the Commitment to Development Index", Center for Global Development, October, 2007.

101. Sachs, Jeffrey F. et al., "Economic Reform and the Process of Global Integration", *Brookings Papers on Economic Activity*, January, 1995.

102. Sato, Misato., "Embodied Carbon in Trade: A Survey of the Empirical Literature", *Journal of Economic Surveys*, Vol.28, No.5, 2014.

103. Schaeffer, R., Andrel Leal de Sa., "The Embodiment of Carbon Associated with Brazilian Imports and Exports", *Energy Conversion and Management*, Vol.37, No.6, 1996.

104. Schultz, S., "Approaches to Identifying Key Sectors Empirically by Means of Input - output Analysis", *The Journal of development studies*, Vol.14, No.1, 1977.

105. Sebri, M., Ben-Salha, O., "On the Causal Dynamics Between Economic Growth, Renewable Energy Consumption, CO$_2$ Emissions and Trade Openness: Fresh Evidence from BRICS Countries", *Renewable and Sustainable Energy Reviews*, Vol.39, 2014.

106. Serrano, M., Dietzenbacher, E., "Responsibility and Trade Emission Balances: An Evaluation of Approaches", *Ecological Economics*, Vol.69, No.11, 2010.

107. Shafik, N., Bandyopadhyay, S., Economic Growth and Environmental Quality: Time-series and Cross-country Evidence, World Bank Publications, 1992.

108. Shui, B., Robert C. Harris, "The Role of CO$_2$ Embodiment in US-China Trade", *Energy Policy*, Vol.34, No.18, 2006.

109. Steen-ol, SEN K, et al., "Accounting for vAlue Added Embodied in Trade and Consumption: An Intercomparison of Global Multiregional Input-output Databases", *Economic Systems Research*, Vol.28, No.1, 2016.

110. Stern, David I., "Progress on the Environmental Kuznets Curve?", *Environment and Development Economics*, 1998.

111. Su, B., Ang, B W., "Multi-region Input-output Analysis of CO$_2$ Emissions Embodied in Trade: The Feedback Effects", *Ecological Economics*, Vol.7, No.1, 2011.

112. Su, B., Ang, B W., "Input-output Analysis of CO$_2$ Emissions Embodied in Trade: A Multi-region Model for China", *Applied Energy*, Vol.114, No.0, 2014.

113. Su, B. et al., "Input-output Analysis of CO_2 Emissions Embodied In Trade: The Effects of Sector Aggregation", *Energy Economics*, Vol.32, No.1, 2010.

114. Turner, K., et al., "Examining the Global Environmental Impact of Regional Consumption Activities-part 1: A Technical Note on Combining Input-output and Ecological Footprint Analysis", *Ecological Economics*, Vol.62, No.1, 2007.

115. Van, Raan, A.F., "The Pandora's Box of Citation Analysis: Measuring Scientific Excellence, The Last Evil", *The Web of Knowledge: A Festschrift in Honor of Eugene Garfield*, 2000.

116. Wiebe, Kirsten S., et al. "Carbon and Materials Embodied in the International Trade of Emerging Economies", *Journal of Industrial Ecology*, Vol.16, No.4, 2012.

117. Weber, Christopher L. et al., "The contribution of Chinese exports to climate change", Energy Policy, Vol.36, No.9, 2008.

118. Weber, Christopher L., H.Scott Matthews, "Embodied Environmental Emissions in US International Trade, 1997 – 2004", *Environmental Science & Technology*, Vol.41, No. 14, 2007.

119. Weber, Christopher L., H. Scott Matthews, "Quantifying the Global and Distributional Aspects of American Household Carbon Footprint", *Ecological Economics*, Vol.66, No.2, 2008.

120. Wiedmann T. et al., "Examining the Global Environmental Impact of Regional Consumption Activities-Part 2: Review of Input-output Models for the Assessment of Environmental Impacts Embodied in Trade", *Ecological Economics*, Vol.61, No.1, 2007.

121. Wang, Ya F., et al., "Constructing a Time Series of Chinese Multi-region Input-Output Tables", The 22nd International Input-Output Conference, Lisbon, Portugal, July 2014.

122. Wyckoff, Andrew W, Joseph M.Roop, "The Embodiment of Carbon in Imports of Manufactured Products: Implications for International Agreements on Greenhouse Gas Emissions", *Energy Policy*, Vol.22, No.3, 1994.

123. Yamano, N., et al., "The Measurement of CO_2 Embodiments in International Trade: Evidences with the OECD Input-output Tables for the Mid 1990s-early 2000s", OECD Science, *Technology and Industry Working Papers*, 2006.